Guillaume d'Orange,

Le Marquis au court nez.

Chanson de geste du XIIe siècle.

Mise en nouveau langage

PAR LE

D^R. W. J. A. JONCKBLOET,

Membre des Académies Royales des sciences etc. d'Amsterdam et de Berlin.

Amsterdam,
P. N. VAN KAMPEN.
1867.

GUILLAUME D'ORANGE.

Guillaume d'Orange,

LE MARQUIS AU COURT NEZ.

CHANSON DE GESTE DU XII° SIÈCLE.

Mise en nouveau langage

PAR

le Dr. W. J. A. JONCKBLOET,
Membre des Académies Royales des sciences etc. d'Amsterdam et de Berlin.

AMSTERDAM,
P. N. VAN KAMPEN.
1867.

 À sa Majesté

GUILLAUME III,

ROI DES PAYS-BAS, PRINCE D'ORANGE,

etc. etc. etc.

CET OUVRAGE

EST DÉDIÉ AVEC LE PLUS PROFOND RESPECT

ET

L'ATTACHEMENT LE PLUS SINCÈRE,

par

L'AUTEUR,

NOMS DES SOUSCRIPTEURS.

S. M. LA REINE DES PAYS-BAS.
S. A. R. LE PRINCE D'ORANGE.
S. A. R. LE PRINCE FRÉDÉRIC DES PAYS-BAS. 4 Exempl.
LE MINISTÈRE DE L'INTÉRIEUR. 7 Exempl.
LE MINISTÈRE DES AFFAIRES ÉTRANGÈRES.

BELINFANTE frères, Libraires à la Haye.
LA BIBLIOTHÈQUE PROVINCIALE, à Leeuwarden.
LA BIBLIOTHÈQUE DU 1ʳ REGIMENT D'INFANTERIE, à Nimègue.
W. BEETS, Libraire à Delft.
A. BLOMHERT, Libraire à Nimègue. 2 Exempl.
BROESE & Cº., Libraires à Breda.
JEAN LOUIS BRON, à la Haye.
G. BROUWER, Libraire à Deventer.
LE CABINET DE LECTURE, à Rotterdam.
D. B. CENTEN, Libraire à Amsterdam.
VAN CLEEF frères, Libraires à la Haye.
Madem. P. J. CRAMER, Institutrice à Groningue.
GEORGE DELACUISINE, à Flessingue.
La Société DOCTRINA ET AMICITIA, à Amsterdam.
S. C. VAN DOESBURGH, Libraire à Leide.
W. EEKHOFF, Libraire à Leeuwarden.
J. VAN DER ENDT, Libraire à Maassluis.
J. W. EVERSZ, Libraire à Zeist.
Mr. M. H. GODEFROY, Ancien Ministre de la Justice, Membre des États généraux, à la Haye.
W. BARON VAN GOLTSTEIN, Membre des États généraux à la Haye.
G. B. VAN GOOR, Libraire à Gouda.
W. S. J. WATERSCHOOT VAN DER GRACHT, Jur. Cand. à Leide.
Le Dr. J. C. HACKE VAN MYNDEN, à Amsterdam.
Le Dr. J. F. J. HEREMANS, Professeur à l'université de Gand.
C. HOEKWATER, Membre des États généraux à Delft.
W. H. KIRBERGER, Libraire à Amsterdam.

Knorring, Ministre de Russie à la Haye. 3 Exempl.
A. S. Kok, Professeur au Rijks Hoogere Burgerschool, à Ruremonde.
J. W. van Leeuwen, Libraire à Leide.
C. van Maanen, 1ᵉ Lieut. d'Inf., de l'Acad. Milit. royale à Breda.
P. G. de Vey Mestdagh, Libraire à Flessingue.
J. Meurs, Libraire à la Haye.
P. H. van Moerkerken, Professeur au Rijks Hoogere Burgerschool, à Gouda.
J. Overvoorde Wz., à Maassluis.
C. Pauw van Wieldrecht, à Zeist.
J. G. Robbers, Libraire à Rotterdam.
E. de Romea, à la Haye.
J. J. Romen, Libraire à Ruremonde.
J. A. H. de la Sarraz, Lieut. Général en retraite, à la Haye.
J. H. Scheltema, Libraire à Amsterdam.
J. A. Schooneveldt, à Amsterdam.
Mʳ. L. A. J. W. Baron Sloet van de Beele, à Leide.
W. P. van Stockum, Libraire à la Haye. 4 Exempl.
F. de Stoppelaar, Professeur au Hoogere Burgerschool, à Deventer.
P. van Wicheren Hz., Libraire à Groningue.
W. Viersen, Professeur des langues Hollandaise & Allemande au Hoogere Burgerschool à Nimègue.

INTRODUCTION.

Le poëme, ou si l'on veut, les poëmes, dont nous publions aujourd'hui la traduction, sont fort curieux à plus d'un titre.

Ils sont, par exemple, d'un haut intérêt pour l'illustre Maison d'Orange, parce qu'ils forment le plus ancien monument de sa gloire.

Il est vrai, le héros qui est le centre des événements qui se déroulent dans ces antiques légendes, s'appelle tantôt Guillaume Fièrebrace, tantôt Guillaume au court nez, tantôt Guillaume de Rodès ; il est encore vrai, comme nous le rappellerons plus tard, que différents personnages historiques, qui ont porté le nom de Guillaume, ont prêté leur renommée et leurs exploits au Guillaume imaginaire que la poésie a glorifié; mais il est indubitable aussi que dès la moitié du XIIe siècle, ce héros s'appelait *Guillaume d'Orange* dans la bouche du peuple, et qu'on chantait ses hauts faits pour en faire honneur à la maison princière d'Orange.

Je ne citerai pas ici les vers des branches du poëme dans lesquelles le nom de Guillaume d'Orange a été substitué à une autre appellation, [1] mais je ferai observer que le fameux minnesinger allemand Wolfram von Eschenbach, qui publia en 1217 une imitation du poëme roman, dit positivement que le héros n'était connu que sous ce nom:

---

[1] Voyez *l'Examen critique des chansons de geste de Guillaume d'Orange* dans le 2e volume de mon édition du poëme original, pag. 161.

> Er ist en franzoys genant
> Kuns Gwillâms de Orangis,

c'est à dire: »en France il est appelé le comte (cuens) Guillaume d'Orange". De même un demi-siècle plus tard Jacques de Maerlant ne l'appelle pas autrement. Dans sa chronique rimée il dit:

> Ooc sijn some walsce boeke,
> Die waert sijn groter vloeke,
> Die van *Willeme van Oringhen*
> Grote loghene vortbringen,
> Ende wilne beter dan Karle maken.
> Willem, dat sijn ware saken,
> Was eens daeghs een ridder goet,
> Maer niet so goet dat menne moet
> Karlen iet gheliken allene.
> . . . .
> Karle, dat sijn ware dinghe,
> Was die beste onder die Kaerlinghe;
> Artur was ooc in sinen stonden
> Die beste vander tafelronden,
> Wat datsi van Lancelote singhen
> Oft van *Willeme van Oringhen*.

On le voit, d'après le chroniqueur flamand, on plaçait en France *Guillaume d'Orange* même au-dessus de Charlemagne. Wolfram ne va pas si loin; cependant lui aussi assure que les Français lui assignaient une place au-dessus des plus renommés, Charlemagne seul excepté. Voici comment il s'exprime:

„Le héros est fort en honneur en France: car quiconque en ce pays connaît sa famille avoue qu'elle s'élève au-dessus de celles de tous les princes, et que lui-même est le meilleur des Français, sauf Charlemagne".

> Man hœrt in Francrîche jehen
> Swer sîn geslähte kunde spehen,
> Daz stüende übr al ir rîche
> Der fürsten kraft gelîche.
> Sîne mâge wârn die hœhsten ie.
> Ane den keiser Karlen nie
> Sô werder Franzoys wart erborn:
> Dâ für was und ist sîn prîs erkorn.

Une dernière citation:

»Les Français les plus nobles, poursuit-il, ont témoigné de

sa geste que jamais histoire plus attrayante ne fut contée avec plus de vérité et de dignité. Aucune fable ne l'a altérée: on en fait foi en France; nous allons la raconter ici: c'est une tradition vraie quoique extraordinaire."

> Franzoyser die besten
> Hânt ir des die volge lân,
> Daz süezer rede wart nie getân
> Mit wirde und ouch mit wârheit.
> Underswanc noch underreit
> Gevalschte dise rede nie:
> Des jehent si dort, nu hœrt se ouch hie.
> Diz mære ist wâr, doch wunderlîch.

Cette prétention à la vérité historique, on la retrouve aussi chez les anciens rédacteurs de notre poëme. Je n'en citerai qu'un seul exemple, emprunté à l'exorde de la *Prise d'Orange:*

> Oez seignor, (que Dex vos beneie,
> Li glorieus, li filz Sainte Marie!)
> Bone chançon que ge vos vorrai dire.
> Ceste n'est mie d'orgueill ne de folie,
> Ne de mençonge estrete ne emprise,
> Mès de preudomes qui Espaigne conquistrent.
> Icil le sèvent qui en vont à Saint-Gile,
> Qui les ensaignes en ont véu à Bride,
> L'escu Guillaume et la targe florie,
> Et le Bertran, son neveu, le nobile.
> Ge ne cuit mie que jà clers m'en desdie.
> Ne escripture qu'en ait trové en livre

Et effectivement les poëmes populaires sur Guillaume d'Orange, comme toute tradition, reposent sur un fond historique vrai; seulement l'imagination l'a touché de sa baguette magique: temps, lieux et personnages ont été amalgamés d'une manière quelquefois fort bizarre.

Ailleurs [1]) j'ai tâché de débrouiller ce chaos et de déterminer quels peuvent avoir été les événements historiques dont nos chansons font vibrer un écho lointain. Dans un article d'une Revue hollandaise (*de Gids*) M. Reinhart Dozy, Professeur à

---

[1]) Dans *l'Examen critique* cité à la note précédente.

l'université de Leide, a complété mon travail par des observations aussi ingenieuses que savantes. Je ne reproduirai pas ici ces études: je me borne à en indiquer les résultats. Mais on ne m'en fera pas, j'espère, un reproche, si je reproduis ici quelques raisonnements qui ont déjà trouvé leur place dans l'ouvrage cité, que probablement les lecteurs de ce livre n'auront pas sous la main.

Or, par rapport à la première de nos chansons, celle qui dans l'original a pour titre Les Enfances Guillaume, il n'y a que le récit du siége de Narbonne qui puisse avoir un fond historique. Il a probablement sa source dans la dernière attaque de la part des Sarrasins à laquelle Narbonne fut exposée en 1018 ou 1019. Les infidèles essayèrent de forcer l'entrée de la cité; mais ils furent repoussés et taillés en pièces, tout comme dans le poëme.

Dans la branche du Couronnement plusieurs traditions ont été amalgamées.

Le couronnement de Louis dans la cathédrale d'Aix-la-Chapelle eut lieu en 814: l'historien Thégan et le poëte Ermoldus Nigellus racontent cet événement, dont ils furent contemporains, avec des détails qu'on retrouve à peu près tous dans le poëme populaire.

On y a rattaché (IV—V) le souvenir d'événements beaucoup postérieurs. Le Roi Louis qui figure dans cette partie est, sans aucun doute, Louis-d'Outre-Mer, fils de Charles-le-Simple, mort en 929.

Les chapitres II et III rappellent un fait qui se passa en Italie vers 1001, raconté par l'auteur de la chronique du Mont-Cassin et par Ordéric Vital. Le Guillaume historique fut un seigneur de Montreuil qui, vers la moitié du onzième siècle, a été généralissime du Pape, et le poëme laisse entrevoir que c'est bien de lui qu'il s'agit; car quoique le héros soit censé être le leude de Charlemagne, quand il pense à rentrer dans ses foyers,

   Va s'en li rois à Paris la cité,
  Li cuens Guillaumes à Mosterel sor mer.

Nous avons donc affaire ici à une tradition normande, comme M. Dozy l'a démontré sans réplique.

Quand au Charroi de Nîmes, il paraît que c'est là encore une tradition du même pays, et que Nîmes a été substitué à une ville d'Italie prise par les Normands. L'histoire ne parle pas d'un pareil fait d'arme; mais M. Dozy fait remarquer que parmi les compagnons de Guillaume la chanson nomme Gilbert de Falaise, certes un nom normand; or Léon d'Ostia mentionne parmi les gentilshommes normands venus en Italie comme condottière certain Gilbert, surnommé *Buttericus*. Et quelle est la signification de ce mot? *Tonneau*. N'est-on donc pas en droit de conclure que ce Gilbert devait son surnom à un stratagème du genre de celui que raconte le poëme du *Charroi?* Cette chanson nous reporte donc aussi au onzième siècle.

Il n'y a guère que des suppositions possibles sur l'origine de la branche de la *Prise d'Orange;* parce que ce poëme, tel que nous le connaissons aujourd'hui, est probablement, sinon de composition, au moins de rédaction assez récente.

Des données que nous possédons sur l'histoire de la tradition populaire concernant notre héros, il résulte qu'un des plus anciens poëmes contenait le récit de ses amours avec Orable, terminé par la prise d'Orange et son mariage avec la belle princesse maure. Plus tard, problablement dans le XIIe siècle, on a détaché de cette chanson le récit de la *Prise d'Orange;* pour le coudre à la suite du poëme de la surprise de Nîmes, fort populaire dans le Nord de la France.

Tout semble annoncer que cela ne s'est pas passé sans faire subir au récit primitif des altérations assez graves, qui ont surtout porté sur le commencement et la fin de la narration. Ainsi l'on avait droit de s'attendre à ce que le baptême et les noces d'Orables fussent décrits avec quelque détail; cependant le poëme, tel que nous le possédons, y consacre vingt vers à peine. Du reste nous savons par d'autres parties de l'épopée que le dénouement était autrefois raconté tout autrement et que le jongleur qui arrangea le poëme primitif à sa guise, a changé plusieurs détails du tableau.

Cette rédaction perdue était fort ancienne, puisque la légende latine de St. Guillaume, qui date des premières années du douzième siècle, y fait allusion.

Que si l'on demande si nous avons affaire encore ici à une tradition normande, et si le mariage de Guillaume n'est pas une réminiscence de l'union de quelque aventurier normand avec une princesse étrangère, soit en Espagne, soit en Italie, il faudrait répondre qu'il y a sans doute des analogies historiques: le Normand Roger de Toeni épousa, vers 1010, la fille de la comtesse Ermesinde de Barcelone, et le fameux Robert Guiscard devint l'époux de la princesse de Salerne, fille de Gaimar IV;

que cependant tout porte à croire qu'il n'est pas question ici d'une tradition normande; d'autant moins qu'on peut affirmer, sans crainte de se tromper, que la rédaction du poëme qui nous est parvenue, est d'un jongleur artésien ou picard et non d'un trouvère normand [1]).

N'est-il pas plus naturel de penser à une tradition du Midi? Et alors l'attention ne doit-elle pas se porter sur Guillaume I, comte de Provence qui, vers 975, chassa les infidèles de sa patrie? Il les battit aux environs de Draguignan: et lorsque les débris de leur armée se réfugièrent au château du Fraxinet, il les poursuivit avec tant d'ardeur que, pressés de toutes parts, ils sortirent du château pendant la nuit et essayèrent de se sauver dans la forêt voisine, où la plupart furent tués ou faits prisonniers.

Or, Saint Odilon, abbé de Cluni, dit de lui qu'il conquit sur les infidèles un grand territoire et *l'unit à son domaine*. La légende latine de St. Guillaume rapporte un fait tout pareil à ce dernier qui, comme nous le verrons bientôt, a été le héros primitif de la tradition et auquel on a rapporté les faits et gestes de plusieurs de se homonimes. Elle raconte qu'il mit le siége devant Orange et en chassa les Arabes, quoique plus tard il eut beaucoup à souffrir pour cette ville et dans la place même, où néanmoins la victoire lui resta. Après avoir pris la ville, du consentement de tous *il la retint pour soi et en fit la capitale de ses propriétés*. Depuis cette ville devint fameuse dans le monde entier par la gloire de ce grand duc [2]).

Et cela ne s'explique-t-il pas par le fait qu'avec Guillaume I commence réellement l'hérédité du comté ou de la principauté d'Orange? Mais en même temps cela ne rend-il pas probla-

---

[1]) Gilbert, un des principaux personnages, n'est pas ici Gilbert de Falaise, mais Gilbert le flamenc (vs. 1430), fils de Gui duc d'Ardenne et de Vermandois (vs. 184); les saints qu'on invoque sont: St. Omer, St. Morise qu'en quiert en Aminois, St. Richier, St. Hilaire. Au vs. 324 il est question des „heaumes d'Aminois."

[2]) „Wilhelmus Dux... transito Rhodano, ad urbem concitus Arausicam agmina disponit et castra (quam illi Hispani cum suo Theobaldo jampridem occupaverant) ipsam facile ac brevi caesis atque fugatis eripit invasoribus, licet postea et in ea et pro ea multos et longos ab hostibus labores pertulerit, semperque praevaluerit decertando. Erepta autem urbe, placet omnibus ut sibi eam detineat, faciatque primam suae proprietatis sedem: unde et civitas illa ad tanti ducis gloriam famosissima multumque celebris magnique nominis, per totum hodieque mundum commemoratur." Acta Sanctorum, Febr. II, p. 812.

ble la supposition que la chanson de la *Prise d'Orange* repose sur une tradition provençale racontant les hauts faits du comte Guillaume I?

La branche du *Vœu de Vivian* se rattache trop intimement à la chanson de la *Bataille d'Aleschant* pour l'en séparer ici; et il faut ajouter que la branche que nous avons intitulée *Renouard*, n'est pas séparée, dans les manuscrits, de celle qui précède.

Cette chanson de la *Bataille d'Aleschant* repose sur des traditions fort anciennes.

En 787 Charlemagne nomma duc d'Aquitaine un personnage que l'Astronome Limousin, auteur quasi-contemporain, nomme simplement Guillaume. Par ses vertus et son caractère il sut mériter la confiance de son souverain, qui le plaça à un poste dangereux.

En 793 l'Émir de Cordoue Hesham fit une invasion en France à la tête d'une armée formidable. Charlemagne faisait la guerre sur les bords du Danube; son fils Louis était en Italie avec les meilleures troupes du Midi. Aux approches des Sarrasins les habitants des plaines s'enfuirent: les ennemis se dirigèrent sur Narbonne où ils mirent le feu aux faubourgs, et se portèrent ensuite du côté de Carcassonne. Cependant le duc d'Aquitaine Guillaume avait fait un appel aux comtes et aux seigneurs du pays. De toute part les Chrétiens en état de porter les armes accoururent se ranger sous son étendard. Les deux armées en vinrent aux mains sur les bords de la rivière d'Orbieu, au lieu nommé Villedaigne, entre Carcassonne et Narbonne. L'action fut extrêmement vive. Guillaume attaqua le premier les infidèles, qui soutinrent le choc avec beaucoup de valeur et repoussèrent les Franks. Ceux-ci se défendirent pendant quelque temps; mais ils furent enfin taillés en pièces et leurs chefs obligés de prendre la fuite. Guillaume fut le seul qui tint ferme; quoique abandonné des comtes et de presque toutes ses troupes, il soutint tous les efforts des infidèles et abattit à ses pieds un de leurs chefs. Le duc fit dans cette occasion des prodiges de valeur; mais accablé par le nombre et se trouvant presque seul au milieu des ennemis, il se retira heureusement avec ce qui lui restait de troupes, après avoir fait acheter bien chèrement aux Sarrasins le champ de bataille dont ils demeurèrent les maîtres.

De leur côté, les infidèles, qui avaient perdu un de leurs chefs, n'osèrent pas pénétrer plus avant, et contents du riche butin qu'ils avaient fait, ils retournèrent en Espagne, où ils furent reçus comme en triomphe.

Cet événement historique paraît être la source de notre poëme.

»Les actions de valeur que fit Guillaume durant la bataille d'Orbieux ont donné sans doute l'origine aux fables de nos vieux romanciers au sujet de ce duc, de même que l'affaire de Roncevaux au roman du fameux Roland."

Telle est l'opinion des auteurs de la profonde *Histoire générale du Languedoc*, telle est la conviction du savant auteur des *Invasions des Sarrasins en France*, M. Reinaud. Et réellement on ne saurait douter que la terreur qu'éprouvèrent les populations du Midi, sans défense lors de l'invasion de l'Émir, ne les ait fortement impressionées, au point que leur imagination dut être profondément frappée par le courage du héros qui presque seul arrêta l'armée musulmane et la contraignit à repasser les monts. La description animée des chroniqueurs du temps, généralement secs et arides, reflète assez bien cette disposition des esprits.

Or, tout porte à croire que la chanson de *la Bataille d'Aleschant* est l'écho lointain de ces impressions.

Je ne nie pas que si d'un côté il y a une conformité indubitable entre l'histoire et la tradition, prises dans leurs traits généraux, il n'y ait d'autre part des différences assez notables. Mais elles s'expliquent par la nature même de la tradition, comme j'ai tâché de le prouver ailleurs en étudiant les phases de cette transformation [1]).

Il va sans dire que cette partie du poëme qui semble se rattacher au souvenir des exploits de Guillaume à la bataille d'Orbieu, s'arrête au moment où les portes d'Orange se ferment sur lui.

Cependant la chanson ne pouvait pas finir de cette manière, et les poëtes ont cherché un dénouement plus satisfaisant. Et cela ne doit guère nous étonner; car l'imagination populaire ne peut se contenter à la longue de chanter une défaite quelque signalée qu'elle soit par d'admirable traits de courage. Une glorieuse vengeance devint le complément nécessaire du premier combat désastreux.

Cette seconde partie est-elle de l'invention des jongleurs? C'est peu probable: en ces temps-là on n'inventait guère que des détails. Il est bien plus à croire que d'autres souvenirs historiques ont fourni le canevas de la branche de Renouard. Et pour cela il faut probablement remonter jusqu'à Charles-Martel.

En 721 une armée arabe ayant saccagé Narbonne se porta sur

---

[1]) *Examen critique* etc., pag. 44 suiv.

Toulouse. Le duc d'Aquitaine vola au secours de sa capitale. Après un combat meurtrier les Sarrasins furent défaits, et, sous le commandement d'Abd-Alrahman (Desramé), regagnèrent tant bien que mal l'Espagne.

Cependant Abd-Alrahman étant parvenu en 730 à la tête du gouvernement de l'Espagne, voulut venger les échecs précédemment essuyés, et entra en France avec l'armée la plus formidable qu'on eût vue. Il s'avança en brûlant tout sur son passage et prit Bordeaux. En vain le duc d'Aquitaine essaya-t-il de l'arrêter: il fut battu, et ne se trouvant pas en état de tenir la campagne, il alla invoquer l'appui de Charles-Martel, quoiqu'il vécût en mésintelligence avec lui. Les deux ennemis se réconcilièrent; Charles marcha à la rencontre des ennemis et les joignit sur les bords de la Loire, où un combat terrible se livra près de Poitiers. Il dura tout le jour, la nuit seule sépara les deux armées. Le lendemain l'action recommença, mais Abd-Alrahman ayant été tué, la victoire se déclara en faveur de Charles. Les Sarrasins décampèrent à la faveur de la nuit; le vainqueur se contenta de piller leur camp et, après avoir partagé les dépouilles entre ses soldats, repassa la Loire.

Les souvenirs de ces événements ont peut-être suffi pour suggérer l'idée de la seconde partie de la chanson d'Aleschant, qui par certains détails semble descendre en ligne directe des chants plus anciens qui bien certainement ont glorifié la victoire de Poitiers. Effectivement plusieurs tableaux de cette partie de la chanson ont un grand caractère d'ancienneté, et la fin rappelle en tout point l'issue de la bataille de Poitiers: les Sarrasins mis en fuite, Guillaume fait distribuer à ses guerriers le butin conquis, et l'armée franque rentre dans ses foyers.

Que si l'on voulait m'objecter que probablement le duc d'Aquitaine ne fut pour rien dans cette bataille gagnée par Charles, dont la chanson ne parle pas, je ferais observer que déjà Paul Diacre affirme que ce fut le duc d'Aquitaine qui, en arrivant inopinément avec un fort détachement sur le champ de bataille, décida la victoire. Je me range de l'avis de Dom Vaissette qui présume que probablement cet auteur s'est trompé en confondant les batailles de Toulouse et de Poitiers; mais cela prouve toujours que dès le huitième siècle les souvenirs de ces deux combats s'entremêlèrent.

Passons au *Moniage*. L'idée en a été bien certainement suggérée par la réalité. On sait que le duc d'Aquitaine bâtit un monastère dans la partie la plus sauvage des environs de Lodève. Il paraît que dans les dernières années da sa vie sa piété l'engagea à se retirer de temps en temps dans le monastère d'Aniane auprès de son ami l'abbé Benoît; enfin il embrassa définitivement lui-même l'état monastique et entra en 806 dans son abbaye de Gellone, où il mourut, après avoir acquis un grand renom de sainteté, le 28 Mai 812.

La vie monacale de Guillaume a été racontée par le moine Saint Ardon, son contemporain, et par l'auteur de sa légende latine : on ne s'étonnera pas si la relation des moines est écrite dans un tout autre esprit que le poëme populaire. Tandis qu'ici le fier guerrier franc se révolte à tout moment contre l'esprit d'humilité et d'abnégation chrétienne, et que ses allures toutes mondaines et militaires le font craindre et haïr des religieux de l'abbaye, le contraire a lieu dans le récit du légendaire. Celui-ci raconte comment le comte, une fois qu'il a pris le froc, devient tout d'un coup un autre homme, toujours patient, toujours humble, acceptant les remontrances de tout le monde. »Docebatur, nec confundebatur, corripiebatur, sed non irascebatur; interdum caesus et injuriis laesus, neque resistebat neque comminabatur."

Cette différence est fort curieuse, et ce qui est plus curieux encore, c'est la manière dont le jongleur se permet de ridiculiser et de bafouer les gens de religion. Je suis assez de l'avis de M. Dozy que c'est l'esprit du douzième siècle qui s'y fait jour. Cependant le fond du récit date certainement du dixième siècle.

Nous pouvons donc admettre que toutes les branches de l'épopée de Guillaume d'Orange ont, plus ou moins, un fond historique; que le principal personnage qui a donné lieu à nos chansons est le duc d'Aquitaine du huitième siècle; que d'autres traditions, sur d'autres personnages du même nom, ont été assimilées au récit des exploits du leude de Charlemagne.

Maintenant il ne sera pas superflu de dire un mot du caractère de la tradition populaire en général.

Dans la jeunesse des nations, lorsqu'un événement important, un fait héroïque ou remarquable, frappait l'imagination, le peuple ému éprouvait le besoin de communiquer ses impressions en racontant le fait historique. L'événement soigneusement observé et raconté simplement, donna naissance au récit historique, à l'histoire. Mais lorsque l'événement fut moins bien observé, ou lorsque le conteur s'attacha de préférence aux impressions que cet événement avait éveillées, et se laissa guider par son imagination pour suppléer à ce qui lui était resté obscur, la tradition naquit.

Cette tradition, sœur jumelle de l'histoire, a donc nécessairement toujours une vérité historique pour base, elle ne diffère de l'histoire elle-même, qu'en tant qu'elle s'occupe de préférence des couleurs sous lesquelles certain événement s'est présenté à l'esprit, plutôt que de cet événement même. En d'autres termes, au rebours de l'histoire, dans la tradition, la forme, la disposition du récit, l'emporte sur le fond, qui peu à peu devient un accessoire.

La formation de la tradition est spontanée, et elle ne procède pas d'une œuvre individuelle. M. Édélestand du Méril a admirablement décrit son origine dans ce passage que nous nous plaisons à reproduire [1]:

»Comme un arbre dont les bourgeons s'entr'ouvrent sous les premières brises du printemps et produisent des fleurs dont il ne saurait varier la forme ni nuancer les couleurs, le poëte exprime alors les sentiments qu'il n'est pas plus libre de renfermer dans son âme que de ne point ressentir: organe naïf de la conscience publique, il rend plus complétement que les autres les pensées qu'ils partagent tous avec lui. Ces pensées, communes à une nation entière, ne peuvent rien avoir d'accidentel ni de factice: elles résultent de son histoire elle-même, de la civilisation où elle est arrivée et du pays où elle accomplit sa destinée; c'est l'expression la plus vive et la plus profonde de son caractère et de sa vie. Toutes les imaginations concourent à ces poëmes sans auteur; chaque jour la forme s'améliore; la plus parfaite, c'est-à-dire la plus vraie, finit par s'attacher à la pensée, et toutes deux passent ensemble de bouche en bouche jusqu'à ce que la civilisation ait fait un pas en avant, et que de nouvelles idées, plus jeunes et plus vivantes, les aient dépouillées de leur vérité et de leur importance."

La tradition ainsi enfantée, parcourt plusieurs phases. De simple qu'elle était à son origine, elle tend à s'arrondir, à devenir plus complexe. La chanson primitive — car il n'est pas nécessaire de démontrer que la forme rhythmique est l'expression la plus naturelle de toute tradition poétique en ces temps de poésie, — la chanson primitive, se mariant à d'autres tableaux du même genre, inspirés, soit par d'autres exploits du héros même, soit

---

[1] Poésies Populaires Latines, antérieures au XIIe siècle, pag. 1—2.

par des événements du même ordre, finit par devenir un chant, un poëme épique.

Il va sans dire que dans ce premier développement, quelquefois souvent renouvelé, et qui s'accomplit au milieu du progrès des idées et de la langue qui sert à les exprimer, la forme primitive de la tradition doit subir de si notables changements qu'on peut dire qu'elle se perd entièrement; et c'est dans ce sens que Fauriel a pu dire en toute vérité de ces chansons primitives, qu'il est de leur essence de se perdre.

Mais lorsqu'une fois la tradition a pris une certaine consistance, lorsqu'elle s'est développée et forme une vraie chanson épique, elle ne reste plus soumise à la même influence et ne change plus de forme au point de devenir méconnaissable dans sa carrière suivante.

La cause principale de cette fixité c'est que, d'un côté, elle n'est plus, pour ainsi dire, du domaine public: ce n'est plus alors dans la bouche du peuple que vit la chanson épique, c'est dans la mémoire des jongleurs qui la colportent. Et même le moment n'est pas loin, où elle cessera de courir les chances de grands changements et de graves altérations, en se fixant sur le parchemin.

Or, le respect pour la poésie historique a été si grand, que même lorsque les idées et les formes sociales avaient totalement changé par suite des premières croisades, on ne changea rien au fond et très-peu de chose à la forme des anciennes chansons de geste. L'histoire de la poésie populaire et la comparaison de différents textes le démontre. On remplaça telle expression vieillie et difficile à comprendre par une locution plus moderne, on ajouta timidement quelques détails de luxe, et voilà tout: la sobriété sévère des poëmes est respectée et l'on n'a pas même eu le courage d'adoucir l'extrême rudesse de mœurs qui s'y fait jour.

Du reste cela eût été impossible, sans changer complétement le caractère de ces poëmes, sans les dénaturer, sans les anéantir. Aussi ne le tenta-t-on même pas, lorsque le triomphe d'idées et de sentiments nouveaux eut créé d'autres besoins littéraires: on aima mieux les encadrer dans des sujets nouveaux que d'attenter à la poésie épique nationale.

Cependant il est à regretter que le respect des anciennes chansons ne soit pas allé jusqu'à empêcher les jongleurs de réunir plusieurs traditions dans un seul cadre. Cette tâche, qui eût demandé un homme de génie, fut généralement infiniment au-dessus de leurs forces. Ils se contentèrent de relier entr'eux, par des transitions de quelques vers, des morceaux parfois très-hétérogènes, sans se soucier de l'unité de caractère des personnages, souvent sans s'inquiéter de certains disparates qu'il eût été facile de mettre d'accord. Notre poëme en fournit plusieurs exemples que j'ai cru devoir laisser subsister, pour ne pas fausser l'impression que doit produire la muse tant soit peu inculte du moyen âge.

Ceci nous amène naturellement à dire un mot du poëme de Guillaume d'Orange envisagé comme œuvre d'art.

Quand on ne s'occupe que de la marche générale du sujet, sans insister sur les détails, on peut affirmer hardiment que c'est une composition presque irréprochable. Et pour soutenir cette thèse on n'aurait pas même besoin de laisser de côté la branche du *Moniage* qui termine notre recueil, sous prétexte qu'elle altère le caractère de la vraie épopée en la faisant dégénérer en biographie rimée, sans unité artistique; car les événements qu'elle peint si énergiquement, servent, sans aucun doute, à mieux faire ressortir le caractère du héros sous tous ses aspects. Cependant je veux bien, pour ne pas effaroucher les puristes en fait d'esthétique, la laisser en dehors du cadre que nous devons assigner au poëme.

Commençons par rappeler sommairement l'ensemble du récit.

Un jeune homme de race noble, fils du comte de Narbonne, d'une stature athlétique, d'une valeur peu commune, plein d'ardeur pour se mesurer avec les infidèles qui tiennent sa patrie sous un joug déshonorant, se rend avec son père à la cour de l'empereur Charlemagne, où sa valeur éprouvée aux yeux de tous dans un combat singulier contre un champion étranger, le rend digne d'être armé chevalier par le monarque lui-même.

Avant d'arriver à Paris il avait rencontré des messagers de l'émir Thibaut, l'ennemi redoutable qui menaçait Narbonne. Ils venaient d'Orange, où ils avaient été demander pour leur seigneur la main de la belle princesse Orable. Un combat s'engage, dans lequel les messagers sont vaincus, et Guillaume, mû par le désir d'humilier son ennemi, renvoie ses confidents à Orange avec ordre de dire à la princesse qu'aussitôt qu'il aura été armé chevalier, il se présentera devant elle pour l'épouser, après avoir tué Thibaut.

En attendant celui-ci épouse la belle et met le siège devant Narbonne, défendue par la comtesse Ermengard. Guillaume, instruit de la position difficile où se trouve sa mère, revient à la tête d'une armée, défait Thibaut et le force à s'embarquer pour l'Afrique.

Orable cependant est devenue amoureuse du jeune guerrier qui avait juré de venir l'enlever à l'émir; mais elle se trouve enfermée dans Orange; tandis que les événements politiques rappellent Guillaume dans le Nord. Enfin, dans une scène magnifiquement décrite, Guillaume force le roi à l'investir du fief d'Espagne, ce qu'il fait sous condition que le bénéficiaire s'en rendra maître. Celui-ci accepte: par stratagème il s'introduit dans la forte cité de Nîmes; ensuite, par un coup non moins hardi, il se met en possession du château d'Orange et épouse sa maîtresse, qui se fait préalablement baptiser et reçoit le nom de Guibour.

Mais les Musulmans ne le laissent pas dans la jouissance paisible de sa conquête: pour venger les échecs précédents et dans l'espoir de reconquérir Orange et de punir Orable et son ravisseur, une armée formidable se jette sur la France, après que Vivian, neveu de Guillaume, a poussé l'ennemi à bout en mutilant sans merci quelques centaines de prisonniers. Un combat furieux, une vraie bataille, s'engage dans la plaine de l'Aliscamp d'Arles. Guillaume vole à la rescousse de son neveu, qu'il trouve expirant. Lui-même, après avoir vu tomber tous ses compagnons autour de lui, parvient à peine à se sauver, et regagne Orange à force d'héroïsme. Mais comme l'armée sarrasine ne tarde pas à mettre le siége devant ce refuge, il en sort clandestinement et va chercher secours près du roi de France à Laon. Le roi Louis a succédé à son père, et c'est à Guillaume qu'il doit la couronne, dont un redoutable parti avait voulu le priver. Cependant il hésite à payer le tribut de reconnaissance à son défenseur, et ce n'est qu'après une scène très-vive que Guillaume le détermine à lui accorder ce qu'il désire. Une armée nombreuse est bientôt sur pied; les infidèles sont battus, et Guillaume rentre dans la possession de son domaine conquis.

Nous le demandons avec confiance, n'y a-t-il pas là le canevas d'une vraie épopée? Le savant Hegel a dit avec raison: »Les idées, les sentiments, tout ce qui constitue l'essence d'un peuple, exprimés dans la forme qui leur est propre et naturelle, et presentés comme un événement historique, voilà le sujet et la forme de la poésie épique." Or le poëme de Guillaume d'Orange ne répond-il pas à cette définition?

Dans cette peinture épique il faut nécessairement un point central. Ce centre c'est l'action individuelle d'un personnage éminent.

Cette action ne peut être arbitraire ni fortuite: elle doit nécessairement émaner du caractère du héros et de la situation dans laquelle il se trouve. Eh bien! les événements qui se déroulent dans le poëme de Guillaume d'Orange se groupent autour de l'action individuelle du héros et en dépendent. L'idée générale du poëme, c'est la délivrance du pays du joug des Sarrasins; mais cette idée se complique du désir que Guillaume a conçu de s'approprier le domaine et la femme du chef des ennemis, et des efforts que lui coûte la défense de ce bien, une fois qu'il l'a conquis.

Et quant au caractère du héros, il nous apparaît fort et complet: il a un véritable attrait, parce qu'il exprime, non-seulement les sentiments et les idées populaires d'une époque héroïque, mais encore les sentiments les plus élevés de l'humanité. Si d'un côté il est sans pitié pour les ennemis de la foi, d'autre part il aime les siens d'un amour désintéressé; il est prêt à pardonner et à oublier l'offense; s'il a l'âpre rudesse d'un homme de fer, cette rudesse même est la preuve de la noblesse de son âme; il est plein de bon sens et d'honneur; son dévouement à son seigneur légitime n'est surpassé que par son amour pour la vérité et la droiture; sa bravoure est à toute épreuve; et sa piété, brochant sur le tout, en fait, plus que toute autre qualité, le type du guerrier chrétien de son époque. On peut se révolter contre la crudité de la scène qui se passe à Laon, contre la singulière morale d'Orable, qui renie ses dieux, son mari et ses enfants, pour se jeter dans les bras d'un mari chrétien; on peut se recrier contre la férocité que manifestent les héros, Guillaume autant que Renouard, à l'égard des Musulmans; tout cela est un reflet non exagéré des mœurs du temps; et tout cela est d'ailleurs compensé par les scènes attendrissantes entre Guillaume et son neveu mourant, les adieux de Guibour et de son époux, un vif sentiment de justice et de loyauté, admirablement rendu dans la première scène du *Charroi de Nîmes*, une piété sincère, qui perce à chaque moment. Certes, le caractère de Guillaume d'Orange mériterait un examen détaillé, l'appréciation du poëme ne pourrait qu'y gagner.

Ajoutez à tout cela un style clair, simple et harmonieux; une manière de peindre vraiment épique par l'absence d'observations et de raisonnements qui nuisent à la marche du récit; un vers sonore et majestueux; et il faudra convenir que ce poëme ne mérite nullement le dédain avec lequel on a souvent parlé des productions poétiques du moyen âge.

Malheureusement à toute médaille il y a un revers.

Si la conception et les grandes lignes des divers tableaux dont se compose le poëme, dénotent des mains de maîtres, tout nous dit que l'arrangeur, qui entrevit l'unité d'une grande composition, est, à tout prendre, resté trop souvent au-dessous de sa tâche. Ainsi une main habile et intelligente n'eût point laissé subsister les nombreuses redites qui étaient la conséquence de la manière dont les poëmes populaires avaient jadis circulé, mais qui devaient nuire à la plasticité des tableaux, dès que ces poëmes n'étaient plus chantés à la foule émue. Du reste, dans notre traduction nous avons cru devoir obvier à cet inconvénient.

On n'a pas remédié à certains disparates. Les Sarrasins p. e. morts sous les murs de Narbonne, se montrent pleins de vie dans la bataille d'Aleschant; plusieurs épisodes sont racontés de différentes manières dans les différentes chansons. Enfin l'arrangeur ne s'est pas non plus, et c'est là sa plus grande faute, mis en frais pour amener la transition du caractère de l'écuyer bouillant, querelleur et orgueilleux de la chanson des *Enfances* à celui du chevalier plus réfléchi, plus mûr, de la branche d'*Aleschant*; il n'a pas retouché certains traits à peine ébauchés, qui auraient mérité d'être mis en relief pour mieux assurer l'harmonie générale.

Le système des rimes, variant dans les différentes chansons, trahit aussi le défaut de la lime.

Somme toute, qu'on accorde à nos chansons le titre d'épopée ou non, on conviendra sans peine qu'elles contiennent une poésie grande et noble, qu'elles brillent par des scènes de détail du plus haut intérêt et d'une plasticité émouvante.

Cela n'empêche pas qu'il n'en soit de la geste de Guillaume d'Orange comme de toutes les chansons épiques populaires du moyen âge: »tombées depuis longtemps dans un discrédit général, il est douteux que le goût moderne consente à les remettre en honneur." Cependant, plus on étudie le moyen âge, plus on reviendra des préjugés qui l'ont fait méconnaître et déprécier d'une manière trop absolue ses productions artistiques et littéraires. L'étude sérieuse des monuments empreints du cachet de ce génie populaire qui mérite toute l'attention, toute la sympathie des penseurs, finira par faire tomber toute préoccupation hostile et par remettre la vérité en lumière.

Les dernières lignes montrent assez dans quel but et dans quel esprit ce travail a été entrepris. Si le désir de soulever un coin du voile qui couvre encore le moyen âge, m'a mis la plume à la main, j'aime à convenir que j'ai encore été mû par un autre sentiment. J'ai accompli ma tâche avec amour, dans la pensée qu'en même temps j'apportais une pierre au monument glorieux de l'illustre Maison dont les destinées sont, depuis des siècles, intimement liées à celles de la nation hollandaise, de cette Maison qui a donné bien plus d'éclat au nom d' Orange que n'ont pu le faire les trouvères et jongleurs des temps passés, et qui tient à ce nom qu'elle a si noblement illustré [1]).

Sur la nature de ce travail il y a peu de chose à dire. Ma traduction serre l'original d'aussi près que possible. Je crois avoir rendu les anciens textes aussi fidèlement que le comporte la différence qui existe non seulement entre la langue du XIXe siècle et celle du XIIe, mais encore entre nos idées et celles d'alors. J'ai déjà dit que j'avais éliminé les répétitions que le jongleur se permettait, quand il voyait que le sujet intéressait un auditoire dont il espérait une ample moisson de deniers. Quelquefois je me suis permis des transpositions de certaines parties du texte, quand j'ai cru que la clarté et la marche du récit y gagneraient.

Je n'ai pas ajouté de notes ou d'éclaircissements à la narration, quoique l'ignorance des mœurs du moyen âge dans laquelle nous vivons toujours, les rendît peut-être souvent désirables. Il en aurait fallu trop. Bientôt du reste j'espère apporter ma part de remède à ce mal universel, en publiant un grand ouvrage ayant pour titre: *Le moyen âge d'après les poëtes du temps.*

Une seule note sera cependant nécessaire pour l'intelligence de plusieurs parties du poëme: elle se rapporte à l'armure du che-

---

[1]) Dans sa proclamation du 16 Mars 1815, le Roi Guillaume premier, après avoir déclaré que dorénavant il prenait le titre de Roi, crut devoir ajouter:

„Mais quelque convenables que puissent paraître ces déterminations.... Nous ne Nous croyons pas moins obligés de prendre soin que le nom que, dans toutes les vicissitudes de la fortune, Nous avons toujours porté avec honneur et sous lequel Nos ancêtres ont rendu tant de services à la cause de la liberté, ne vienne à s'éteindre et à disparaître. A ces causes nous voulons et ordonnons que désormais l'héritier présomptif du Royaume des Pays-Bas prenne, porte et conserve le nom et le titre de PRINCE D'ORANGE; et Nous les accordons par ces présentes à Notre cher Fils aîné, avec une satisfaction d'autant plus vive que Nous sommes convaincus, qu'il en saura maintenir l'antique éclat par l'accomplissement scrupuleux de ses devoirs comme Notre premier sujet et comme le souverain futur de la nouvelle Monarchie, et par son courage et par un dévouement sans bornes, toutes les fois qu'il s'agira de veiller aux droits de sa Maison et à la sûreté du territoire hospitalier et paisible des Pays-Bas."

valier, dont différentes parties sont souvent nommées dans notre recueil.

L'homme de guerre portait une chemise ou tunique à manches, faite d'anneaux ou mailles de fer, dont les *pans* lui descendaient jusqu'à mi-jambe. Elle s'appelait le *hauberc*. Par le haut elle se terminait par un capuchon, également de mailles, qui couvrait la tête et s'appelait la *coiffe*. Elle pouvait se nouer sur la partie inférieure de la figure et couvrait alors le menton et la bouche. Cette partie du capuchon de mailles s'appelait *la ventaille;* il va sans dire qu'on ne la laçait qu'au moment du combat. Enfin sur la coiffe on plaçait le casque ou *heaume*, retenu par de forts lacets. Ce heaume était petit et ne couvrait que le sommet de la tête. Généralement il se terminait en pointe par le haut. Le bord inférieur était entouré d'un cercle de métal (quelquefois précieux), enrichi de pierres précieuses et décoré de fleurons. Le casque laissait la figure à découvert, sauf une étroite lame d'acier qui descendait le long du front et du nez et allait rejoindre la *ventaille*. Cette défense s'appelait le *nasal*.

Les jambes du chevalier étaient également protégées par ce qu'on appelait les *chausses de maille* ou *de fer*.

Le bouclier, généralement de forme oblongue, et qu'on portait suspendu au cou par une courroie, complétait ses armes défensives.

Comme armes offensives il avait la longue épée (jamais je n'ai rencontré de poignard) et la lance ou l'épieu, généralement de bois de frêne, et terminée par une forte pointe d'acier, au-dessous de laquelle s'attachait, au moyen de cinq clous (d'or dans les poëmes), un pennon de soie.

I.
LES PREMIÈRES ARMES DE GUILLAUME.

I.

Le départ pour la Cour.

Seigneurs barons, si vous voulez entendre une chanson comme on n'en fit plus depuis la mort d'Alexandre-le-Grand, écoutez-moi. Un moine de Saint-Denis l'a mise par écrit. Il s'agit d'un des fils d'Aymeric de Narbonne, de Guillaume : et je vous raconterai comment il se rendit maître d'Orange et épousa dame Orable.

Beaucoup de jongleurs vous chantent l'histoire du valeureux, du sage et noble Guillaume au court nez, qui passa sa vie à combattre les ennemis de la foi et rendit de si grands services à la Chrétienté: jamais chevalier qui lui fût comparable, ne vit le jour. Cependant un noble moine ayant entendu ces récits, il lui sembla qu'ils n'étaient pas bien clairs; c'est pour cela qu'il en a rajeuni le texte d'après un manuscrit qui avait bien cent ans. On lui a tant donné et promis qu'il a fini par nous céder son poëme. Que celui qui veut l'entendre, se tourne vers moi et m'écoute en silence.

Vous avez entendu parler des enfants d'Aymeric de Narbonne: ils s'appelaient Bernard, Guillaume, Garin, Ernaut, Buevon, Aymer et Guibert, tous jeunes et sans position.

Un jour ils se trouvaient devant la grande salle dans la cour du château de Narbonne: ils entouraient Bernard, l'aîné, qui tenait sur son poing un jeune faucon, auquel il faisait grosse gorge avec une aile de poulet. En ce moment le noble comte Aymeric sortit de la chapelle, où il venait d'entendre la messe, avec la belle Hermengard de Pavie, son épouse: il était accompagné de quatre-vingts chevaliers portant de riches fourrures de martre et des pelisses d'hermine. Quand il vit ses enfants si beaux et si preux, son cœur s'en réjouit; car il les aimait bien, le noble comte Aymeric. Et s'adressant à sa femme, il lui dit:

— Dame Hermengard, de par Dieu! regardez nos fils! Si le Seigneur, dans sa miséricorde, me prête vie jusqu'à ce que je les voie tous chevaliers, je serai bien heureux.

— Cela sera, monseigneur, répondit la dame.

A peine avaient-ils prononcé ces paroles, que voici un messager arrivant en grande hâte sur un mulet d'Espagne. Il s'arrête devant le comte, et le salue en ces termes:

— Que ce Dieu qui créa le monde protége le noble comte Aymeric, sa dame, ses fils, et toute sa maison.

— Que Dieu te garde, frère, répondit le comte. Où vas-tu? D'où viens-tu? Que cherches-tu? Portes-tu un message? Réponds-moi sans mentir.

— Que Dieu me soit en aide! répond l'étranger, je vous dirai la vérité. Sachez que je viens de la part du Roi Charles de Saint-Denis, qui vous mande de lui envoyer vos quatre fils aînés, afin qu'ils viennent le servir à Rheims ou à Paris. Quand ils auront servi cinq ou six ans, il les fera chevaliers et leur donnera ce qu'il faut pour soutenir leur état: de l'or et de l'argent, des chevaux de prix, des châteaux, des bourgs et des villes dont ils seront les seigneurs.

— Je rends grâces à Dieu de cette offre, reprit Aymeric. Et dans sa joie s'adressant à ses enfants, il leur dit:

— Enfants, Dieu vous protége, car avant six ans vous

serez tous chevaliers, et de la main du plus noble prince qui régna jamais. Si vous le servez de bon cœur, il vous récompensera en vous donnant des terres, des châteaux, des villes, de l'or, et à chacun de vous des armes et un coursier. C'est surtout à vous que je le dis, Guillaume, qui prenez une mine si dédaigneuse.

— Je consens à aller, s'écria Bernard; car il fait bon vivre dans l'intimité d'un si noble prince. Je partirai sans retard avec mes frères.

— Certes, je ne veux pas y aller moi, dit Guillaume. Servir pendant six ans, c'est une trop longue attente. Car par Dieu qui jugera le monde, il me tarde d'aller combattre les mécréants: j'espère bien gagner assez d'or avec mon épée d'acier et j'hériterai de leurs terres. Et vous, dit-il à ses frères, vous, je vous tiens pour de pauvres sires. Vous devriez prendre des armes dès aujourd'hui et faire la guerre aux Musulmans; mais vous êtes des lâches et votre enfance ne finira jamais. Mais par ce Dieu qui règne en Paradis, je vous jure que je ne resterai pas ici: je me rendrai dans la terre étrangère, droit en Espagne, pour attaquer les Sarrasins et gagner honneur et profit. — Je ne reviendrai pas avant d'avoir conquis tant de bien que je pourrai entretenir mille chevaliers aux roides lances et aux gonfanons de pourpre.

Là-dessus Guibert, le plus jeune des frères, lui répondit:

— Par ma foi! frère, j'irai avec toi: même si je n'avais un cheval, j'irais à pied, sans armes, dans ma pelisse grise.

Cette réponse fit grand plaisir à Guillaume, qui lui dit:

— Par Dieu! voilà une bonne parole. Elle vous portera bonheur, si je reste en vie. Vous pourrez toujours compter sur moi.

Alors Ernaut et Buevon et Garin se joignirent à leur cadet et promirent de l'accompagner.

Guillaume les en remercia, mais Bernard leur dit:

— Seigneurs, vous avez grand tort de vouloir aller avec

lui et de me laisser moi, qui suis l'aîné. Suivez-moi et je vous mènerai partout où vous voudrez.

Ces paroles mirent Guillaume en colère et il dit à Bernard :

— Par mon chef! vous en avez menti. Fussiez-vous cent chevaliers, tous fils d'Aymeric, je serai partout votre chef : c'est moi qui vous guiderai et qui vous donnerai châteaux et villes et riches fiefs.

Cette réponse attira l'attention du messager sur Guillaume : il remarqua qu'il était grand et robuste, et il lui parut extrêmement fort, d'un caractère fier et peu endurable. Il se dit à part lui :

— Si Dieu prête vie à ce jeune homme et qu'il soit armé chevalier, maint Turc et maint Esclavon mourront de sa main : il les chassera de leur pays et deviendra leur effroi.

Les choses en étaient là, quand la noble Ermengard intervint, et s'adressant à Aymeric, lui dit :

— Monseigneur, tous sept sont nos enfants, ne les laissez pas se disputer. Si l'Empereur vous mande auprès de lui, allez-y, je vous en prie et emportez avec vous tant d'or qu'à la cour on ne vous tienne pas pour un homme de rien.

Aymeric fut de l'avis de la comtesse. Il tira Guillaume de côté et lui dit :

— Mon fils, tel a été mon amour pour toi, que jamais tu n'as exprimé un désir le soir qu'il ne fût accompli le matin suivant. C'est maintenant à toi de faire ma volonté ; or, viens avec moi en France, pour entrer au service de l'empereur. C'est mon devoir d'obéir à ses ordres, puisque c'est de lui que je tiens mon fief : c'est lui qui me confia Narbonne.

— Vous ne m'avez jamais parlé de cela, reprit Guillaume. C'est donc votre volonté arrêtée que j'aille avec vous à Paris, père ?

— Certes, beau fils, et nous partirons demain au point

du jour. J'emmènerai avec moi mille braves chevaliers armés.

— Eh bien! j'irai avec vous, père. Mais emportez avec vous tant d'or qu'on ne nous tienne pas à la cour pour des hommes de rien.

— Soyez sans crainte, répondit Aymeric.

Alors le comte Guillaume prenant à part son frère aîné Bernard et sa mère, leur dit:

— Remarquez bien que notre père ne nous avait jamais parlé de ses rapports avec Charlemagne. Je le suivrai à la cour de l'empereur, et dès qu'il m'aura armé chevalier, j'irai en Espagne pour faire la guerre aux païens. Je frapperai tant de coups de mon épée, qu'elle sera ensanglantée jusqu'à la poignée. Et quand je me serai rendu maître de toute l'Espagne, j'en donnerai tant à chacun de mes frères qu'ils auront plus que mon père, le comte Aymeric, n'a jamais possédé.

— Mon fils, répondit la mère, j'en serais bien heureuse.

On passa encore cette nuit à Narbonne. Le lendemain à l'aube, Aymeric, le messager de l'empereur et ses fils montèrent à cheval. On chargea sur des sommiers des malles pleines d'or, de draps de soie et de lampas et de belles peaux de martre. Guillaume à la blanche face, lui aussi, monta à cheval. Dame Hermengard embrassa sa jambe et lui donna un baiser sur les deux joues.

— Tu pars, mon fils, lui dit-elle, que Jésus t'ait en sa garde et que Dieu te fasse accomplir de grandes choses. Moi je reste seule et sans défense, et les Sarrasins ne sont pas loin d'ici.

— Ne craignez rien, fit Guillaume; car par l'Apôtre qu'on implore à Rome, si vous êtes attaquée, faites-le-moi savoir par lettre ou par un homme sûr, et je viendrai à votre secours malgré tout le monde.

— Mon fils, reprit-elle, que le glorieux Jésus t'ait en sa garde. Voici une amulette que je tiens de mon frère

Boniface: je vous la donnerai au nom du Saint-Esprit.

Elle l'attacha à son bliaut de soie sur l'épaule droite, et tomba sans connaissance quand elle le vit partir.

II.

Capture de Beaucent.

Cependant le comte Aymeric se mit en route avec ses fils Bernard, Guillaume, Garin et Hernaut. Quand ils eurent dépassé Aubemarle, le comte prit le chemin de Saint-Gilles, voulant conduire ses fils à la tombe du Saint pour y prier. Mais avant qu'il eût dépassé Montpellier, il fut arrêté par un événement que je vais vous conter.

L'émir Thibaut avait envoyé à Orange un messager, accompagné d'un corps de sept mille hommes, pour aller demander en mariage la belle Orable au blanc visage. Clariaux d'Orange lui avait accordé la main de sa sœur et lui cédait en même temps la ville, dont il lui envoyait les clefs par des messagers.

C'est cette troupe que le comte Aymeric rencontra. Il s'en inquiéta, et appelant à lui ses chevaliers, il leur dit:

— Que faut-il faire, nobles chevaliers? Voilà les païens sur la montagne, et je crains que nous ne leur échappions pas sans livrer combat.

— Prenons donc nos armes, lui répondirent-ils, montons sur nos chevaux de bataille, et malédiction sur celui qui vous faudra au besoin.

Aymeric et ses barons endossent le haubert et lacent le heaume; ils ceignent leurs épées aux bonnes lames et pendent à leur cou les écus reluisants. Ils se mettent à chevaucher en bon ordre vers les Sarrasins.

Que le glorieux Roi du ciel les conduise!

Quand les païens les virent venir à eux, ils furent sans crainte. Pourquoi auraient-ils eu peur? Ils sont sept mille et Aymeric n'est à la tête que de mille Français!

Bientôt le combat s'engage: les lances volent en éclats, les écus sont percés et bien des païens vident la selle et laissent leurs chevaux galoper par la montagne. Guillaume, qui était resté avec les écuyers, s'en réjouit. Il jure par Dieu le père que, dût-on lui trancher la tête, il ira aider son père. Il s'élance sur un cheval, pend un écu à son cou, saisit un gros piquet aiguisé et court sus aux païens mécréants, qui n'auront qu'à se bien tenir.

Cependant les Sarrasins mènent durement les hommes du comte de Narbonne. Celui-ci implore Dieu et enfonce ses éperons d'argent dans les flancs du coursier qu'il avait conquis dans la plaine de Saragosse, au temps où Charlemagne alla venger Roland. Le cheval part au galop, et le cavalier se trouve en face d'Aquilant de Luiserne: il le frappe sur l'écu qu'il perce ainsi que le haubert brillant: il lui plante la lance dans le corps, sans cependant le tuer. Puis, tirant son épée à la poignée dorée, il voulut l'achever, lorsque survinrent les Sarrasins qui attaquèrent Aymeric de tous côtés. Ils frappent son cheval qui s'abat sous lui, puis le saisissent par le corps, et le traînent par le champ de bataille.

Aymeric, dans sa douleur, implora Dieu le tout-puissant.

— Glorieux père, dit-il, toi qui créas le monde et te montras toujours miséricordieux, préserve-moi de la mort, et empêche que mes barons ne soient vaincus par ces païens! Sainte Marie! que deviendront mes enfants, les beaux jeunes gens qui sont restés à Narbonne et les vaillants bacheliers qui m'ont accompagné ici! Dame Hermengard, le malheur descend sur vous: vous avez perdu le père et les enfants, vous ne les verrez plus votre vie durant. Et Charlemagne ne viendra pas à votre secours, puisqu'il ignore que vous en avez besoin.

En ce moment même voici Guillaume arrivant au grand galop de son cheval et tenant à deux mains sa grande perche. Lorsque les païens l'aperçurent, ils eurent peur et se dirent:

— Voyez-vous ce furieux? Mahomet ne garantira pas celui qui sera atteint par ses coups.

Et ils fuient tous, tant qu'ils sont, laissant Aymeric seul au milieu du champ. Il fut bien aise d'être délivré, et voyant passer près de lui un cheval, il étendit la main et l'arrêta. Etant monté en selle, il saisit une lance qui gisait par terre et en porta un tel coup au premier Sarrasin qui se présenta, que les mailles du haubert se rompirent: il lui passa la lance du travers au corps et l'abattit mort sur place. Puis il dit à Guillaume

— Mon fils, voyez que d'armures. Prenez un des hauberts et un des heaumes pour vous armer.

Mais Guillaume ne voulut pas en entendre parler. Il jura par Dieu qu'il ne porterait d'armure, avant qu'il fût en France, auprès du puissant Charlemagne.

— L'empereur me donnera des armes quand je voudrai; je les prendrai avec plaisir; car j'en serai plus redouté des mécréants.

Puis, jetant les yeux autour de lui, il vit sur le flanc d'un versant Baucent, le noble cheval, qui avait appartenu à l'émir. Orable l'avait longtemps fait soigner à Orange d'une manière particulière. On lui frottait les flancs avec des peaux d'hermine. Il portait sur son dos une selle d'ivoire, et le frein de sa bride valait des milliers de besans. Il était couvert d'une couverture précieuse, de couleur éclatante, traînant jusqu'à terre. Il était confié à la garde de deux neveux du roi Aquilant, qui avaient sous leurs ordres quatorze Nubiens. Quatre hommes le maintiennent par deux chaînes d'or.

Quand Guillaume l'eut aperçu, il galopa de ce côté en brandissant sa perche de ses duex mains. Les gardiens prirent la fuite et abandonnèrent le cheval. Le jeune homme, plein de joie, saisit Baucent par la bride, sauta en selle et lui fit sentir ses éperons d'argent. Le noble animal fit un saut de trente pieds, au grand contentement de Guillaume, qui jura par le Dieu tout-puissant que desormais pas un Sarrasin ne lui échapperait. Il se précipite aussitôt au milieu de la mêlée et renverse tant d'ennemis par terre que le champ en est couvert. Les autres fuient et parmi les fuyards se trouve Aquilant blessé qu'on avait hissé sur un mulet. Guillaume, qui les poursuit chaudement, lui crie:

— Noble Sarrasin, que fais-tu? Retourne-toi vers moi, et je te jure par tout ce qui t'est sacré que je ne te frapperai pas.

A ces mots Aquilant tourna sa monture du côté de son interlocuteur et lui dit:

— Damoisel, vous me paraissez fort et impitoyable, et votre grande perche nous fait grand' peur....

— Comment t'appelles-tu? interrompit Guillaume. Réponds-moi sans ambages, et je ne te toucherai pas.

— Je m'appelle Aquilant et je suis né à Luiserne-sur-mer. Je reviens du château d'Orange où j'ai été demander en mariage Orable, la pucelle au fier visage, pour monseigneur Thibaut. Il n'y a pucelle au monde qu'on puisse lui comparer. Elle-même me servit à dîner, et c'est elle encore qui me confia le bon cheval que vous avez enfourché. Ah! celui qui pourrait la serrer nue dans ses bras une seule nuit, se sentirait heureux pour le reste de ses jours! Je n'oserai jamais retourner auprès d'elle, ni auprès de Thibaut mon seigneur et maître, car il me ferait tuer.

— Ce ne serait pas bien, répondit Guillaume; car celui qui succombe à la force n'est pas punissable. Vous pourrez dire à la belle Orable que c'est Guillaume, le fils du vieil Aymeric de Narbonne, qui s'est constitué l'héritier de son cheval. Dites-lui qu'il n'est pas encore chevalier, mais qu'il va en France trouver l'empereur Charlemagne qui, à la Pentecôte, doit le créer chevalier. Portez à Orable mon salut et mon amitié, et dites-lui de ne pas se chagriner si j'emmène son destrier. Si Dieu me prête vie jusqu'à ce que je sois chevalier, je viendrai sous les murs d'Orange caracoler avec le brun Baucent. Et si j'y rencontre monseigneur Thibaut l'Arabe, les coups de mon épée d'acier tomberont si dur sur son heaume resplendissant que les quartiers en voleront par terre. Ensuite je ferai baptiser la dame et je l'épouserai en légitime mariage. Je lui envoie par vous un excellent épervier de quatre mues.

— Par ma foi! je ferai volontiers votre commission.

Et Guillaume, plein de joie, court à son écuyer qui gardait son épervier, et remet l'oiseau à Aquilant.

Celui-ci reprend le chemin d'Orange, où il arrive à la nuit tombante, triste et irrité d'avoir perdu plus de quatre mille hommes que ceux de Narbonne lui avaient tués.

Orable, accompagnée de quatre nobles Sarrasins et de dix belles pucelles, était descendue dans le parc planté de pins et d'oliviers, et se promenait le long du ruisseau qui serpentait à l'ombre des arbres. Il s'y trouvait des herbes d'une rare vertu, car si blessé qu'eût été un homme, dès que ses plaies étaient frottées du suc de ces plantes, il était guéri et en aussi bonne santé qu'un poisson dans l'eau.

Aquilant fut introduit dans ce parc par un guichet; son écu était troué, les mailles de son haubert rompues, il était couvert de sang de la tête aux pieds: son éperon d'or était tout rouge. On voyait bien qu'il revenait d'une bataille.

Quand Orable l'aperçut elle courut à lui et lui dit:

— Dites, beau sire, que vous est-il arrivé?

— Un grand malheur, répond le Sarrasin. J'ai perdu tous mes hommes. Vous m'avez confié ce matin un bon destrier destiné à votre futur, monseigneur Thibaut; eh bien! il ne l'aura pas, puisqu'il est en la puissance de Guillaume, le fils du vieil Aymeric de Narbonne. Il n'est pas encore chevalier; mais il va en France trouver Charles au fier visage, afin d'être armé chevalier à la Pentecôte. Il vous envoie ses salutations et son amitié, et vous prie de ne pas vous chagriner, s'il est en possession de votre coursier; car aussitôt qu'il sera chevalier vous le verrez caracoler sous les murs d'Orange sur Baucent-le-brun, et s'il y rencontre monseigneur Thibaut, il le tuera; ensuite il vous fera baptiser et vous épousera en mariage légitime. Il vous envoie par moi un bel épervier de quatre mues.

Quand Orable entendit parler de Guillaume, elle changea de couleur. Elle dit au roi:

— Monseigneur, descendez de cheval, car vous êtes extrêmement fatigué. Je vous aurai bientôt guéri, et vous ne mourrez pas de vos blessures.

Elle se mit à le désarmer elle-même: elle lui ôta son heaume ainsi que son haubert et le fit asseoir sur le gazon. Il avait perdu tant de sang qu'il s'évanouit. La noble Orable cueillit des plantes médicinales et lui en frictionna le corps; au bout d'une demi-heure il se sentit mieux portant que jamais.

Alors Orable s'assit à côté de lui sur un coussin de brocart, et ils se mirent à deviser.

— Madame, fit le roi, faites donc apporter l'épervier que vous envoie le plus beau bachelier de toute la chrétienté, et qui est si valeureux que, sans porter les armes d'un chevalier, avec une simple grosse perche, il a tué et mis en fuite nos hommes.

Orable ne put réprimer un sourire:

— Monseigneur, répondit-elle, faites apporter l'oiseau.

On le lui présenta et elle l'accepta avec grande joie.

Il n'est pas besoin de demander si l'on en prit grand soin.

Mais revenons à Aymeric et ses fils.

III.

Le message d'Orable.

Les chevaliers chrétiens en triomphant de l'ennemi avaient conquis un grand butin : des mulets, des chevaux, des bagages et de l'argent monnayé. Ils en distribuèrent tant parmi leurs hommes que celui qui reçut le moins fut encore très-content.

Ensuite ils dressèrent leurs tentes dans la montagne, allumèrent les grands feux et, après avoir dîné, se couchèrent, car ils étaient bien fatigués. Leur repos ne fut pas de longue durée.

Un Sarrasin, que Dieu confonde! avait espionné leur camp et était allé en toute diligence faire son rapport à Clariel et au vieux Murgalé, qui se trouvaient à Orange.

— Seigneurs, leur dit-il, veuillez m'entendre. Vous devriez bien rendre grâces à Mahomet, qui met à votre disposition d'immenses richesses dont vous pourrez vous rendre maîtres avant la nuit.

Les messagers de monseigneur l'émir Thibaut, en partant d'ici ce matin, ont rencontré les Français dans les environs de Montpellier. Un combat sanglant s'engagea; les lances volèrent en éclats et les hauberts furent rompus; bien des nôtres trouvèrent la mort; des monceaux de cadavres convrirent la terre et le convoi tomba aux mains des Français qui y gagnèrent un butin considérable : des caisses remplies d'or et d'argent, des mulets, des chevaux. Ils l'ont partagé parmi leurs hommes et ils ont ensuite dressé leurs tentes dans la montagne. En ce moment les Français, vaincus par la fatigue, dorment ; si on les surprenait avant le jour, on en viendrait facilement à bout.

Aussitôt que Clariel eût entendu ce rapport il fit sonner une trompette par la ville, et les Sarrasins coururent s'armer au nombre de cinq mille.

Ah! Sainte Marie, Aymeric et son vaillant fils Guillaume que ne le savent-ils! Heureusement celui que Dieu veut sauver, n'est jamais perdu.

Orable, qui savait ce qui se passait, fit appeler un de ses serviteurs, et lui dit:

— Mon ami, écoute bien ce que je vais te dire, et je t'en saurai bon gré. Tu iras droit vers Guillaume, mon bien-aimé : tu le chercheras dans la montagne près de Montpellier jusqu'à ce que tu l'aies trouvé, et tu lui diras mot pour mot ceci : s'il peut se rendre maître de ma personne, je me ferai chrétienne pour lui, je me ferai baptiser et je croirai en son Dieu. Dis-lui ensuite de s'armer parceque ceux d'Orange, au nombre de cinq mille, sont montés à cheval pour aller le surprendre. Si tu fais bien ma commission, tu en auras grand profit ; car à ton retour je te donnerai tant de mon bien que tu seras riche à jamais.

— Je ferai ce que vous commandez, répondit le messager, et il monta tout de suite à cheval. Puis, sortant de la ville par une poterne, il dépassa bientôt la troupe armée et chevaucha en toute hâte au clair de lune.

Cependant Aymeric faisait garder son camp par une quarantaine d'hommes sous les ordres de son fils Guillaume. Quand la sentinelle vit un homme s'approchant du camp, elle lui cria :

— Qui êtes-vous, qui marchez si tard?

— Vous le saurez, car je suis porteur d'un message.

Guillaume étant survenu, attiré par le bruit, lui dit:

— Beau frère, qui es-tu? N'essaie pas de me tromper.

— Je vous dirai la vérité, répond l'autre. Je vous jure par Mahomet, mon Dieu, que je suis messager de la plus belle dame des pays musulmans, d'Orable, la sœur d'Acéré. Elle vous envoie par moi salut et amitié. Vous serez récompensé de l'épervier que vous lui avez envoyé par Aquilant de Luiserne. Vous voyez bien que vous pouvez avoir confiance en moi.

— Tu as bien parlé, mon ami, reprit Guillaume; et pour l'amour de celle qui t'a envoyé, je te donnerai ma pelisse d'hermine et mon palefroi, si tu veux le mener avec toi.

— C'est folie de parler ainsi, répondit le messager; je n'oserais l'emmener avec moi à Orange, car ma dame me ferait tuer. Elle est bien assez riche pour me récompenser amplement. Mais laissez-moi vous transmettre son message. Si vous pouvez vous rendre maître d'elle, elle se fera baptiser et adorera votre Dieu!

— Seigneur, s'écria Guillaume, sois béni! Sainte Marie, mère de Dieu, jamais de ma vie, je n'épouserai d'autre femme qu'elle.

— Seigneur Guillaume, reprit le messager, j'ai encore autre chose à vous dire. Ma maîtresse vous mande d'être sur vos gardes, puisque ceux d'Orange ont reçu l'ordre de marcher contre vous. Ils ne demandent pas mieux que de vous malmener; s'ils viennent vous surprendre, vous êtes un homme mort.

— Mon Dieu! fit Guillaume, que ne suis-je armé chevalier! Sainte Marie, reine des cieux! je frapperais tellement de mon épée, qu'elle serait teinte de sang jusqu'à la poignée!

Messager mon ami, je vous remercie de ce que vous

venez de me dire. Retournez vers Orable et saluez-la de ma part. Dites-lui que je vous ai montré le bon Baucent, et répétez-lui, que si jamais je suis chevalier, elle me verra venir caracoler sous les murs d'Orange, et que si j'y rencontre Thibaut, je lui couperai la tête. Ensuite je la ferai baptiser et je l'épouserai. Je lui envoie cet anneau doré: qu'elle le conserve bien et ne le donne pas à Thibaut l'Esclavon; si elle veut le regarder tous les jours, elle ne perdra jamais mon amour.

— Je vous obéirai, dit le messager, qui prit l'anneau et retourna à Orange.

Guillaume, de son côté, alla aux tentes et dit à son père:

— Êtes-vous réveillé ou dormez-vous? Comme qu'il en soit, levez-vous tout de suite; car ceux d'Orange sont à cheval au nombre de cinq mille: s'ils nous trouvent ici, nous sommes certains de mourir.

— Nous sommes déjà restés trop longtemps, répondit le comte, et en un clin d'œil il fut levé et habillé comme il sied à un prince. Guillaume lui dit:

— Par Saint Honoré! nous ne partirons pas comme cela: il ne faut pas qu'un denier du butin que nous avons conquis reste ici. Qu'il soit chargé sur les sommiers: les écuyers le convoieront, et vous, mon père, qui connaissez si bien les défilés des montagnes et les gués, vous vous mettrez à leur tête. Quand à moi, je resterai ici avec nos gens. Je ne quitterai pas cet endroit, sans avoir vu et compté les Sarrasins qui ont endossé leur armure pour moi, dût-il m'en coûter la vie. Et par Saint Pierre! je frapperai si bien avec ma perche que j'élèverai une citadelle avec leurs cadavres.

Là-dessus il fit charger le butin, et Aymeric à la barbe se prépara à partir à la tête du convoi.

IV.

Trahison punie.

Bientôt le soleil se leva et les Sarrasins parurent, ayant à leur tête Otrant de Nîmes, Acéré, Clariel d'Orange et le roi Goliath. Aussitôt Guillaume, à la tête d'une partie des siens, s'avança contre eux. Il était armé de sa grosse perche, si lourde qu'un vilain ne la porterait pas une demi-portée d'arbalète; mais lui, il la manie aussi facilement qu'un archer, une simple flèche.

A sa vue Goliath fut atterré:

— Nous ne pouvons échapper à la mort, dit-il: voyez ce grand diable armé d'une perche si lourde qu'un cheval ne la traînerait pas, malheur à qui l'attendra.

Et les païens s'enfuient. Guillaume s'élance à leur poursuite et en fait un carnage épouvantable.

— Par Mahomet! s'écrie Acéré, jamais on ne vit un seul homme causer une si grande perte.

— Elle ne fait que commencer, réplique Guillaume. Si je vis, je bâtirai à Orange une église où les prêtres du vrai Dieu me chanteront vêpres, et quant à vous, je vous couperai la tête.

Les païens courent de plus belle, et Guillaume les suit au grand galop de son cheval. Il ressemble à un sanglier furieux, ou plutôt à la foudre qui accompagne l'orage.

Enfin voyant les ennemis complétement en déroute, il crie à leurs chefs:

— Arrêtez: vous n'avez rien à craindre.

— Vous avez beau dire, chevalier, dit Acéré; mais n'avancez pas, avant d'avoir jeté à tous les diables ce formidable piquet que je vous vois brandir.

— Ne craignez rien; par amour pour Orable je laisserai mon arme.

Et il jeta sa perche aussi loin qu'il put: puis il s'approcha des Sarassins pour causer avec eux, sans craindre de leur part aucune trahison. Mais voilà qu'un lâche païen tire une épée flamboyante et en frappe soudain Guillaume; il le blesse à l'épaule et lui tranche une partie de la manche de son bliaut avec l'amulette qui y était attachée et que lui avait donnée sa mère au départ de Narbonne.

Furieux, Guillaume frappe le païen à la face d'un coup de poing si violent qu'il lui brise les dents et la mâchoire, et le jette mort au bas de son cheval.

Alors les Sarrasins se ruèrent sur lui au cri de Goliath :

— Or sus! s'il vous échappe, vous êtes tous des hommes morts.

On arrache Guillaume de son cheval et l'on court saisir sa perche qui est bientôt brisée en morceaux.

Cependant Baucent s'effraie du tumulte; il hennit, il mord, il lance des ruades et écartant la presse, il retourne au camp.

Guillaume reste prisonnier; on lui lie les mains, et Clariel d'Orange commence à le railler :

— Seigneur Guillaume, vous avez eu du malheur, et le butin que vous avez conquis ne vous servira pas à grand' chose. Je ne vous rendrai la liberté pour âme qui vive; je vous jetterai dans une prison dont vous ne sortirez jamais. Et je le ferai savoir au roi Thibaut, qui vous traitera selon son bon plaisir.

— Misérable, fit Guillaume, que Dieu te damne! Passe outre et laisse-là tes injures. Je ne demande pas mieux que d'aller à Orange, où je verrai la grande tour et le palais de Gloriette et la noble comtesse Orable au fier visage, que le roi Thibaut croit épouser. Mais par Saint Legier! si jamais je suis chevalier je le défierai en combat singulier et je lui couperai la tête.

Pendant que les Musulmans commettaient cette trahison, un des hommes de Guillaume en est allé porter la nouvelle à Bernard qui était resté à l'arrière-garde.

— Damoisel, lui dit-il, cela ne va pas bien. Les Sarrasins emmènent ton frère, le jeune Guillaume, qui est déjà si vaillant. Secourrons-le au nom de Dieu!

— Par mon chef! dit Bernard, j'y cours. Quiconque refuse de me suivre, n'aura jamais terre ni fief.

Heureusement le comte Aymeric n'était pas encore bien loin avec les écuyers. Bernard leur fait donner des armes et des chevaux. Aymeric saisit l'étendard brodé d'or et enrichi de pierres précieuses et se met à leur tête. Par dessous sa ventaille sa barbe blanche lui descend sur la poitrine: quelques mêches en tombent jusque sur l'arçon de sa selle.

Ils se ruent sur les païens et bientôt mille Sarrasins sont par terre.

En jetant les yeux autour de lui, Aymeric aperçut Baucent, sans cavalier, les rênes traînant à terre entre ses pieds. Le désespoir s'empara du comte, car il crut son fils mort. Il saisit le cheval par le frein et celui-ci ne tâcha pas de fuir: il regrettait son maitre comme s'il eût été un homme.

— Ah! bon cheval, dit le comte, quel malheur d'avoir perdu ton maître! S'il eût vécu, jamais on n'aurait vu tel chevalier.

En disant ces mots, il baisa le sang dont la selle était couverte, et tomba sans connaissance. Ses gens le relevèrent, et quand il fut revenu à lui, ils dirent:

— Seigneur comte, pourquoi ce désespoir? Guillaume n'est pas mort, mais les païens le tiennent prisonnier. Hâtez-vous de chevaucher, si nous pouvons les rejoindre, nous vous rendrons votre fils bien-aimé.

— Je ne demande pas mieux, répondit le comte.

On resangle les chevaux et l'on se remet au galop. Au détour d'un bois ils tombent sur l'ennemi. Le jeune Guillaume marchait en tête de la troupe sur une mule, entouré des quatre rois musulmans. Il ne tenait nul compte de leur bavardage; son plus grand désir était d'arriver à

Orange pour voir les grandes salles du palais, et avant tout la belle demoiselle Orable. Si l'on eût voulu l'enfermer dans sa chambre au château de Gloriette, il eût préféré cette prison à la France entière.

Quand les Français l'aperçoivent ils crient „Montjoie!" le cri de guerre de Charlemagne, en vociférant contre l'ennemi.

— Lâches païens, crient-ils, que Dieu vous damne! Rendez-nous Guillaume! Pour le venger mille des vôtres perdront corps et âme.

L'aîné des frères, Bernard, va frapper le chef de la troupe: son armure ne le garantit pas, il tombe mort. Hernaut et Garin attaquent les princes d'Orange et les jettent par terre; et Guillame, dans sa joie d'être secouru, saisit le roi Murgalé à la gorge et lui donne un tel coup de poing qu'il lui fait jaillir les deux yeux de leur orbite. Puis s'adressant à ses libérateurs, il demanda:

— Qui êtes-vous, chevaliers, qui êtes venus à mon secours?

— Je suis Bernard, ton frère. Et ces autres, ce sont nos écuyers. Quand j'eus la nouvelle que les païens t'avaient fait prisonnier, je leur donnai des armes et des chevaux et ils sont volontiers venus avec moi.

— Vous avez bien fait, répondit Guillaume. Cependant je serais bien volontiers allé à Orange, pour voir la tour et le palais et la belle Orable au fier visage. Thibaut l'Arabe la demande en mariage; mais par la foi que je dois à l'empereur Charlemagne, si je vis assez pour être chevalier, je la lui disputerai les armes à la main.

— Vous n'avez par le sens commun, lui dirent ses frères. Cependant on s'embrassa de bon cœur et Guillaume remercia avec effusion ses libérateurs.

En ce moment Aymeric, qui était resté en arrière avec une partie de leurs gens, s'avance fièrement: trente trompettes sonnent l'attaque.

— Ce sont de vrai diables, dit Acéré; nous voilà enveloppés, nous n'en réchapperons pas.

Et Clariel qui était plus fin que les autres, dit à Guillaume :

— Monseigneur, accordez-nous une trêve pour l'amour de dame Orable, et je vous promets que je vous ferai obtenir sa main.

— Soit, dit Guillaume, je vous l'accorde, et malheur à celui qui osera encore lever la main sur vous.

Les Sarrasins se hâtent de profiter de cette parole : ils se mettent en route sans plus attendre.

Cependant Aymeric avait rejoint Guillaume et s'était jeté dans ses bras.

— Tu as été dans une mauvaise passe, mon fils, dit-il. Et qui t'a blessé a l'épaule ?

— Un Sarrasin, monseigneur ; mais il n'a pas eu longtemps attendre à sa récompense : je l'ai abattu sur place.

Aymeric, dans sa joie, voulut poursuivre l'ennemi et donna l'ordre à ses trompettes de sonner la charge. Mais Guillaume l'arrêta en disant :

— Pardonnez-moi, mon père ; mais je leur ai accordé une trêve qu'ils me demandaient au nom de la comtesse Orable.

— Que ta volonté soit faite, dit Aymeric.

Les païens ne furent donc pas inquiétés dans leur retraite. Ils ne s'arrêtèrent qu'à Orange. Et Orable, qui du haut de la tour les avait vus venir, vint au perron où ses frères descendirent de cheval. Elle les débarassa elle-même de leurs épées, et s'adressant à Clariel, elle lui dit :

— Par l'âme de ton père, dis-moi, frère, qui a reduit nos gens en cet état ? Ce doit être un homme puissant celui qui a vaincu de tels guerriers.

Et Clariel lui répondit :

— Par Mahomet ! je n'ai rien à vous cacher ; car tout cela est arrivé bien malgré nous, qui n'avions pas conseillé cette échauffourée. L'émir qui commandait nos forces gît mort sur le champ de bataille, et plus de sept cents hommes sont tombés avec lui. Et c'est Guillaume qui a fait cela, lui et ses frères. Il a oui dire que vous êtes belle de visage et de corps, sage et bien élevée : s'il entend jamais que Thibaut vous épouse, il viendra ravager nos terres et nous exterminera tous.

A ces mots Orable devint toute pâle et tomba sans connaissance. Lorsqu'elle eut repris ses sens, Clariel lui donna la main et la conduisit dans l'intérieur du château. Là, appuyé à l'une des fenêtres, il lui raconta en détail leur déconfiture.

— Par ma foi, demoiselle, fit-il, vous ne vous faites pas d'idée de la force de Guillaume. Sa poitrine et ses épaules sont larges ; cependant il a la couleur d'une rose à peine épanouie. Il est bien plus beau que l'émir de Perse ou le puissant roi Galeans d'Averse.

— Ne m'en dites pas davantage, seigneur, répondit la pucelle. Par le Seigneur qui gouverne le monde! je suis tellement éprise du beau Guillaume, qu'à peine suis-je maîtresse de moi.

En ce moment même le messager qu'elle avait envoyé à Guillaume se présenta devant elle, et lui dit :

— Demoiselle, vous m'avez envoyé vers Guillaume, eh bien! il vous mande par moi salut et amitié, et il vous prie d'accepter cet anneau et de ne pas le donner à l'émir Thibaut, mais de le bien garder; car alors vous ne perdrez jamais son amour.

— Je te remercie, dit la pucelle; par Mahomet! je te récompenserai richement.

Laissons pour le moment la demoiselle et revenons à Guillaume.

Quand les Musulmans furent partis, il dit à son père :

— Monseigneur, faites charger nos bagages et partons pour la France rejoindre l'empereur; car à la Pentecôte je veux être armé chevalier.

— Volontiers, mon fils; tes désirs seront accomplis.

— J'en serais fort content, répliqua Guillaume. Il n'y a qu'une chose qui me chagrine; c'est que j'ai perdu Baucent avec lequel je comptais me présenter à Orange devant dame Orable.

— Nous l'avons trouvé, dit le père, et voici qu'on vous l'amène.

Lorsque Baucent entendit la voix de Guillaume, il fit un tel effort, qu'il jeta par terre cinq de ceux qui le retenaient, et d'un bond il s'approcha de son maître. Jamais personnes qui s'aiment ne se firent plus de caresses que Baucent et Guillaume.

Rien n'empêcha donc plus Aymeric et ses enfants de se mettre en route.

V.

Attaque de Narbonne.

Thibaut, le roi d'Arabie, entretenait des espions à Narbonne. Aussitôt qu'Aymeric et ses fils eurent quitté la ville, ils se hâtèrent d'avertir Thibaut qu'il trouverait Narbonne sans défenseurs : il n'y avait pour s'opposer à la prise de la ville qu'une dame qui ne devait guères pouvoir soutenir l'attaque.

Cette nouvelle rendit Thibaut fort joyeux; il rassembla aussitôt ses troupes et les fit embarquer au port d'Almérie.

Sur la proue de son propre navire, plus richement équipé que les autres, il fit placer, sous un dais de soie verte, une statue de Mahomet en ivoire resplendissant. On l'entoura de lanternes qui servirent de signaux aux autres navires.

L'armée arriva bientôt sous les murs de Narbonne et le siége commença à la grande terreur de dame Hermengard.

Un beau matin Thibaut était assis dans sa tente et jouait aux échecs avec l'émir Turfir, quand un cavalier arriva en grand désordre au camp. Il alla droit au roi et lui dit :

— Sire Thibaut, vous jouez de malheur. Les messagers que vous aviez envoyés à Orange, pour demander en mariage la belle Orable, ont été tués.

— Qui a fait cela ? demanda Thibaut.

— Par Mahomet ! je vais vous le dire. C'est le vieux comte Aymeric et son fils Guillaume, un damoiseau qui s'est fait remarquer en tuant vos hommes avec une grande perche. Et il emmène Baucent, le merveilleux coursier qu'Orable vous envoyait par Aquilant, votre ambassadeur. Déjà elle semble vous avoir oublié; car on lui a dit tant de bien de ce Guillaume, qu'elle lui a envoyé un messager, porteur d'une manche, comme gage d'amour.

A cette nouvelle, la fureur s'empara de Thibaut; il prit une tour sur l'échiquier et la jeta à terre avec tant de force qu'elle se brisa et que les éclats en volèrent au plafond. Puis ayant rassemblé les rois qui l'avaient accompagné, il leur dit :

— Barons, préparez-vous au combat et allez-moi raser le château.

Ils obéirent à ses ordres et coururent s'armer. Alors Thibaut s'écria orgueilleusement :

— Ah ! Narbonne, te voilà bientôt en mon pouvoir. Jamais Aymeric a la barbe blanche ne reverra sa femme que j'emmènerai en pays musulman, et ferai punir d'une manière éclatante, ou je la donnerai en mariage au roi d'Afrique, à qui je confierai la garde de la ville gagnée, du château et de la mosquée que nous allons y établir.

Cependant ses hommes sont prêts à l'attaque et le roi leur dit :

— En avant, chevaliers ! Si vous ne reduisez pas Narbonne

aujourd'hui, jamais vous n'obtiendrez de moi la valeur d'un denier.

La ville est bien défendue. Les nombreux arbalétriers occupent la tour, des chevaliers bien armés galopent d'un point de la ville à l'autre, et aux portes se tiennent les bourgeois, à pied, armés de haches et couverts de targes rondes comme des fonds de tonneaux. Tous ils ont juré que si les lâches traîtres osent commencer l'attaque, ils mourront par milliers.

Malgré cela, sans plus attendre, les Sarrasins descendent dans les fossés et commencent à attaquer les murs à grands coups de pioche. Les défenseurs lancent sur leurs têtes des maillets de fer, de grands pieux pointus, des quartiers de rocher, des troncs d'arbres; en un clin d'œil plus de mille assaillants furent tués. La terre était jonchée de morts.

— Mahomet! au secours! crièrent les païens; si vous nous laissez mourir, vous vous tuez vous-même.

Thibaut, plein de rage, fit suspendre l'attaque, mais pour la recommencer bientôt. Les assaillants se retirent dans leur camp et commencent aussitôt à construire trente pierriers, et autant des mangonneaux.

Que Jésus maintenant vienne en aide aux bourgeois! La garnison n'était pas à son aise; on se soutenait en se disant:

— Souvenez-vous d'Aymeric à la barbe et de son fils Guillaume bras-de-fer, qui, quand il sera armé chevalier par le roi Charles, se hâtera de revenir ici; il nous récompensera largement de notre fidélité; il nous donnera de l'or et de l'argent, des draps précieux, des mulets et de bons chevaux d'Espagne.

Cependant Thibaut fait dresser un échafaudage en tête de sa ligne d'attaque, sur lequel, au son de trente trompettes, on place la statue de Mahomet, faite d'ivoire et du plus pur or d'Arabie, et grosse comme un tonneau de dix muids. Un homme y était caché, qui parla de la sorte:

— Thibaut d'Arabie, vas à l'attaque plein de confiance : quand tu auras démoli ce château, les Français seront vaincus à tout jamais.

Thibaut ôta son gant droit et l'offrit à l'idole comme gage de sa reconnaissance, promettant qu'il ajouterait cent marcs d'or à la statue. L'homme caché dans l'intérieur accepta le gage. Les païens crurent à un miracle et tous se prosternèrent en se frappant la poitrine.

Avant qu'ils se fussent relevés, les Français, du haut des murs, lancèrent sur l'idole des pierres et de gros morceaux de bois, et firent tant qu'ils la renversèrent.

— Ah! mauvais Dieu, s'écria Thibaut, tu n'as pas plus de puissance que cela? Tes miracles ne valent pas un fétu.

En disant ces mots, il lui porta un coup furieux d'un gros bâton qu'il avait à la main, si bien qu'il faillit la mettre en pièces. Ce que voyant, les paiens s'écrièrent :

— Mauvais roi, sois maudit! Pourquoi offenser Mahomet? Ne vois-tu pas ces pierres? Ceux de la ville l'ont attaqué par trahison, sans cela il s'en serait bien moqué.

Thibaut n'osa répliquer : il enfourcha son cheval, et courant du côté où il aperçut Hermengard, à une fenêtre du château, il lui dit, d'un ton où perçait le découragement :

— Noble comtesse, je te salue au nom de ton Dieu! Je te supplie de m'accorder une trêve d'un mois.

— Seigneur, répondit-elle, je vous l'accorde ; mais je demande des sûretés. Livrez-nous des ôtages qui répondent de vous.

Thibaut fut on ne peut plus content. Il lui envoya quatre rois de sa nation, qui devaient être pendus, s'il s'écartait le moins du monde du traité conclu.

Les trêves conclues, Thibaut fit appeler le roi Mathusalan, Aarofle et Albroc-le-Persant et leur dit :

— Barons, je vais vous quitter pour quelque temps : en attendant je vous confie mon armée. Faites bonne garde autour de la ville. Je vous rends responsables des pertes que nous pourrions essuyer. Moi, je vais à Orange, savoir des nouvelles du roi Aquilant, de Goliath, d'Otrant de Perse et du brave Aceré : j'ai à cœur de me rassurer sur l'issue de leur combat avec Guillaume.

— Faites comme vous l'entendrez, répondirent-ils ; la ville sera bien gardée, pas un homme n'y entrera ni n'en sortira.

Là-dessus Thibaut d'Afrique partit. En même temps Hermengard, ayant trouvé un messager qui parlait plusieurs langues, entr'autres l'arabe et le persan, lui dit :

— Mon ami, tu iras en France trouver Aymeric le blanc, et tu diras à mon fils Guillaume qu'une forte armée turque a mis le siége devant Narbonne. Si je ne suis secourue, je ne vivrai pas longtemps ; à moins de renier Jésus et d'adorer Mahomet et Tervagant, je mourrai dans les tourments.

Le messager sortit de la ville par une petite poterne : il resta quelques jours parmi l'armée paienne, et après avoir pris des renseignements sur sa force, il partit pour la France.

VI.

Les noces du roi Thibaut.

Cependant Thibaut était parti pour Orange, accompagné d'un corps considérable de troupes. Aussitôt arrivé, il demanda à Clariel :

— Qu'est devenu le roi Aquilant? Je m'étonne qu'il ne soit pas revenu, ni Goliath, ni Otrant d'Orcanie que j'avais envoyés ici pour demander la main d'Orable, la plus belle demoiselle de tous nos pays. Si elle m'accepte pour époux, elle sera riche; je lui assurerai pour douaire l'Esclavonie, la Pouille, la Calabre, Fiésole et la Romanie, l'Afrique et la riche Arabie: tout cela m'appartient par droit de naissance.

— Ah! les riches terres! s'écria Acéré. Je voudrais que vous l'eussiez déjà épousée, et que mon frère vous donnât cette ville qui est belle et forte!

Clariel ne fut pas de cet avis; il dit avec hauteur:

— Thibaut, ne pense pas à cette folle entreprise! Certes, Guillaume ne la laisserait pas en ta possession. Du moment qu'il sera armé chevalier, il viendra réclamer la ville, sur laquelle il prétend aussi avoir des droits. Et tu es bien osé de vouloir épouser Orable; car fût-elle ta femme, et t'eût-elle donné un enfant, Guillaume viendrait te l'arracher.

Ces paroles mirent Thibaut en colère.

— Par Mahomet! fit-il, ce sont là des folies. Pourquoi toujours me parler d'un garçon qui ne possède pas un gant plein de terre et qui ne porte pas même d'épée à la ceinture! Vous savez si j'ai du courage; eh bien! en quelque lieu que je le trouve, je le traînerai après moi par le bras, lui, ses armes et son cheval.

— Vous vous vantez, dit Clariel; tous vos parents n'y parviendraient pas, et seul, vous en êtes tout-à-fait incapable. Quand il aura endossé le haubert et ceint l'épée, il sera bien redoutable, puisque déjà il nous a tué nos gens avec un simple bâton. — Mais afin que vous ne disiez pas que je retire ma parole, allons voir ma sœur.

— Je ne demande pas mieux, dit Thibaut. Montez au palais et amenez-moi Orable.

Clariel y ayant consenti, ils montèrent ensemble l'escalier conduisant à la grand' salle. Thibaut admira les magnificences du palais: les murs en sont décorés de peintures admirables, représentant des ours, des lions, des sangliers, des biches, des daims, des aigles, par centaines. Le plafond imite le ciel; on y voit le soleil, la lune et les étoiles.

Thibaut regarda autour de lui tout ébahi : d'autant plus qu'il ne reconnut pas de porte par où il était entré. Pour tout l'or de Bénévent, il n'aurait pu sortir, sans qu'on vînt à son aide.

Clariel le fit asseoir sur un lit d'ivoire incrusté d'argent, dont les colonnes étaient richement dorées, et à chacune desquelles était attaché une figurine chantant et jouant de la harpe d'une manière si agréable que quiconque les entend, ne demande par d'autre jongleur.

Thibaut se mit à regarder les grandes merveilles du palais, produits de la magie autant que de la peinture et de l'art du fondeur.

Cependant Clariel se rendit dans la chambre d'Orable, et il lui dit, le sourire à la bouche :

— Par Mahomet! il ne tient qu'à vous d'être reine; Thibaut d'Arabie est ici en personne.

Ces mots la mirent en colère et elle répondit avec fierté :

— Vous voulez donc que je sois infidèle à Guillaume auquel j'ai promis mon amour?

— Ne m'en parlez plus, dit Clariel; Thibaut à lui seul est plus riche que tous les parents de Guillaume ensemble : il est roi d'Arabie et d'Esclavonie. Si vous refusez sa main, nous ne serons plus en sûreté dans cette ville. Venez lui parler, acceptez ses hommages et tâchons de gagner du temps.

— Je ne demande pas mieux, répondit la pucelle : tout ce que je désire, c'est de ne pas perdre Guillaume.

Clariel la prit par la main et la conduisit à la grand' salle. Elle était habillée d'un tissu broché d'or du prix de quatre livres et retenu par des agrafes de grande valeur. Elle était d'une suprême beauté; sa face était blanche comme la fleur de l'aubépine, avec des joues vermeilles comme la rose à peine éclose : elle avait la bouche petite et les dents blanches.

Aussitôt que Thibaut la vit entrer, il sourit de plaisir. Il alla à sa rencontre et la prit par le pan de son manteau pour la conduire à un siége. Ensuite il l'embrassa, lui donnant une douzaine de baisers.

— Thibaut d'Arabie, s'écria Orable, vous commettez une lâcheté, sachant que je dois me faire baptiser et épouser Guillaume.

— Ne parlez pas ainsi, répondit Thibaut; croyez-vous déjà au fils de Marie?

Cependant Clariel força sa sœur à épouser le roi Thibaut, qui donna à sa fiancée tant de pièces de drap d'or et tant de vaisselle précieuse que deux cents mulets d'Espagne porteraient à peine toutes ces richesses.

En les voyant, la pucelle dit entre ses dents:

— Par ce Dieu qui gouverne le monde, je donnerai tout cela à Guillaume, qui s'en servira pour faire la guerre à Thibaut d'Arabie.

Après la cérémonie elle se retira dans sa chambre, où elle éclata en sanglots.

— Malheureuse, dit-elle, que faire! Me voilà la femme de Thibaut, et malheureuse pour la vie. Seulement Thibaut ne me touchera pas du doigt. Ah! Guillaume, nos amours ont peu duré et elles sont pleines d'amertume. Qu'est-ce qui m'empêcherait d'aller à lui, puisque j'ai ce mariage en horreur? Ah! Clariel, mon frère, vous avez mal agi, puisque vous aviez promis ma main à Guillaume, mon ami.

— Ne vous lamentez pas, répondit Clariel. Si vous voulez, je lui couperai la tête cette nuit quand il sera couché.

— Par Mahomet! dit Orable, je ne permettrai pas cette trahison. Mais envoyons un message à Guillaume, afin qu'il sache ce qui se passe.

Elle écrivit elle-même une lettre; car elle savait écrire et n'avait pas besoin d'un secrétaire; et elle chargea son chambellan de la porter à Guillaume.

Cependant le festin des noces commença dans le palais

de Gloriette; jamais fête aussi splendide n'avait eu lieu sur la terre d'Espagne. Trente rois et quinze émirs servirent à table.

A peine était-on assis, qu'à la grande surprise de tout le monde, un grand cerf dix cors se détacha du mur et se mit à courir dans la salle. Soixante veneurs, sonnant du cor, et quatre cents chiens glapissants courent après lui. Thibaut, tout émerveillé, demanda à Orable:

— Qu'est-ce que cela signifie, belle reine?

— Ce sont les jeux d'Orange, monseigneur, qui commencent en votre honneur. Vous verrez aujourd'hui tous les amusements qu'offre ce palais.

En donnant du cor et en criant pour exciter les chiens, les veneurs causèrent une telle peur au cerf, qu'il sauta sur la table, où il mit en pièces les plats et renversa les grandes coupes. Alors sortirent de ses narines cent vilains, velus comme des chiens, et démesurément grands; ils n'avaient qu'un poing et un pied, et leur accoutrement ne valait pas un denier. Chacun d'eux portait sur son dos cinq arbalétriers, décochant des traits en tous sens. Plus de mille païens tombèrent sous leurs coups.

Thibaut, plein de courroux, cria à la princesse:

— Dame Orable, faites retirer vos gens.

— Monseigneur, répondit-elle, vous vous moquez de moi; ils ne font que commencer. Vous en verrez bien d'autres avant le coucher du soleil.

Cependant la scène changea. Quatre cents moines, plus noirs que l'encre, entrèrent en chantant dans la salle; chacun d'eux portait sur ses épaules un géant, jetant feu et flammes par la gueule. En faisant le tour de la salle, ils brûlent les moustaches à quelques centaines de Persans. Enfin ils s'arrêtent devant Thibaut: ils le tirent par les cheveux et le bousculent de telle manière qu'il resta étendu sur la table. Il ne faut pas demander s'il eut peur; il invoqua tous ses dieux et s'écria:

— Madame Orable, jetez-moi hors d'ici. Si je puis atteindre Narbonne, jamais de ma vie je ne reviendrai en ces lieux.

La pucelle fit un signe de son gant et à l'instant même l'enchantement cessa. Les moines disparurent; Thibaut et les siens crurent qu'ils avaient rêvé.

Bientôt un nouvel enchantement se produisit. Les ours et les lions des parois, au nombre de quatre-vingts, se mirent à rugir et à grogner, et se jetèrent sur les convives. Pour mettre fin à cet incident, la demoiselle fit sortir tant d'eau d'un pilier, qu'en moins de temps qu'il n'en faut pour dire un Ave Maria, toute la salle en fut remplie. Les Sarrasins se débattirent dans leurs habits de fête pour ne pas se noyer. Thibaut atterré, renouvela à Orable la prière de le jeter hors du palais. Enfin la dame fit cesser les enchantements.

On conduisit dans leur appartement les rois qui avaient accompagné Thibaut, et on le coucha lui-même. La pucelle, au même moment, descendit dans les jardins par une porte secrète.

Le gros des compagnons de l'émir resta dans la salle à hurler comme des chiens.

Le lendemain matin, les rois sarrasins ne savaient pas plus ce qui leur était arrivé que ne le sait le „*goupil*" (le renard) que les chiens ont mis par terre.

La dame revint vers Thibaut et lui dit:

— Thibaut d'Arabie, levez-vous; vous avez fait assez de prouesses cette nuit. Guillaume ne prendra pas mon pucelage, vous l'avez trop bien attaqué.

Thibaut crut qu'elle disait vrai. Il s'habilla, se chaussa à la hâte, et faisant appeler ses compagnons, leur dit:

— Nous n'avons pas de temps à perdre ici: il faut retourner au siége de Narbonne. La ville m'appartient de droit. Le comte Aymeric s'en est rendu maître; mais il ne la gardera pas. Avant qu'il revienne de France, nous la lui aurons arrachée. Vite à l'assaut!

Obéissant à ses ordres, ils s'arment aussitôt et montent à cheval; ils sortent de la ville, et traversant le pays appauvri par leur armée, ils vont droit à Narbonne, où ils dressent leurs tentes, à côté de celles des assiégeants.

VII.

Aymer.

Les vivres commencent à manquer dans la ville; ils n'ont plus de provisions que pour quinze jours. Dame Hermengard s'en désole et implore le secours du fils de Sainte Marie. Heureusement un espion lui annonce qu'un convoi de vivres est attendu au camp; si l'on pouvait s'en rendre maître, on aurait des provisions pour plus d'une année.

Quand les trois fils qui étaient restés avec la comtesse entendirent cette nouvelle, ils coururent s'armer. Ils sortaient de la ville au moment où le convoi qu'amenait le roi de Tabarie, entrait au camp. Il consistait en sept-vingts chameaux chargés de farine, de pain, de viande salée et de bon vin.

Aymer, qui le remarqua le premier, sourit en faisant sentir l'éperon à son cheval. Il attaque le chef du convoi, lui perce l'écu et le haubert et le jette à terre. Guibert de son côté en tue quatre du premier coup.

Bientôt l'escorte prend la fuite et les Français se rendent maîtres des bêtes de somme et de leur charge; ils les poussent vers Narbonne et les font entrer dans la ville qui n'aura plus à redouter la disette.

Cependant un émir avait atteint Buevon d'un coup de lance et l'avait abattu par terre. Aussitôt bon nombre de païens s'étaient jetés sur lui et l'avaient fait prisonnier. Quand il fut désarmé on le conduisit à Thibaut, qui lui demanda :

— Chrétien, qui es-tu ? N'es-tu pas un des fils du veil Aymeric ?

— Vous vous trompez, répondit-il, je suis le fils de son portier. C'est ma faute, si vous m'avez fait prisonnier.

— Bon, dit Thibaut; demain, à la barbe des Français, tu seras pendu sur le sommet de cette colline.

Quand les deux autres frères rentrèrent à Narbonne, dame Hermengard vint les désarmer.

— Comment les choses sont-elles allées ? demanda-t-elle.

— Mal, répondit Guibert; je crois que nous avons perdu mon frère Buevon. Il a été fait prisonnier et conduit à Thibaut.

Quand la dame apprit le sort de son fils, elle tomba sans connaissance sur le marbre. Aussitôt qu'elle fut revenue à elle, Aymer lui dit :

— Laissez ces cris et donnez-nous quelque chose à manger.

— Ma foi, vous l'avez bien mérité, dit-elle. Cependant j'ai le cœur gros à l'endroit de Buevon; je crains que les païens ne l'aient déjà tué.

On corna l'eau et ils s'assirent au dîner. Il n'y eut si mince serviteur qui, ce soir là, ne mangea autant qu'il voulut.

Après dîner on se coucha. Les deux jeunes gens occupèrent le même lit; mais l'inquiétude sur le sort de Buevon les empêcha de dormir. Ils se lèvent de grand matin, endossent leurs hauberts, lacent les heaumes brunis et ceignent les épées aux poignées d'or massif. Puis, étant montés à cheval, ils pendent à leurs cous leurs écus bombés, prennent chacun une forte lance et sortent de la ville à la tête d'une troupe de cent hommes.

Non loin de Narbonne il y avait un petit bois touffu de

pins et de lauriers. Arrivé là, Aymer dit à ses hommes :

— Cachez-vous ici. J'irai avec mon jeune frère Guibelin surprendre les païens dans leurs tentes. Quand vous entendrez le son de mon olifant et que vous verrez l'ennemi en désordre, venez à notre secours.

Là-dessus les deux fils d'Aymeric galopèrent droit au camp et ne s'arrêtèrent que devant la grande tente de Thibaut lui-même.

L'émir y avait réuni le roi Anfélis, Goliath et son frère Jupin, pour délibérer sur le genre de mort qu'on ferait subir à Buevon.

Aymer s'appuyant sur le bois de sa lance, adressa ces paroles à Thibaut.

— Seigneur émir, je suis venu ici afin que tu me rendes Buevon. Sinon, je te défie, toi et ceux que je vois auprès de toi.

— Voilà des paroles perdues, répondit Thibaut ; il sera pendu ce soir ou demain matin, et toi avec lui.

— Nous verrons bien, dit Aymer, et il lance son cheval sur un des compagnons du roi, lui perce la pelisse d'hermine et le cœur, et l'abat aux yeux de plus de cent Sarrasins. En même temps il reconnait Espaulart, le fils du Khalife, qui était venu au camp pour faire l'apprentissage des armes ; il lui passe par la tête une idée qui le fait sourire. En un clin d'œil il s'approche du jeune homme, le saisit par le corps et le couche sur son cheval. En même temps il crie à son frère :

— Venez, venez ! Pour Dieu ne restez pas en arrière !

Et il s'élança au grand galop de son cheval.

Thibaut devint blême de colère. Il s'écria :

— Mahomet ! à mon secours ! Je suis déshonoré. Il enlève Espaulart ; le Khalife me retirera toutes mes terres ; je suis perdu pour le reste de mes jours !

Cependant Aymer courait toujours, tenant dans ses bras le fils du Khalife. Celui-ci se débattait autant qu'il pouvait, espérant échapper ; mais Aymer le tenait fortement.

Trois païens galoppent après lui; mais ils ne parviennent pas à l'empêcher de gagner la ville. Les cent hommes sortent de leur embuscade pour couper aux Sarrasins la retraite vers le camp; et voilà le combat engagé. Thibaut remarquant le danger imminent des siens, leur crie:

— Barons, retournez au camp; car si ceux de la ville font une sortie, vous êtes morts. Je m'en vais parler à Hermengard et lui offrir une rançon pour le fils du Khalife.

En effet il s'avança jusqu'au pied de la tour qu'habitait l'indomptable Hermengard, et se mit à crier:

— Noble comtesse, pourrais-je vous parler?

A cet appel Aymer parut et alla s'accouder à la fenêtre; il aperçut Thibaut au pied de la tour, qui lui dit en haussant la voix:

— Chevalier, écoutez-moi. Si vous me rendez le fils du Khalife, je vous donnerai autant d'or et d'argent, autant de pièces de drap d'or et de soie que vous voudrez.

— Je n'ai que faire de vos propositions, dit Aymer; car par l'apôtre Saint Pierre! il ne touchera pas un morceau de pain, avant que mon frère ne me soit rendu sain et sauf avec ses armes et son cheval. Ce n'est qu'alors qu'il sera question de rançon. Elle consistera en quatre-vingts muids de froment et autant de vin; mille hauberts, mille heaumes, mille écus et mille lances acérées; mille cochons et mille bœufs salés. Si vous ne faites ce que je vous dis, je le pendrai sur cette colline où vous voyez ces deux arbres.

— Vous aurez tout ce que vous demandez, répondit Thibaut.

Quand il revint au camp les païens coururent à sa rencontre et lui demandèrent s'il avait réussi dans sa négociation?

— Parfaitement, répondit-il, par Mahomet mon seigneur! car le fils du Khalife nous sera rendu. Cependant il faudra payer une rançon si grande que jamais on n'a vu rien de semblable.

Il fit aussitôt venir Buevon devant lui et donna l'ordre

de l'armer richement. On lui fit endosser un haubert aux mailles dorées, on lui laça un heaume brillant sur la tête et on lui ceignit une magnifique épée. Puis un cheval fort et vif lui fut amené. Le jeune homme sauta en selle sans se servir de l'étrier, puis ayant jeté à son cou un écu épais et pris en main une lance, il fit caracoler son cheval devant Thibaut.

— Quel beau cavalier! dirent les Musulmans. Quel dommage qu'il soit Chrétien! Allons! rendons-le à ses parents.

En même temps Thibaut fit venir tous les chariots du pays et y fit charger le vin, le blé, la viande salée, les haluberts, les heaumes et les écus demandés. Le convoi mit trois jours à défiler par la porte de la ville. Desormais, si pendant sept ans la récolte venait à manquer, les assiégés n'auraient pas de disette.

Là-dessus ils rendirent la liberté au fils du Khalife.

VIII.

Entrée à la Cour.

Cependant Aymeric et ses quatre fils chevauchent vers la douce France; ils traversent bien des pays, des bois, des monts, des villes; enfin ils arrivent à Paris et se rendent aussitôt à Saint-Denis, où l'empereur avait convoqué une cour plénière. La noblesse était accourue en foule: il s'y trouvait dix archevêques et vingt rois couronnés, cent évêques et jusqu'à mille abbés. Les nobles laïques étaient si nombreux qu'il fut impossible de les compter.

L'empereur, se rendant à l'église, rencontra le comte Aymeric. Un noble roi portait devant lui une épée nue, symbole de la suprême puissance. A peine le jeune Guillaume s'en fut-il aperçu que, s'adressant au porteur du glaive, il lui dit:

— Ami, venez ici, cédez-moi l'épée et n'y touchez plus; car c'est mon droit de la porter devant l'empereur.

L'autre, ne sachant qui lui parlait de la sorte, répondit:
— Arrière, méchant fou.

Irrité par cette parole, Guillaume fit un pas en avant et saisissant son interlocuteur par le poignet gauche, il le tourna trois fois en l'air et le lâcha.

Il alla tomber contre un pilier et peu s'en fallut qu'il n'eût le crâne fracassé:

— Misérable! s'écria le jeune homme, je te trouve bien audacieux de ne pas obéir à mes ordres. Par l'apôtre qu'on invoque dans le pré de Néron! si ce n'était pour Charles, je t'aurais fait sauter les yeux de la tête.

— Seigneur Dieu, fit l'empereur, doux roi du ciel, d'où ce diable d'homme nous vient-il? Il me semble enragé, fou à lier. Qu'il est grand et fort, et quelle flamme brille dans ses yeux! Qu'on le chasse d'ici au plus tôt. Il est bien osé de maltraiter ainsi ce baron; il mérite qu'on lui coupe la tête pour avoir si vilainement troublé la cour.

Ces paroles rendirent Guillaume encore plus furieux.

— Mon empereur, dit-il, faites attention à ce que je vais vous dire. Je me suis rendu ici d'après vos ordres; je n'ai pas voulu m'y refuser et je suis venu; et maintenant vous voulez me faire outrager! Mais par le Dieu qui souffrit le martyre sur la croix! il n'y a ici homme, quelque haut placé qu'il soit, s'il ose faire un pas dans l'intention de toucher à mon corps, auquel je ne coupe la tête avec mon épée d'acier.

En disant ces mots il tira l'épée dont la lame brilla au soleil. Son père et plusieurs chevaliers de marque se portèrent en avant pour le retenir. Quand l'empereur les vit, il dit:

— Qui sont ces nobles hommes? Et leur chef qui cherche à contenir cet enragé?

— C'est le comte Aymeric, sire, répondit un chevalier, qui arrive avec tous ces barons pour servir dans votre maison. Ce jeune homme à la pelisse grise, aux cheveux blonds et au clair visage, c'est Bernard, l'aîné de ses sept fils. Et celui qui tient son épée nue à la main, c'est Guillaume, le plus vaillant preux qui soit sur terre. Si vous réussissez à le retenir en France, vous aurez la paix pour toujours; car il n'y a homme vivant qui osât vous prendre un seul pied de terre.

A cette nouvelle l'empereur devint tout joyeux. Il s'avança aussitôt vers le comte Aymeric avec une mine riante et l'embrassa en lui disant:

— Sire Aymeric, voilà un grand service que vous me rendez en venant à la cour. Je jure Dieu que vos fils seront chevaliers sous peu; je les ferai armer avec les meilleures armes de tout le pays.

— Je vous remercie, sire, dit le comte. Il vous serviront à votre gré, et moi autant qu'eux; je vous en donne ma parole.

Là-dessus il ne fut plus question de l'altercation qui avait eu lieu, et l'on oublia la victime.

Tout joyeux de l'arrivée d'Aymeric et de ses fils, l'empereur reprit sa marche vers l'église, précédé par cinquante estafiers qui fraient un chemin au cortège au travers de la foule. L'église était parsemée de fleurs et de menthe, et les voutes retentirent du son des flutes et du chant. Mainte relique fut exposée en ce jour, et l'abbé de Besançon chanta la messe. Toute la cour déposa des offrandes magnifiques sur l'autel; Charles à lui seul donna mille pièces d'or.

Après la messe on se mit à table, et le dîner fini, on fit une chasse à l'ours; enfin on se mit à causer et à jouer, et les jongleurs entonnèrent leurs chants.

En ce moment un étranger, un Breton, fendit la presse et entra dans la salle. D'une grandeur démesurée, avec une bosse sur l'épaule, des yeux rouges comme des charbons ardents et de longues dents qui faisaient l'effet de défenses de sanglier, il était hideux à voir. Ses moustaches étaient si longues, qu'il les avait nouées ensemble avec un fil d'or au-dessous du menton, sur sa poitrine.

Un serviteur portait devant lui deux écus de vilain (*talevas*) et deux bâtons entourés de bandes de métal, dont le plus petit était aussi lourd qu'une massue.

Ce géant alla sans aucune façon se placer devant le roi et lui dit:

— Que le Christ, qui mourut sur la croix, protége Charlemagne et son noble entourage.

— Que Dieu te bénisse, lui répondit Charles. Or dis-moi de quel pays tu es, et dans quel art tu excelles pour nous égayer?

— Au nom de Dieu, Sire, vous ne le saurez que trop tôt. Je suis un champion, et je pense que vous n'en verrez pas de meilleur. Je suis venu ici pour faire baisser la crête à vos Français. S'ils osent jouter avec moi, il n'y en a pas un à qui je ne montre une trentaine de coups qu'il n'a jamais vus de sa vie.

— Ami, dit le roi, à la volonté de Dieu!

Alors ce fut à qui des jeunes bacheliers se mesurerait avec lui. Trente d'entre eux se présentèrent l'un après l'autre; mais pas un ne sortit de ce jeu sans avoir le front ou le nez fracassé. Ils allèrent s'asseoir avec leurs pelisses toutes pleines de sang, en donnant au diable le Breton. Qu'auraient-ils pu faire davantage? Et le vainqueur plein d'arrogance parcourait la salle en long et en large, faisant sauter son bâton dans ses mains et jouant avec son écu. Il dit au roi:

— Vos gens ne valent pas grand' chose. Je pourrai me vanter dans toutes les cours qu'il n'y a en France si adroit bachelier que je n'aie vaincu.

A ces mots la colère monta au front de Guillaume. Il délaça sa robe fourrée et la laissa couler à ses pieds; puis, se plaçant devant le roi, il dit:

— Mon empereur, entendez-moi. Je vous prie de me permettre de me mesurer avec ce Breton.

— N'en fais rien, répondit l'empereur : tu es trop jeune, à peine as-tu vingt ans, et ce Breton tout enflé d'orgueil te tuerait du premier coup.

Mais Aymeric intervint en disant :

— Sire, laissez-le aller. Et par l'apôtre qu'on va implorer à Rome! s'il est vaincu par ce Breton, il n'aura jamais de moi un denier monnayé; il pourra aller pieds nus et en chemise vivre en exilé sur la terre étrangère; car de la mienne il n'en héritera jamais la largeur d'un pied.

Le roi accueillit ces paroles avec un sourire, et cria à Guillaume :

— Ami, allez au nom de Dieu.

Guillaume, à ces mots, courut tout joyeux à l'encontre de son adversaire, et ramassant l'écu qui gisait sur les dalles ainsi que le bâton, il dit au Breton :

— Allons, viens ici, et montre-moi comment il faut frapper.

— Jeune fou, répondit le Breton en se tournant vers lui, retire-toi : je t'assommerais du premier coup.

Guillaume lui répondit tout en colère :

— Misérable fanfaron, avec ton gros cou, tu ressembles à un chat en maraude. Tu es sorti de chez toi par esprit de rodomontade; eh bien! rends-moi ton écu et ton bâton, jure-moi en présence de l'empereur que de ta vie tu ne feras plus le champion, et je te laisserai partir d'ici sain et sauf. Si tu ne fais ce que je te dis, je jure Dieu qu'en sortant d'ici, tu n'iras te vanter dans aucune cour d'avoir vaincu les écuyers de France.

Le Breton enragea en entendant ces paroles et courut sur Guillaume, le bâton en l'air, pensant le tuer du premier coup. Mais celui-ci se défendit bien. Tout le palais retentit de leurs coups formidables. De quelque part que le Breton se tournât, il trouvait toujours le jeune homme devant lui, ripostant par des coups aussi violents que les siens, à la grande joie des Français.

Se couvrant de son écu et de son bâton, Guillaume rompit pour étudier le jeu de son adversaire. Celuici, plein de mépris pour le jeune homme, s'avança sans daigner se couvrir. Aussitôt que Guillaume s'en aperçut, il lui asséna sur l'échine un coup qui lui ouvrit les chairs et fit craquer ses os. Le Breton tomba à genoux, et avant qu'il pût étendre le bras pour se défendre, Guillaume le saisit par le menton et lui arracha les moustaches, de manière que les chairs ensanglantées pendirent de ses lèvres.

— Misérable! lui cria-t-il, en ce moment tu as bien l'air d'un coquin. Tu me tendras enfin l'écu et le bâton, et nos damoiseaux n'auront plus à te craindre. Tu vas jurer sur les saintes reliques que jamais en ta vie tu ne feras plus le champion, et je te laisserai partir d'ici, car tu pourras encore être guéri.

Le Breton, ivre de colère, saute sur ses pieds, et furieux il se rue sur Guillaume comme un chien de basse-cour, pensant le renverser du choc. Mais le jeune homme n'en est nullement ému; il s'avance vers son adversaire et lui porte un coup qui l'atteint au front; la cervelle jaillit au loin et il tombe mort aux pieds de l'empereur Charles.

— Va-t-en au diable, cria Guillaume; te voilà par terre.

Puis appelant les écuyers et les serviteurs, il leur dit:

— Prenez-le moi et jetez-le hors de cette maison.

Et sans tarder ils exécutèrent ses ordres; ils saisirent le cadavre par la tête et par les pieds, et le lancèrent dans les fossés du château.

— Voilà le misérable vaincu, dit Aymeric. Béni soit le bras qui sait si bien manier le bâton.

L'empereur se leva, et s'adressant à ses barons,

— Voici, dit-il, Aymeric venu à la cour avec une noble suite. Son fils Guillaume a tué le Breton; il nous a tous vengés, je l'armerai chevalier devant vous.

— Nous ne demandons pas mieux, firent-ils. Qu'il soit sénéchal de la cour et votre gonfalonier; nous lui obéirons tous.

Et Guillaume les remercia cinq cents fois.

IX.

Les nouveaux chevaliers.

Tout le palais était en émoi. L'empereur au fier visage fit venir son premier maître-d'hôtel et lui dit:

— Ami, fais-moi apprêter mes armes; je veux en armer chevalier ce brave. Si Dieu lui prête vie, je crois qu'il sera un preux.

Il fut fait selon ses ordres; les armes furent apportées et posées devant lui sur le plancher.

Alors l'empereur s'asseyant commodément, fit avancer le fier et courageux Guillaume et lui dit:

— Ami, prenez nos armes: je vous les donne de bien bon cœur.

— Mille fois merci, répondit-il. Puis il ajouta:

— Mon empereur, entendez ce que je vais vous dire, et ne vous en courroucez pas. Voici Bernard, mon aîné: il est bon guerrier, je vous en suis garant; donc il n'est que juste qu'il soit fait chevalier avant moi. Commencez donc par l'armer lui, si cela vous agrée; et ensuite, noble roi, vous me donnerez armes et chevaux.

— Par mon chef! volontiers, dit l'empereur.

Aussitôt on commença à armer Bernard. Il endossa un

bon haubert à doubles mailles et laça sur sa tête un heaume étincelant ; ensuite il ceignit une épée à la poignée incrustée d'or.

On amena un destrier bon coureur, et Bernard monta en selle par l'étrier de gauche. Il pendit à son cou un fort bouclier et s'armant d'une lance au fer tranchant, il cria à haute voix :

— Armez vous, chevaliers, et allons essayer notre valeur ; on verra bien qui est fils d'Aymeric.

— Bernard parle bien, dit l'empereur.

Après Bernard, le roi Charles fit donner des armes à Guérin et Ernaut. Lorsqu'enfin il voulut armer Guillaume, celui-ci remarqua un jeune homme, fils de comte, qui avait passé sept ans à la cour du roi, où il avait pris soin des oiseaux de chasse, et qui paraissait fort chagrin de n'avoir pas encore été récompensé. Guillaume l'appela à lui et lui dit :

— Bel ami, avancez ; prenez ces armes et parez-vous en.

Le gentil bachelier le remercia avec chaleur et se hâta de s'armer. Il sauta, sans se servir de l'étrier, sur le destrier qu'on lui amena, mit un fort écu à son cou, et prenant un épieu niellé en main, il caracola devant tous les seigneurs qui admirèrent sa bonne tenue.

A la requête de Guillaume l'empereur conféra les mêmes honneurs à soixante-sept damoiseaux. Et à chacun d'eux le fils d'Aymeric donne cent marcs d'argent en deniers monnayés et des pièces d'étoffes précieuses, qu'il avait apportées de Narbonne et qu'il tenait d'Ermengard, sa noble mère.

La cour était encore sous l'impression de cette munificence, lorsqu'un messager se présenta, venant d'Orange, la cité admirable, et envoyé par dame Orable. Il entra au palais et demanda Guillaume. Lorsqu'on le lui eut montré, il le prit à part et lui dit fort poliment :

— Seigneur damoisel, que les bénédictions de Dieu soient

sur vous! Je suis envoyé vers vous par la belle Orable, à laquelle vous avez fait présenter, par le vaillant Aquilant, un épervier et un anneau. Je viens vous annoncer — à quoi bon le cacher? — que Thibaut l'a épousée, que les noces ont été célébrées au château d'Orange, et — pourquoi mentir? — qu'elle a reposé à ses côtés. La demoiselle qui vous a tant aimé, est si profondément chagrinée que vous n'ayez pas prévenu l'emir en l'épousant, que, je vous jure, qu'elle ne fait que pleurer nuit et jour. Elle vous conjure au nom du Dieu tout-puissant, de venir la secourir à Orange. Et elle vous envoie ce pennon de soie, afin que vous le portiez au combat.

Guillaume écouta cette nouvelle la tête penchée sur la poitrine : il prit la banderolle des mains du messager et la mit dans son sein, puis il dit :

— Ami, retournez chez vous et dites à votre dame que je continuerai à bien l'aimer. Si Dieu me fait la grâce de me prêter vie jusqu'à ce que je sois armé chevalier, elle me verra revenir à Orange pour montrer ce que je sais faire de ma bonne épée. Et si je réussis à rencontrer le roi Thibaut, aussi vrai que j'ai besoin du secours de Dieu! il paiera cher son audace; il peut être assuré que je lui couperai la tête.

Sur ce il appela deux chevaliers et leur dit :

— Barons, ayez soin de ce messager; faites-le bien dîner et donnez-lui de l'or et de l'argent, afin qu'il puisse retourner dans son pays.

Obéissant à ces ordres ils conduisirent le messager au bourg où ils le firent changer d'habits et dîner. Quand il eut mangé et bu à loisir, on lui donna cent sols; il monta sur un cheval frais qui lui fut offert, et se mit en route en sortant par la grande porte.

Cependant l'empereur Charles était mécontent que jusqu'ici Guillaume eût refusé d'accepter les armes qui lui avaient été offertes.

— Mon Dieu, soupira-t-il, je ne sais que faire. Il y va de mon honneur que Guillaume ait une bonne et forte armure, grande et large et bien faite, ainsi qu'un cheval de bonne qualité.

En ce moment l'abbé de Saint-Denis s'approcha de lui, et se baissant sur la table à laquelle l'empereur était assis, il lui dit à demi-voix :

— Noble empereur, je vous donnerais bien un conseil bon et profitable, si vous vouliez le suivre. Ce damoisel n'a aucune mesure, il est prétentieux et fort irritable ; si vous le retenez auprès de vous, il deviendra un vrai diable qui détruira toute la belle France. Il réduira les abbayes en pauvreté et ne leur laissera denier ni maille, chape ni robe, ni pelisse de quelque valeur.

Mais je connais un expédient. J'ai dans mon trésor une armure telle que jamais homme né de mère n'en vit de pareille. Le roi Alexandre la conquit en Orient. Je la lui donnerai, Sire, si vous le permettez ; et quand il la possédera, jamais il ne voudra s'en défaire. Pour Dieu, Sire, armez-le de ces armes, et puis qu'il aille en Pouille ou en Calabre ou en Espagne combattre les Sarrasins, et que les châteaux et les terres qu'il pourra conquérir, lui appartiennent, n'en demandez pour vous un seul denier vaillant, mais qu'il s'en aille à tous les diables. Dieu veuille qu'il ne revienne jamais en France.

— Ce n'est pas un sage conseil que vous me donnez, lui répondit l'empereur. Mais faites toujours chercher l'armure.

On apporta les armes qu'on plaça devant l'empereur sur un tapis d'Afrique. On retira le haubert de son riche étui et il brilla au soleil, comme si l'on avait allumé vingt torches. Quand Guillaume l'eut vu il se mit à rire.

— Seigneur Guillaume, lui dit l'empereur, l'orgueil poussé trop loin devient un outrage ; prenez donc ces armes, je vous les donne.

— Je vous en remercie, Sire, répondit Guillaume ; quelles

qu'elles fussent, je ne les refuserais pas. Or, portons-les sur l'autel de Saint-Denis et faisons-les bénir et sacrer.

— Ah! Sainte Marie, fit l'empereur, que ce noble jeune homme est sage; personne ne dirait mieux que lui.

On porta les armes à l'église. Il y eut vingt archevêques et cent abbés, pour ne pas parler du clergé inférieur, dont je ne sais pas le nombre. On célébra le service dans le chœur, au maître autel de l'abbaye de Saint-Denis. Puis Guillaume endossa la tunique de mailles, grande et large, et faite de triples anneaux bien serrés. Aymeric à la blanche barbe lui laça lui-même la ventaille. Tout le monde chanta les louanges de son fils et il ne faut pas s'étonner si le père en fut joyeux.

Guillaume alla se placer devant l'empereur et tous les barons firent cercle. L'empereur lui fit le plus grand honneur possible. Sur ses souliers de couleur écarlate il lui chaussa les éperons dorés; les branches en étaient émaillées de fleurs et ornées de pierres précieuses, ainsi que de trente-quatre boutons. Jamais prince ou baron n'en porta de plus riches.

L'empereur le baisa sur la bouche et le menton, et de sa main droite lui donna un coup sur la nuque en disant:

— Que Dieu te donne toutes vertus chevaleresques!

Après cela le noble empereur lui ceignit au flanc gauche l'épée; dans le pommeau se trouvaient incrustées des reliques, et sur la lame on lisait une formule portant bonheur. On lui pendit au cou un écu incrusté d'or d'Espagne. Ainsi équipé on le promena devant tous les autels de Saint-Denis, et sur chacun d'eux il déposa son offrande.

Les moines chantèrent quatre cents messes pour Guillaume au bras fort, afin que Dieu lui donnât courage et renommée, qui, Dieu merci! ne lui manquèrent jamais.

L'empereur et Guillaume Bras-de-fer quittèrent l'église et on amena à celui-ci sur la placele brun Baucent. La selle, l'arçon et le pommeau étaient d'or, la couverture d'un précieux drap brun. Le frein en avait été conquis en Arabie.

Guillaume se mit en selle et aussitôt il s'élança au galop jusqu'au bout de la place, à la grande satisfaction de tous les Français.

Les nouveaux chevaliers faisaient grand bruit en courant la quintaine; mais Guillaume ne voulut pas s'associer à eux. Il voulait tenir le serment qu'il avait fait à Narbonne-sur-mer, lorsqu'il quitta sa mère, de ne pas rester à Paris, mais de retourner en son pays pour attaquer les infidèles, aussitôt qu'il aurait été armé chevalier.

Pendant que ses compagnons s'amusaient à joûter dans la plaine, un messager de Narbonne envoyé par dame Hermengard, arriva en toute hâte.

Il cria à haute voix:

— Où est Guillaume et le comte Aymeric? Il leur est arrivé un grand malheur, car ils ont perdu la cité de Narbonne.

Aymeric l'entendit et crut perdre l'esprit: il marcha droit au messager et lui dit:

— Dis-tu la verité? Ne me cache rien.

— Je vous jure au nom de Dieu, monseigneur, que les Sarrasins et les Eclavons ont mis le siége devant votre bonne cité. Il y en a tant qu'il est impossible de les compter. Ils sont trente rois mécréants, dont le moindre est à la tête de trente mille Turcs bien armés. Ils auront pris la ville avant que ce mois soit passé, si elle n'est secourue par vous et par Dieu.

En même temps il lui présenta une lettre qu'il avait apportée. Aymeric entendit la nouvelle avec un profond chagrin; il en fit part à l'empereur, et ayant appelé son chapelain, le pria de lui lire la lettre.

Celui-ci brisa vivement le sceau et après y avoir jeté les yeux, dit:

— Les rois Aarofle, Gasteblé, Parramas, Buleté, Danebron, Bautrumé, Corsuble, Ténebré, Desramé, et maints autres, en tout trente rois et quatorze émirs, ayant à leur tête le roi Thibaut, votre ennemi, ont assailli la cité de Narbonne et l'ont cernée de toutes parts. Ils ont juré par Mahomet, que de leur vie ils ne partiront de là avant de l'avoir prise d'assaut. Alors ils tailleront en pièces les soldats de la garnison et emmèneront Hermengard au clair visage; ils lui feront renier Dieu et la donneront en mariage à un roi couronné.

Quand Aymeric entendit tout cela, il crut perdre la raison. Il courut à Guillaume et lui dit:

— Au nom de Dieu! mon fils, nous sommes restés trop longtemps ici; nous avons perdu la ville de Narbonne et vos trois frères déjà si renommés.

— Qui a fait cela? demanda le jeune homme.

— Morbleu, les Sarrasins et les Esclavons. Ils sont trente rois et quatorze émirs avec tant d'hommes qu'on ne peut les compter. Ils ont cerné la ville et juré par Mahomet que ni le vent, ni les orages ne leur feront lever le siége, mais qu'ils prendront la ville d'assaut. Votre mère en est toute désolée et vous prie, au nom de Dieu, de venir à son secours; sinon, vous ne la reverrez jamais.

Tout autre homme eût eu peur; mais Guillaume, en apprenant ces nouvelles, ne fit qu'en rire, et il se mit à crier d'une voix forte:

— Où sont les bacheliers qu'on vient d'armer chevaliers? où sont les barons qui veulent gagner du bien? Qu'ils viennent à moi, je leur donnerai ce qu'ils demandent. Si le Dieu tout-puissant permet que nous arrivions à temps à la bonne cité, avant que les Sarrasins aient décampé, je leur donnerai or et argent à foison, et des mulets d'Espagne et des destriers de prix, des draps de soie, et des robes de cendal.

Les Français qui l'entendent sont tout disposés à le suivre; par milliers ils s'adressent à lui et jurent par le Dieu tout-puissant qu'ils ne se sépareront pas de lui, dût-on leur couper la tête.

Le noble Guillaume les en remercie et dit:

— Ah Dieu, mon sauveur! si tu me permets de retourner à Narbonne où je suis né et j'ai été élevé, je frapperai tant sur les païens mécréants, que j'en aurai le bras teint de sang.

Puis il court au roi et le prie de lui donner la permission de partir.

— Volontiers, répondit Charles, je me garderai bien de vous le défendre.

Il lui donna dix mille de ses hommes, et Guillaume partit plus heureux qu'il ne fut jamais.

X.

Guillaume et Thibaut.

Le marquis au bras de fer se mit en marche et l'empereur le convoya avec toute sa cour. Chemin faisant il lui jeta le bras sur l'épaule droite et lui dit:

— Seigneur Guillaume, voilà plus de vingt-cinq ans que j'ai porté les armes, et bien souvent les païens en ont senti le poids. Je vois bien que je n'ai plus longtemps à vivre; or, j'ai un fils, le courtois et sage Louis, auquel je laisserai mes châteaux et mes terres. Mais j'ai grand' peur que les Français ne lui obéissent pas, quand je serai enterré. Voilà pourquoi je vous prie au nom du Dieu tout-puissant, de lui rester fidèle, quoi que fassent les autres.

— Par l'apôtre saint Jacques! répondit Guillaume, il n'y a homme sous le ciel, quelque grand que soit son lignage à qui je ne fasse sauter la tête des épaules, s'il commet envers lui quelque action honteuse.

Là-dessus ils s'embrassèrent à plusieurs reprises, et l'empereur s'en retourna à Paris.

Guillaume et son père marchèrent si longtemps à la tête des dix mille Français bien armés qu'enfin ils arrivèrent dans les environs de Narbonne. Ils trouvèrent le pays dévasté, les églises brûlées et violées, les châteaux renversés.

— Seigneurs, dit Guillaume, on voit bien que les diables ont passé par ici. Descendons de cheval dans cette prairie pour prendre nos armes, ensuite nous tomberons sur les mécréants. Il faut envoyer vingt chevaliers en avant pour les reconnaître: Bernard, mon frère aîné, les conduira. Mais par l'apôtre qu'on invoque dans le pré de Néron! s'il ne rapporte pas, ensanglanté du sang des Turcs, le gonfanon que je lui fis donner devant le maître autel à Saint-Denis, lorsque le roi Charles l'arma chevalier, il sera revenu à nous pour son malheur.

Les Français descendirent de cheval pour revêtir leurs hauberts et lacer leurs heaumes luisants: ils ceignirent leurs épées au flanc gauche et attendirent, tenant leurs destriers par la bride.

Ils envoyèrent vingt chevaliers en avant pour reconnaître les Sarrasins; le noble et gentil Bernard, fils aîné du preux comte Aymeric, était à leur tête.

Ils montèrent au sommet d'une colline, d'où ils aperçurent la cité de Narbonne et l'armée des assiégeants, les pavillons dorés, les tentes, les cuisines et les feux allumés, le tout occupant un terrain de deux lieues de large. Quand les Français virent cela, ils eurent peur, et se dirent entr'eux:

— Pour Dieu! regardez. Comment a-t-on pus rassembler de telles forces!

— Seigneurs, leur dit Bernard, je vais aller parler aux Sarrasins; ils feront connaissance avec ma lance, car si elle n'est bien teinte de leur sang, je n'oserai jamais retourner vers Guillaume.

— Allez, et que Dieu vous garde! firent-ils.

Là-dessus il continua à s'avancer pas à pas, ayant l'œil au guet.

Or, seigneurs barons, entendez l'aventure qui lui arriva.

Il aperçut un Sarrasin venant à sa rencontre; c'était un cavalier de haut parage, neveu du roi Giboé, chevauchant un destrier pommelé qui valait bien tout l'or d'une cité. Il était à la tête de vingt païens armés qui venaient de fourrager dans la montagne. Leur chef marchait en avant d'eux, à la distance d'un trait d'arbalète.

Lorsque Bernard le vit, il fut bien content et remercia Dieu de lui envoyer ce qu'il désirait le plus. Il piqua son cheval des éperons et courut droit au païen en criant:

— Sarrasin, vous êtes mort.

Celui-ci resta tout ébahi à ces paroles, et avant qu'il eût eu le temps de se mettre en défense, Bernard le frappa si fort de sa lance niellée qu'il lui perça l'écu, déchira son haubert et le hoqueton rembourré qu'il portait dessous. Il lui passa la lance à travers le corps et le jeta mort par terre. Alors il saisit le cheval par le frein et s'en retourna vers ses hommes, la lance à la main, toute teinte du sang du Turc; de manière que ni Guillaume ni son père, Aymeric le barbu, n'eurent un reproche à lui faire.

Lorsque les Sarrasins virent leur chef tué, la peur les mit en fuite. Ils ne s'arrêtèrent qu'au camp, où ils donnèrent l'alerte. Les cors et les trompettes sonnèrent et les païens coururent s'armer. Un gros corps de troupes sortit du camp, le roi Thibaut à leur tête, faisant porter son oriflamme devant lui. Ils courent après Bernard pour lui ôter la vie, et si Dieu ne se souvient de lui, il aura de la peine à retourner auprès de son frère Guillaume.

Quand Bernard se vit ainsi poursuivi, il prit le cor qu'il portait suspendu à son cou et se mit à en sonner si fort que Guillaume l'entendit distinctement.

— Hâtez-vous, dit celui-ci à ses hommes, il me semble que mon frère Bernard a besoin de nous. Que Dieu le garde !

Les gens de Guillaume ne se firent pas prier; ils montèrent aussitôt à cheval, et Guillaume lui-même marcha devant eux, tout armé, sur le léger Baucent.

Cependant les Sarrasins poursuivent Bernard en lui lançant maint javelot aiguisé, des lances et d'autres projectiles. Son écu, qu'il avait jeté sur ses épaules, en est tout percé. Il était bien près d'être tué, lorsque voici l'avant-garde de nos Français qui descend sur l'ennemi. Guillaume Fièrebrace est à leur tête, et il pique Baucent des deux éperons. Il frappe un païen sur son écu vermeil qu'il perce de part en part. Il lui déchire le haubert et l'abat roide mort. Aymeric de son côté en tue quatre.

Quand les lances se brisèrent à la fin, les Français tirèrent les épées fourbies et se mirent à frapper fièrement. Il en coûta la vie à maint païen. Que de lances brisées, que de targes trouées, que de chevaux sans selle !

— Dieu! fit Guillaume, voilà la guerre commencée. Que le Seigneur ait pitié de nos gens! Et où est donc Thibaut d'Esclavonie qui se pique d'être maître dans Narbonne? Si je puis le tenir, aujourd'hui même Orable lui sera disputée, la belle à la peau blanche et douce, qui est à Orange dans le palais de marbre.

A peine avait-il prononcé ces paroles, que voilà Thibaut le roi d'Esclavonie, chevauchant richement armé en tête de ses gens qu'il précède de la portée d'un trait d'arbalète. En le voyant, Guillaume piqua vers lui, criant:

— Dis-moi païen, par ton Dieu Mahomet! quel est ton nom? Ne me trompe pas.

— Tu sauras la vérité, répondit le roi. J'ai nom Thibaut, je suis né en Arabie; j'ai sous ma domination les ponts et les gués d'Afrique, les ports et les cités d'Esclavonie, et je suis émir de toute la Phrygie.

C'est moi qui ai mis le siége devant Narbonne et je ne m'en retournerai pas avant de l'avoir prise de vive force; car Aymeric est allé en France pour faire armer son fils par Charles, puisque lui-même est vieux et faible et hors d'état de porter son armure ou de conduire une armée.

— Païen, tu en as menti, riposta Guillaume. Aymeric est aussi vaillant que sage; il est toujours redoutable dans la bataille, car il porte encore fort bien son armure et sait très-bien pourfendre un ennemi. Que Dieu me soit en aide! tu dis des folies, et tu en as commis une plus grande en amenant ici tes païens. Avant que le soleil soit couché ou vêpres sonnées, tu t'en repentiras amèrement.

A ces mots Thibaut faillit devenir fou de rage; il répondit plein d'aigreur.

— Hola, valet, le diable t'est-il entré au corps? Tu es si jeune qu'il ne t'a pas encore poussé de barbe. Comment t'appelles-tu? Ne me le cache pas.

— Tu vas savoir la vérité, jamais pour païen au monde je ne cacherais mon nom. Je m'appelle Guillaume, je suis né à Narbonne et fils du noble Aymeric. Tu n'as qu'à prier ton Dieu qui t'a conduit ici, tu en auras besoin; car je te hais et pour moi-même et pour mon Dieu.

— Et moi aussi je te hais, répondit l'Esclavon.

Ils piquent les chevaux de leurs éperons dorés, ils brandissent les épieux niellés et se portent de grands coups sur leurs écus dorés qu'ils trouent et mettent en pièces. Le coup de Guillaume fut le mieux asséné; il faussa et rompit le haubert de son adversaire et lui planta son épieu dans le corps. Il espérait l'abattre, mais il n'y réussit pas à son grand regret. La lance se brisa près du poignet.

Quand le païen se sentit blessé, il jeta son écu par terre et se mit à fuir vers la mer. Guillaume, tout étonné, enfonce les éperons dans le flanc de Baucent. Il rattrape Thibaut au milieu d'une prairie, et tirant l'épée à la lame tranchante, il l'en frappe sur son heaume pointu, dont il fait voler les pierres et les fleurons, et qu'il fend jusqu'au tiers de sa hauteur.

Thibaut tomba de cheval et Guillaume l'eût fait prisonnier, lorsque surviennent mille païens malotrus qui fournissent un destrier à leur chef; il monte en selle et reprend sa fuite vers la mer, accompagné de six cents païens.

Guillaume, chagrin de ne pas avoir tué son ennemi, pique Baucent à la longue haleine; il le rejoint sur le versant d'une colline et lui crie de se retourner vers lui.

XI.

Aymeric prisonnier.

Le combat aurait certainement recommencé, lorsque survint Aymeric de Narbonne. Quand Thibaut le vit, il eut peur et se mit à fuir de plus belle vers la mer. Il ne se serait pas arrêté pour tout l'or du monde, et avec lui fuient tous ceux qui l'accompagnaient.

Aymeric retient son fils et lui dit:

— Mon enfant, tu es trop hardi à courir seul après tant de Sarrasins. Qui est donc celui qui s'enfuit sur ce cheval arabe?

— Au nom de Dieu, monseigneur, c'est Thibaut l'Arabe, et avec lui Bauduc et Haquin et Aarofle. Je les ai mis en fuite et vous ne les verrez plus revenir. Courrons après eux et tâchons de les prendre. Si nous pouvions nous rendre maîtres de Thibaut, il me semble que nous aurions fait un beau coup.

— Que dis-tu, mon fils? repartit le comte. Laisse aller Thibaut de Barbarie; il a bien trois mille Sarrasins avec lui. Retournons à l'armée qui est loin de nous, et allons secourir tes frères Garin, Hernaut, Bernard et les Français. Si tu y vas, tu tueras tant de païens qu'avant la nuit nous aurons gagné grand butin. Le roi Charles en aura sa part en reconnaissance de ce qu'il t'a armé chevalier, et tu en enverras tant a Saint-Denis que les reliques du saint gagneront en honneur.

— Comme il vous plaira, répondit Guillaume; car je sais bien que celui qui n'a pas confiance dans les paroles de son père, court après son malheur.

Là-dessus il ramassa une lance que le roi Aarofle avait jetée à terre, et s'en retourna sur ses pas.

Cependant le roi Thibaut avait repris courage; on lui avait retiré de sa blessure le gros tronçon de lance et on banda la plaie avec une bande de toile blanche. Il retourna au combat à la tête de quinze mille Musulmans. Arrivé sur le champ de bataille, il tint conseil avec son neveu Malagu, avec Aarofle, Bauduc et Chahu.

— Barons, leur dit-il, j'ai été fort malmené par Guillaume et son père, le vieux Aymeric; s'ils se tirent vivants d'ici, j'en aurai un chagrin mortel. Or, voyez les Français au sommet de la montagne; ils sont en petit nombre et nous sommes les plus forts. Piquons vers eux; car par Mahom! à qui j'ai voué ma vie, si je pouvais me rendre maître du vieux Aymeric, demain il serait pendu par la gueule sur cette hauteur, à la barbe de ses fils.

Après lui Bauduc, le fils du puissant Haquin, prit la parole. Il était monté sur un superbe cheval d'Orcanie, plus agile à la course que cerf ou biche. Il dit ces fières paroles :

— Bon roi d'Arabie, ne perdez pas courage. Attaquons les Français, frappons-les de nos lances et de nos épées et ouvrons leur le ventre et la poitrine. Par la foi que je dois à Anfelise, mon épouse et votre sœur, si je mets la main sur Guillaume, il ne m'échappera pas. Je le vous livrerai et vous le donnerez à la charmante Orable, qui en fera son bon plaisir.

— Par Mahomet, s'écria Thibaut, voilà qui est bien parlé. Si vous faites comme vous dites, je vous rendrai riche: je vous donnerai la Toscane et la Barbarie, Corrocene et la ville de Rome avec sa banlieue.

Cela dit, ils s'avancent sur une voie antique. Bientôt Guillaume les aperçoit; il appelle son père et lui dit:

— Voyez que de gens! Que Jésus les maudisse! Attaquons-les, frappons-les de nos lances et de nos épées, déchirons leur le ventre et la poitrine, et disputons nos corps et nos vies à ces Sarrasins qui ne nous aiment pas.

Et s'adressant à ses frères, il ajouta:

— Barons, ayez confiance en Dieu qui est tout-puissant. Ces païens sont furieux, parce que de ma lance j'ai blessé le roi Thibaut; ils sont bien armés, et au premier rang il y a quatre-vingts enseignes, dix dragons et cinquante gonfanons; mais par la foi que j'ai jurée au Roi de France! je frapperai tellement parmi eux de ma bonne épée que Thibaut ne passera pas un jour de sa vie sans se plaindre.

Il fait sentir l'éperon à Baucent et brandit sa lance; il en frappe un païen sur l'écu de Cologne et le perce de part et d'autre; la forte maille du haubert est déchirée, le fer de la lance va se baigner dans le corps et l'homme tombe dans la plaine. Guillaume fait entendre le cri de guerre de Charlemagne: „Monjoie!" et à son exemple les guerriers français frappent admirablement.

Le combat devient formidable; les païens et les Français frappent pêle-mêle; l'un attaque, l'autre se défend. Que de heaumes luisants, que d'écus flamboyants d'or pourfendus! Que de chevaux dont les rênes traînent à terre après que les cavaliers ont été massacrés! Voyez comme Aymeric galope par la mêlée, l'écu au cou et l'épée au poing! Il n'y a païen, quelque leger ou fort qu'il soit, qu'il ne fende en deux jusqu'à la ceinture, s'il l'atteint de sa tranchante épée.

— Ce vieux est enragé, crièrent les païens; celui qui l'attendra fera une mauvaise rencontre, car l'aide de Mahomet ne lui servira de rien.

— Il n'ira pas plus loin, firent les plus braves d'entre eux; et ils fondirent sur lui en lui lançant mainte lance au fer tranchant. Aymeric fut frappé par derrière et par devant, sur son écu et sur son heaume. Son destrier reçut quinze blessures et tomba sous lui. Le comte se dégagea des étriers; mais sa défense ne lui servit pas à grand'chose : le nombre des assaillants était trop grand.

Aymeric se trouve à pied au milieu de la cohue, l'écu au cou et l'épée à la main : celui qu'il atteint, il lui fend la tête. Voilà Thibaut qui fend la presse en criant :

— Par Mahomet! vous êtes pris.

En disant ces mots, il le saisit par le nasal du heaume et le pousse entre les mains d'Aquilant de Luiserne, d'Aarofle et de trois autres rois.

— Gardez-le-moi, nobles Sarrasins, leur dit-il; et par Mahom! qui nous nourrit et nous gouverne, s'il n'est pendu avant Vêpres, vous perdrez tous la tête par cette épée.

— Vous pouvez avoir confiance en nous, répondirent-ils.

Ils se hâtent de garotter le comte; ils lui serrent tellement les deux poings que le sang jaillit de ses ongles. Ils le conduisent sur une hauteur, où il ne cesse de se lamenter et d'appeler à son aide Bernard et Guillaume.

XII.

Narbonne délivrée.

Cependant dame Hermengard de Narbonne étant montée aux créneaux du donjon, s'aperçoit que le camp des Sarrasins est attaqué et qu'on abat les pavillons et les tentes. Elle appelle ses trois fils et leur dit:

— Alerte, nobles damoiseaux, secourez votre frère Guillaume et Bernard et Garin et le jeune Hernaut et le vieux Aymeric; ils ont attaqué le camp des Sarrasins, ils renversent leurs pavillons, ils sont donc revenus de France, où ils ont été armés chevaliers et nous amènent du secours. La race maudite s'en apercevra bien. Je vois que déjà il se livre un combat sanglant, allez vîte vous armer, je vous en conjure par votre amour filial.

Les trois damoiseaux ne tardèrent pas; ils coururent s'armer, et Guibelin appela les chevaliers qui gardaient avec eux la cité et leur dit courtoisement:

— Nobles chevaliers, armez-vous au plus tôt, et allons secourir notre cher père et mes frères Guillaume, Bernard et Garin.

Ils se hâtent d'obéir; grands et petits prennent leurs blancs hauberts et leurs heaumes, les bonnes épées et les forts écus bombés; ils s'arment et montent leurs coursiers arabes. On ouvre la porte de la ville; Guibelin et Aymer, le preux, s'y précipitent à la tête de la chevalerie de Narbonne.

En jetant les yeux sur la hauteur, Aymer découvrit bientôt son père aux mains des Sarrasins. Il appelle Guibert et lui dit:

— Par mon chef, frère, nous aurons du malheur, si Dieu, qui fut mis sur la croix, ne s'en occupe; voyez là-haut, sur cette colline, notre père entre les mains des Sarrasins ; il me semble qu'il est prisonnier et qu'il a les mains liées. Je vous jure que c'est bien malgré lui, et qu'il ne veut pas obéïr à leurs ordres. Secourons-le pour l'amour de Dieu.

— Comme il vous plaira, monseigneur, répondirent-ils ; nous ne vous faudrons pas au besoin, tant que nous serons vivants.

Ils firent sentir les éperons d'or à leurs chevaux et coururent droit à Aymeric. Quand Aarofle les aperçut, il eut peur et se mit aussitôt à fuir.

— Tu ne t'en iras pas comme cela, dit Aymer. Il pousse son cheval sur lui et lui porte un formidable coup de lance sur son écu bombé ; il le met en pièces, déchire son haubert et lui plante son épieu dans la poitrine. Le Sarrasin tombe mort à ses pieds.

Son frère Buevon, surnommé de Commarchis, court à Aymeric et de son épée coupe ses liens. On lui trouve un bon cheval ; il y monte par l'étrier d'or, jurant que les Sarrasins l'ont lié pour leur malheur.

— Dieu soit loué ! s'écria-t-il. Bienheureux qui a un bon ami ; bénie soit l'heure où j'ai élevé ces enfants !

Déjà un païen s'est hâté d'aller porter cette nouvelle à Thibaut l'Arabe.

— Par Mahomet ! fit-il, Thibaut, tu joues de malheur ; car les trois fils du comte Aymeric ont ouvert les portes de Narbonne et chevauchent vers nous. S'ils vous atteignent, vous y perdrez la tête. Déjà ils vous ont tué Bauduc, le fils de Haquin, et Aarofle, et ils ont délivré leur père.

Thibaut enragea de douleur ; il se fit d'amers reproches.

— Par Mahomet ! fit-il, j'eusse mieux fait de mourir, quand je ne me vengeai pas tout de suite de ce vieillard et le confiai à la garde de mon cousin Bauduc.

— Le repentir vient trop tard, lui dit son homme. Le comte et ses enfants arrivent pour votre malheur.

Et déjà Aymeric et ses trois fils descendent de la hauteur

et se jettent au milieu des païens. Ils en font un carnage horrible; celui que leur fer atteint est sûr de mourir.

Aussitôt qu'Aymeric vit Thibaut, il le reconnut et piquant son destrier des éperons d'or pur, il se jeta sur lui, brandissant sa lance. Il l'atteignit au milieu de l'écu, et de son côté Thibaut, qui ne l'aimait pas, lui porta un coup pareil. Les écus furent percés, mais leurs hauberts étaient si forts qu'ils n'en furent pas démaillés. Les lances se brisèrent, mais les deux cavaliers restèrent en selle.

Le comte Aymeric en fut fort courroucé. Il tira aussitôt son épée d'acier et en frappa le roi sur son heaume vergé; les fleurons et les pierres s'en détachèrent, et la lame, tournant à gauche, alla couper la coiffe de la cotte de mailles et en même temps lui rasa l'oreille de la tête.

Aussitôt Thibaut, désespéré, se met à fuir, et après lui les Sarrasins et les Esclavons. Ils ne s'arrêtent qu'au bord de la mer et vont cacher leur colère et leur douleur dans leurs navires. Ils hissent les voiles et prennent le large. Ils étaient entrés dans le Narbonnais pour gagner du butin; mais ils laissent des milliers des leurs que les Français leur ont tués.

Ceux-ci retournent joyeusement au camp pour partager le butin conquis: les tentes et les pavillons brodés d'or, les écrins et les coffres pleins d'or et d'argent, les mules, les palefrois, les destriers. Le plus pauvre parmi eux devint riche à cette occasion.

Enfin ils rentrèrent dans Narbonne, et lorsque Hermengard revit le fier comte Aymeric et ses fils, qu'elle avait si longtemps désiré revoir, sa première question fut:

— Beaux fils, êtes-vous chevaliers?

— Certes, madame, lui répondit Guillaume, depuis plus d'un mois. Après la cérémonie un messager vint en France nous dire que le roi Thibaut vous tenait assiégée, ce qui nous mit grandement en colère. Mais vous avez été fièrement secourue; car l'armée du roi païen Thibaut est en déconfiture.

— Beau fils, Dieu en soit loué!

L'armée passa deux joyeux mois à Narbonne. Ils firent reposer et saigner leurs chevaux, et eux-mêmes se firent baigner et ventouser.

Au bout de ce temps il leur vint de la douce France un messager qui leur dit que l'empereur se sentait fort affaibli, que les pairs du royaume voulaient le trahir et exclure son fils Louis du trône, et qu'il les priait de venir à son secours.

Guillaume se courrouça fort à cette nouvelle; il jura que pour aucune chose sous le ciel il ne négligerait d'aller en France porter secours à son seigneur naturel.

— Dans tout le royaume de France, fit-il, il n'y a prince si hardi, s'il ose se permettre de trahir le roi, auquel, si je puis mettre la main sur lui, je ne coupe la tête.

II.

LE COURONNEMENT DU ROI LOUIS.

I.

La Chapelle d'Aix.

Seigneurs, prêtez l'oreille! Que le Dieu de gloire vous protége! Vous plaît-il d'entendre une bonne et noble histoire bien agréable? Je ne comprends pas comment les mauvais jongleurs osent se vanter, eux qui n'ont rien à dire, à moins qu'on ne le leur commande. Moi je vous chanterai du roi Louis et du vaillant Guillaume au court nez, qui combattit pendant si longtemps les Sarrasins. Il n'y a pas un homme supérieur à lui dont je puisse vous dire les hauts faits.

Seigneurs barons, vous plaît-il d'entendre une belle chanson qui peut vous profiter?

Quand Dieu forma cent royaumes, il choisit ce qu'il y avait de meilleur et en forma la douce France. Le plus grand de ses rois s'appela Charlemagne, qui employa tout son pouvoir à agrandir le royaume. Dieu ne fit terre qui ne dépendît de lui. Il ajouta à ses domaines la Bavière et l'Allemagne, la Normandie, l'Anjou, la Bretagne ainsi que la Lombardie, la Navarre et la Toscane.

Un roi qui porte la couronne d'or de cette France, doit être preux et plein de vaillance personnelle. S'il existe un homme qui lui fasse du tort, il ne doit rester inattaqué ni en plaine ni en château, jusqu'à ce qu'il se soit soumis ou qu'il ait perdu la tête. Si le roi n'y tient pas la main, la France perd sa gloire, et lui-même est couronné à tort.

Un jour Charlemagne tint une cour plénière à Aix ; il y eut foule d'abbés et d'évêques, de comtes et de barons. Une grande solennité se passa dans la chapelle. Louis devait, ce jour là, être élu roi. La couronne était placée sur l'autel : le roi son père l'en devait couronner.

Un archevêque monta au lutrin et fit un sermon au peuple chrétien.

— Barons, dit-il, faites attention à mes paroles. Charlemagne est usé par les années, la couronne lui pèse ; il a un fils à qui il veut la donner.

Toute l'assemblée tendit les mains vers le ciel en s'écriant pleine de joie :

— Père de gloire, nous te remercions, qu'il ne nous soit pas échu un roi étranger !

L'empereur fit avancer son fils, et lui tint ce discours :

— Beau fils, tu vois la couronne qui est placée sur l'autel, je veux te la donner, mais j'y mets des conditions. Tu te garderas de péché et de luxure, tu agiras loyalement envers tout le monde, tu ne prendras pas à l'orphelin son fief. Si tu me le promets, je louerai Dieu ; tu pourras prendre la couronne, elle ceindra ton front. Sinon, laisse-la, je te défends d'y toucher.

Si tu oses la prendre, tu es empereur de Rome, cent mille hommes suivront ta bannière, tu pourras passer la Gironde, confondre ces païens de Sarrasins et joindre leur terre à ton héritage. Si tu me promets de faire cela, je te donne la couronne ; sinon, elle ne t'appartiendra jamais.

Le jeune homme ne remua pas le pied, ébahi de ce qu'il avait entendu ; il n'osa pas aller prendre la couronne.

Maint vaillant chevalier en pleura, et l'empereur irrité éclata en ces paroles :

— Hélas, que je suis trompé! Cet héritier couard n'est pas mon fils: c'est un bâtard pour qui je ne ferai jamais rien. Ce serait un péché que de le couronner roi. Il vaut mieux lui tonsurer la tête afin qu'il soit moine dans ce moûtier à Aix; il deviendra peut-être marguillier et sonnera les cloches; il aura sa provende et n'aura pas besoin de mendier.

A côté de l'empereur était assis Hernaut d'Orléans, homme orgeuilleux et méchant. Il se leva et lui tint ce discours perfide:

— Sire empereur, calmez-vous et écoutez mon conseil. Messire est jeune; il a à peine quinze ans accomplis. On aura de la peine à en faire un bon chevalier; mais chargez-moi de cette besogne, confiez-le en ma tutelle pour trois ans, et nous verrons ce qu'il deviendra. S'il se montre preux et bon chevalier, sans hésiter je lui rendrai ses domaines et ses fiefs.

— Je vous l'octroie, répondit le roi, à la grande joie des parents du perfide duc Hernaut.

Celui-ci aurait fini par être roi, si Guillaume ne fût survenu. Il revenait de la chasse, lorsque son neveu Bertrand courut à lui et saisit son étrier.

— D'où venez-vous, beau neveu? demanda Guillaume.

— De l'église, monseigneur, où j'ai vu commettre un grand péché. Hernaut veut trahir son seigneur naturel; il veut prendre l'empire à Louis. Il sera roi de France.

— Cette pensée lui portera malheur, s'écrie le fier chevalier. Et l'épée au côté il entre dans l'église. Il se fait jour à travers la foule, et voit Hernaut en habit de fête en avant de tous les chevaliers. Il avait grande envie de lui couper la tête, mais il se souvint de Dieu. C'est un péché mortel que de tuer un homme; voilà pourquoi il remit son épée dans le fourreau. Puis, après cette réflexion, il s'avança et lui mit la main gauche au collet et de l'autre poing lui donna un tel coup sur le crâne, qu'il le fit tomber mort à ses pieds.

— Misérable, s'écria-t-il, que Dieu te maudisse! Pourquoi voulais-tu trahir ton seigneur naturel? Ton devoir était de l'aimer et de l'honorer, d'accroître son domaine et d'améliorer ses fiefs. Je voulais seulement te faire peur; mais si tu es mort, je m'en soucie comme d'un denier.

Alors apercevant la couronne posée sur l'autel, il la prit, et s'avançant vers le jeune Louis, il la lui plaça sur la tête.

— Gardez-la, beau sire, au nom du Dieu du ciel, et puisse-t-il vous donner la force d'être un bon justicier!

— Merci, sire Guillaume, lui cria l'empereur, tout joyeux pour son enfant. Merci, le fils de votre père a sauvé l'honneur du mien.

Puis s'adressant à son fils:

— Louis, dit-il, sire fils, tu règneras sur tout mon royaume; mais tu ne garderas la couronne qu'à condition de respecter les droits de l'hoir légitime, et de ne pas ôter aux veuves la valeur d'un angevin. Applique-toi à bien servir l'Église, afin que le diable ne puisse te jouer de ses tours; soutiens tes chevaliers, car par eux tu seras honoré, servi et chéri sur tout ton territoire.

Quand je serai mort, souviens-toi que lorsque Dieu institua les rois pour le bonheur des peuples, il ne le fit pas pour qu'ils rendissent de faux jugements, ou qu'ils se jetassent dans la luxure et le péché; mais pour abattre sous leurs pieds ceux qui ne marchent pas droit.

Sois humble envers les pauvres, porte leur aide et conseil; sois fier comme un lion envers tout orgueilleux et s'il veut se rebeller contre toi, fais-lui la guerre avec tes fidèles chevaliers, assiége-le dans ses châteaux-forts, fais piller et dévaster sa terre, et si tu peux mettre la main sur lui, fais-le mourir sans pitié. Car si de puissants félons te tenaient sous leur pied, les traîtres et les mauvais Normands diraient: nous n'avons que faire d'un tel roi; malheur à celui qui le suivra à la guerre, ou qui le servira en sa cour!

Et surtout, retiens bien ceci : ne fais jamais ton conseiller d'un vilain, ni du fils d'un prévôt, ni du fils d'un bailli ; ils te trahiraient pour un petit bénéfice ! Mais le noble guerrier Guillaume, le fils d'Aymeric de Narbonne, le frère du brave Bernard de Brebant.... si ceux-là veulent t'aider et te secourir, tu peux bien te fier à eux.

— Par mon chef, répondit le jeune prince, vous dites vrai.

Et il alla se jeter aux pieds de Guillaume, qui se hâta de le relever en lui demandant :

— Damoisel, que me voulez-vous ?

— Au nom de Dieu, monseigneur, secours et protection. Mon père affirme que vous êtes un brave chevalier, qu'il n'y a baron sous le ciel qu'on puisse vous comparer ; eh bien ! je mets mes terres et mes fiefs entre vos mains, pour que vous me les gardiez jusqu'à ce que je puisse manier la lance et l'épée.

Le comte le lui promit et lui jura, sur les saintes reliques de la cathédrale, qu'il ne retiendrait pas pour la valeur de quatre deniers de sa terre, qu'il la lui rendrait sans l'amoindrir d'un demi-pied.

Mais il pria l'empereur de retarder son abdication jusqu'à ce qu'il eût accompli un pélerinage à Rome que depuis longtemps il avait juré d'entreprendre.

L'empereur lui accorda à regret sa demande et le comte prit congé de lui. Quarante chevaliers et trente chevaux de somme, chargés d'or et d'argent, furent mis à sa disposition. Sans tarder le comte se mit en marche. Le jeune Louis l'accompagna assez loin, puis prenant congé, il dit à celui qu'on appelait Guillaume Bras-de-fer :

— Noble comte, vous voyez que mon père est sur le point de mourir ; il est vieux et affaibli et ne portera plus les armes. Moi, je suis jeune et de peu d'expérience ; si vous ne me secourez pas, tout ira mal.

— Ne vous mettez pas en peine, lui répond le comte ;

car par l'apôtre Saint-Pierre, aussitôt que j'aurai accompli mon pélerinage, mandez-moi par une lettre scellée, ou par un messager à qui vous pouvez vous fier, et pour homme qui vive, je ne laisserai pas de vous secourir avec tout mon lignage.

Le comte se sépara de lui; il passa à grand' peine les Alpes et, sans s'arrêter, alla droit à Rome.

II.

Les Sarrasins devant Rome.

Le noble et brave chevalier se mit en route, accompagné de Guibelin et du renommé Bertrand. Sous leurs chapes ils avaient ceint leurs épées, tandis que leurs bonnes cottes de mailles et leurs heaumes dorés étaient chargés sur des chevaux de somme. Leurs écuyers avaient peine à porter leurs écus et leurs lances.

Nous ne parlerons pas de leur voyage. Ils passèrent à grand' peine les Alpes et ne s'arrêtèrent qu'à Rome. Les écuyers leur trouvèrent un hôtel dans lequel ils furent fort bien reçus. Le comte et les siens, fatigués du voyage, se couchèrent aussitôt après souper. Cette nuit même le comte Guillaume eut un songe effrayant. Il vit un tourbillon de flammes, s'avançant du côté de l'Orient, mettre Rome de tous côtés en feu. Un grand chien se détacha d'une immense meute et s'élança sur lui à toutes jambes. Guillaume tout effrayé grimpa sur un arbre; mais l'animal, d'un grand coup de patte, le jeta à terre. Le comte s'éveilla et se recommanda à Dieu.

Jamais songe ne fut réalisé comme celui-là; car les Sarrasins, sous leur roi Galaffre, avaient envahi la Pouille et fait prisonnier le preux duc Gaifier, sa femme, sa fille et des milliers de malheureux, qui tous auraient eu la tête coupée, s'ils n'eussent été sauvés par Guillaume.

Celui-ci se leva de grand matin et s'en alla à l'église entendre la messe. A peine le service divin terminé, voici deux messagers, qui, pleins de frayeur, viennent en toute hâte raconter au Pape la triste nouvelle. Le Pape, qui avait déjà entendu parler de Guillaume Bras-de-fer, s'enquiert de lui. On le lui montre agenouillé sur les dalles de marbre, qui prie Dieu de protéger son seigneur, le roi Louis.

Le Pape s'approche de lui et lui touche l'épaule d'un bâton qu'il avait à la main, et aussitôt le comte Guillaume se dresse sur ses pieds.

— Pour Dieu, gentil chevalier, dit le Pape, dites-moi si vous pouvez m'aider? Les païens nous attaquent, conduits par Galaffre avec tous les rois ses vassaux. Le duc Gaifier, qui devait me défendre, est tombé avec tous les siens aux mains des mécréants. Tous mourront s'ils ne sont secourus.

— Que Dieu nous protège! dit le comte, et il se signa d'un air consterné, en entendant parler d'une si grande armée.

Son neveu Bertrand, tout étonné, lui dit:

— Oncle Guillaume, quelle peur vous prend? Jamais je ne vous ai vu trembler pour homme qui vive.

— De grâce, beau neveu, reprit Guillaume, ne m'en voulez pas. Nous ne pouvons rien contre leurs forces. Tâchons de trouver un messager et envoyons-le vers Louis, afin qu'il vienne nous secourir. Charles restera en France pour maintenir la justice; il est trop vieux et trop faible pour chevaucher.

— Que Dieu confonde celui qui fera ce message, s'écria Bertrand! Que son écu soit percé, son haubert rompu, qu'une gande lance lui soit plantée dans le corps, pour qu'on le reconnaisse comme messager! Les païens nous attaquent par centaines et par milliers; il n'y a pas de temps à perdre, courons aux armes. Il ne faudra compter que sur nous-mêmes: ceux de Rome sont frappés de terreur. Du reste ils sont en petit nombre et les païens sont cent mille.

Le Pape implora de nouveau le secours du comte Guillaume, qui lui répondit:

— Que Dieu nous protége! Je n'ai amené que quarante chevaliers en ce pélerinage, comment pourrais-je tenir tête à tant d'ennemis?

— Hélas! dit le Pape, rappelez-vous que Saint-Pierre est le gardien des âmes en paradis; si vous faites cette prouesse pour lui, monseigneur, vous pourrez manger de la viande tous les jours, votre vie durant, et vous prendrez autant de femmes que vous désirez; vous ne commettrez de péché qui ne vous soit pardonné; enfin le paradis, que le bon Dieu réserve à ses amis, sera votre partage; l'ange Gabriel vous y conduira.

— Bon Dieu! fit le comte au bras de fer, jamais clerc n'eut cœur si libéral. Homme qui vive ne m'empêcherait d'aller combattre ces mécréants. Bertrand, beau neveu, allez vous armer, vous, Guibelin et les autres.

Le comte lui-même endosse le haubert et lace le heaume luisant, puis il passe son épée dans le baudrier de drap d'or. On lui amène son cheval; il y monte sans toucher à l'étrier. Il pend à son cou l'écu resplendissant, et prend en main une forte lance, au bout de laquelle une banderolle de soie est attachée par cinq clous d'or.

— Seigneur Pape, dit-il alors, combien d'hommes avez-vous?

— Trois mille chevaliers, répondit le Pape, tous bien armés.

— C'est bien pour commencer. Faites leur prendre les armes, ainsi qu'à tous les gens de pied, qui resteront pour garder les portes et les barrières.

Lorsque tout le monde fut réuni en armes sur la place, le Pape leur donna sa bénédiction et dit :

— Seigneurs chevaliers, attendez-moi ici. J'irai parler à l'émir musulman. Si pour les richesses que je lui promettrai, il veut quitter le pays avec ses vaisseaux et ses armées, je lui donnerai le trésor de l'église, jusqu'au dernier calice, jusqu'à la dernière chape. J'aime mieux perdre mon dernier denier que de voir mourir tant de gentilshommes.

Accompagné d'un seul abbé, il va droit au camp trouver le roi Galaffre. Ils ne se saluent pas : le roi regarde le Pape d'un œil féroce, et celui-ci l'apostrophe de la sorte :

— Sire, je viens de la part de Dieu et de Saint-Pierre, vous dire de quitter ce pays avec vos gens. Je vous offre tout le trésor de l'église, jusqu'au dernier denier. Entendez raison, noble roi, et ne soyez pas cause de la mort de tant de nobles chevaliers.

— Tu n'as pas le sens commun, répondit le roi. Tout ici m'appartient de droit ; mes ancêtres ont bâti cette ville. Si je m'en rends maître, malheur à tout ce qui appartient à ton Dieu, malheur aux clercs qui le servent ! je leur apporterai douleur et honte.

Le Pape se met à trembler ; il donnerait tout l'or de Carthage pour être loin de là. Il veut se retirer, mais Galaffre le retient.

— Entendez bien ceci, seigneur au large chapeau, et ne dites pas que je vous fais du tort. Choisissez un homme bien armé de la cité qui m'appartient de droit ; de mon côté j'en prendrai un de ma suite ; ils seront nos champions. Si votre Dieu a quelque pouvoir, qu'il fasse en sorte que mon champion soit défait, et alors vous posséderez Rome en paix ; on ne vous en ôtera pas la valeur d'un fromage. Et pour vous prouver que je suis de bonne foi, prenez mes deux fils en ôtage, et si je ne tiens pas ma parole, pendez-les tous deux au premier arbre venu.

Le Pape devint tout joyeux à cette proposition. Il pensa aussitôt au comte Bras-de-fer; il l'avait vu s'armer devant l'autel et savait bien que jamais meilleur chevalier n'avait existé. Il accepta l'offre et voulut voir le champion qui devait disputer Rome à Dieu.

Galaffre fit appeler le roi Corsolt, un gros géant, hideux comme un diable, aux yeux flamboyants comme des charbons ardents, avec une large tête et des cheveux hérissés. La distance entre ses deux yeux était d'un demi-pied, et la mesure de ses épaules à sa ceinture était d'une grande toise. Jamais homme plus hideux n'avait mangé de pain.

En voyant le Pape, il se mit à rouler les yeux et lui cria de sa grosse voix:

— Petit homme, que cherches-tu? As-tu fait un vœu, pour avoir la tête rasée?

— Oui seigneur, celui de servir Dieu et Saint-Pierre. C'est en leur nom que j'ai offert tout le trésor de l'église si vous voulez retirer d'ici vos armées.

— Tu sembles hors de ton bon sens, reprend Corsolt, d'oser ainsi plaider devant nous la cause de ton Dieu, contre qui je suis en colère plus qu'homme qui vive. Il tua mon père d'un coup de foudre, et ensuite il fut assez avisé pour monter au ciel et s'y cacher. Je ne puis l'y rejoindre, mais je me suis vengé sur ses serviteurs; j'ai détruit par le feu et par l'eau plus de trente mille hommes qui avaient reçu le baptême. Si je ne puis guerroyer là-haut contre ton Dieu lui-même, je ne ferai grâce à aucun de ses serviteurs. Il n'y a plus d'accord possible. A moi la terre, à lui le ciel. Si je réussis à me rendre maître de cette terre, malheur à tout ce qui tient à lui. Les clercs qui chantent, seront écorchés vifs, et toi-même, qui es à leur tête, je te ferai brûler sur des charbons ardents.

Il est assez naturel que ce discours remplit le Pape de terreur.

— Par Saint-Denis! dit-il à voix basse à son compagnon, ce Turc est enragé. Je m'étonne que la terre ne s'ouvre pas sous ses pieds et que l'enfer ne l'engloutisse. Ah! Guillaume, noble marquis, que le souverain maître du monde te protége! Contre la force de ce géant, la tienne n'est rien.

Cela dit, le Pape prit congé de Galaffre, qui le fit reconduire à Rome par ses deux fils.

Le comte Guillaume, voyant revenir le pontife, mit la main sur son étrier, et lui demanda s'il avait vu le mécréant qui voulait disputer Rome à Dieu?

— Oui, beau sire, et je ne veux pas vous cacher que ce n'est pas un homme, mais un diable de l'enfer. Si les douze pairs étaient vivants, et que votre père, le brave Aymeric, et tous vos frères si renommés fussent ici, ils n'oseraient approcher de lui pour le combattre.

— Mon Dieu! fit Guillaume, je vois bien que le clergé est corrompu. Dites plutôt que Dieu est si puissant que nul n'a le pouvoir de faire du mal à l'homme qu'il veut soutenir. Par l'apôtre qu'on vient visiter à Rome! fût-il haut de dix toises, je me battrai avec lui. Si Dieu veut humilier ses serviteurs, je puis y perdre la vie; mais s'il veut nous maintenir, il n'y a homme sous le ciel qui puisse me faire du mal.

Quand le Pape entendit ces paroles, il répondit:

— Ah! noble guerrier, que celui qui fut mis en croix te protège! Jamais chevalier ne tint un langage aussi hardi. Dans quelque endroit que tu portes tes pas, Dieu, en qui tu as confiance, t'aidera.

III.

Guillaume au court nez.

On apporte le bras de Saint-Pierre, on en arrache la châsse d'or et d'argent et on le fait baiser au comte. Puis, avec la relique on fait le signe de la croix sur son heaume, sa poitrine et son dos. Après cela nul homme ne peut lui faire du mal.

Aussitôt remontant sur son rapide destrier, il pend un fort écu à son cou et saisit une lance au fer tranchant. Il va tout droit au tertre qui s'élève en face du camp ennemi.

Les païens admirèrent le beau cavalier; mais Corsolt, dirent ils, ne redouterait pas quatorze guerriers comme lui.

Galaffre, habillé et chaussé en roi, sortant de sa tente, aperçut le cavalier. Il envoya chercher Corsolt, et après l'avoir embrassé, lui dit:

— Beau neveu, voyez le Français sur la colline; si vous l'attaquez, il ne s'en retournera pas.

— Il est mort, répondit Corsolt. Et puisqu'il est là, n'attendons pas plus longtemps. Mes armes!

Rois et ducs se mirent à courir et lui apportèrent son armure sous un arbre au large feuillage. Jamais on ne vit de telles armes; si un autre homme que lui les eût portées, il n'aurait pu se mouvoir pour tout l'or du monde. Quatorze rois se mettent à l'armer. Ils lui font endosser une cuirasse et par-dessus un blanc haubert à doubles mailles. Puis il ceint l'épée, longue d'une toise et large d'un demi-pied, et prend son poignard, son arbalète et quelques javelines pointues. On lui amène son destrier Alion, si méchant et si vif que personne n'ose l'approcher. Quatre dards sont attachés à la selle, et à l'arçon de derrière pend une masse d'armes de fer.

Corsolt monte à grand' peine sur son cheval : il pend à son cou un écu flamboyant d'or, large d'une toise ; mais il dédaigne de s'armer d'une lance. Malgré le poids de la double armure du cavalier, le cheval était si alerte qu'à la course il dépassait lièvre et lévrier.

Corsolt s'adressant de sa grosse voix à son oncle, lui crie :

— Ordonnez à votre sénéchal de dresser les tables et de servir le dîner ; il n'est pas nécessaire de le retarder pour ce Français, que j'aurai tué en moins de temps qu'il ne faut pour parcourir l'espace d'un demi-arpent. Je ne pense même pas me servir de mon épée ; si je parviens à lui faire sentir le poids de ma masse d'armes, que jamais noble homme ne me serve à dîner, si je ne l'abats du coup, lui et son cheval.

— Que Mahomet te protége ! crièrent les païens ; et là-dessus le géant se mit à galoper à travers le camp.

Lorsque le comte Guillaume l'aperçut, et le vit si hideux et si chargé d'armes, il ne faut pas s'étonner qu'il se troublat. Il invoqua Dieu. Puis remarquant le noble coursier :

— Sainte-Marie, dit-il, quel bon cheval ! Comme il doit venir en aide à son cavalier ! Je me garderai bien de l'estropier de mon épée.

Ce n'était pas là la pensée d'un couard !

Il descendit de cheval, et se tournant du côté de l'Orient, il fit en toute humilité une longue prière, pour demander à Dieu et à la Sainte Vierge de le protéger contre ce géant, et de le préserver de toute lâcheté qui pût déshonorer son lignage. Puis après s'être signé, il se leva.

Le Sarrasin vint à lui tout étonné et lui demanda :

— Dis-moi, Français, à qui as-tu parlé si longuement ?

— Tu le sauras, dit Guillaume. A Dieu, le glorieux souverain de l'univers. Je lui ai demandé de soutenir mon bras, afin que je puisse te couper tous les membres, et te vaincre en ce duel.

— Quelle folle idée! dit le païen. Crois-tu donc que ton Dieu a le pouvoir de te protéger contre moi?

— Mécréant, répondit Guillaume, que Dieu te confonde! S'il veut me soutenir, ton grand orgueil sera bientôt abattu.

— Tu as l'âme fière, dit le Turc. Si tu veux abjurer ton Dieu et adorer Mahomet, je te promets avoir et richesse, plus que jamais les tiens n'en ont possédé.

— Misérable, que Dieu te confonde! jamais je ne le renierai.

— Tu es bien fier, reprit le Turc, de ne pas te laisser détourner du combat. Comment es-tu nommé? Ne me le cache pas.

— J'ai nom Guillaume le marquis, fils du vieil Aymeric à la barbe, et Hermengart au blanc visage est ma mère. J'ai pour frères Bernard de Brebant, Garin, Bueve de Commarchis, Guibert d'Andernax et le „chétif" Aymer, qui a fait vœu de ne jamais coucher sous un toit, mais qui toujours reste exposé à l'air et au vent, occupé à pourfendre Sarrasins et Esclavons. Il n'aime pas votre race, celui-là.

En entendant ces paroles le païen contint à peine sa fureur; il roula les yeux et fronça le sourcil en s'écriant:

— Chien de Français, tu as vécu trop longtemps, toi qui as cherché la mort des miens! — Tu es bien fou de croire en celui qui ne te servira de rien. Dieu est là-haut, au-dessus du firmament; de la terre pas un arpent ne lui appartient: ici Mahomet règne. Je fais autant de cas de vos messes et de vos sacrements que d'un coup de vent; votre religion n'est que folie.

— Infâme, répondit Guillaume, que Dieu t'écrase! C'est ta foi qui est ridicule. Personne n'ignore que Mahomet fut un prophète de Dieu. Il vint à la Mecque pour prêcher le nom de Dieu; mais il aimait trop à boire et s'enivrer, et il finit par être mangé par les pourceaux. Celui qui croit en lui n'a pas le sens commun.

— Tu mens, dit le païen. Mais si tu veux te soumettre à moi et adorer Mahomet, je te donnerai châteaux et terres, plus que tous les tiens ensemble n'en eurent jamais; car tu es de bien noble race, et j'ai souvent entendu parler de tes prouesses. Ce serait dommage, si tu mourrais de mort honteuse. Dis-moi, veux-tu m'obéir; si non, tu mourras à l'instant.

— Lâche, reprit Guillaume, je te méprise plus que je ne faisais tout à l'heure; un homme de cœur ne menace point.

Cela dit, il s'élança sur son cheval, sans se servir de l'étrier et sans mettre la main à l'arçon: il arrangea son écu à son cou et brandit sa lance d'un air courroucé. Le Sarrasin fut forcé de s'avouer qu'il aurait affaire à un homme courageux; il eût bien voulu lui offrir la paix.

— Allons, Français, lui dit-il, renonce à la possession de Rome pour ton Dieu, au nom duquel tu veux combattre.

— Oui, répondit le comte, je combattrai au nom de Dieu. Rome appartient de droit à notre empereur Charles, avec la Lombardie et toute la Toscane; le Pape la tient sous lui.

— Si tu veux à toute force me disputer mon héritage, il faudra te battre avec moi. Je veux cependant te donner un avantage qui n'est pas à dédaigner. Pour éprouver la force d'un petit homme tel que toi, je ne bougerai pas quand tu planteras ton épieu dans mon écu.

Guillaume ne se le fit pas dire deux fois. Il fit reculer son cheval l'espace d'un arpent, puis il serra avec force sa lance dans la main. Le Sarrasin ne bougea pas de sa place.

Le Pape voyant que le combat allait s'engager, cria:

— Que tout le monde se jette à genoux, pour supplier Dieu qu'il nous ramène sain et sauf Guillaume au bras de fer!

Le noble comte, voyant tous les siens se mettre en prières, pique des deux et lâche les rênes à son cheval : il brandit sa lance et en frappe le païen au milieu de sa targe. Il en perce la dorure et le bois, rompt les deux hauberts qui ne résistent pas plus qu'un vêtement de soie et lui passe le fer à travers le corps, de manière à pouvoir suspendre une chape à la pointe sortant par derrière. Quand il retira sa lance à lui, le païen ne perdit pas son équilibre, mais il dit entre ses dents :

— Bien fou celui qui méprise un petit homme qui vient vous attaquer. Quand je le vis ce matin en ce pré, je fis peu de cas de sa force, et je commis une folie en lui donnant un tel avantage sur moi. J'en suis bien puni, car jamais personne ne me fit tant de mal.

La douleur lui fit presque perdre connaissance. Cependant il prit un des javelots attachés à sa selle et le lança vers Guillaume avec tant de force que le sifflement ressembla à un coup de foudre. Le comte se jeta de côté et le projectile, brisant son écu, lui rasa le côté et alla se ficher deux pieds en terre.

Le comte inclina sa tête sur sa poitrine et adressa à Dieu une prière fervente, pour qu'il empêchât le Sarrasin de le tuer. Celui-ci lui cria :

— Félon chevalier, tu as beau t'escrimer contre moi, tes armes ne pourront te garantir.

En disant ces mots il tira son épée et en porta un si grand coup au comte, qu'il lui trancha le nasal de son heaume, et en même temps emporta une mêche de ses cheveux ainsi que le bout de son nez. Puis descendant sur l'arçon de la selle, la lame tranchante le coupa en deux ainsi que le cheval. Ce coup fut porté avec tant de force que l'épée vola hors des mains du mécréant.

Le comte Guillaume se relève et tire Joyeuse, son épée : il espère en porter un coup sur le heaume de son adversaire, mais celui-ci est si grand qu'il ne peut y atteindre.

Il frappa sa cotte de mailles et en détacha trois cents anneaux ; heureusement pour le Turc qu'il en portait une seconde dessous, qui lui sauva la vie. Corsolt adressa du comte ces mots pleins de mépris :

— Guillaume, tu n'es qu'un lâche, et tes coups, je ne les crains pas plus que ceux d'un hanneton.

Ce disant, il détache sa masse d'armes et revient sur Guillaume, écumant de rage comme une bête traquée par les chiens. Il lui en porte un si grand coup sur son écu qu'il le met en pièces. Si Dieu et la Sainte-Vierge ne s'en étaient mêlés, c'en était fait de Rome. Les Romains jetèrent de hauts cris et le Pape dit :

— Saint-Pierre, où es-tu ? S'il succombe, mal t'en aviendra ; car tant que je vivrai, nulle messe ne sera chantée en ton église.

Le comte Guillaume, tout abasourdi du coup, s'émerveillait néanmoins que le Turc, malgré le sang qu'il perdait, se maintînt si longtemps en selle. Il eût pu le mettre à pied ; mais il épargnait autant que possible le destrier, pensant au profit qu'il en retirerait s'il pouvait s'en rendre maître.

Le Sarrasin, plein de rage, adressa à Guillaume ces invectives :

— Misérable Français, vois où ton outrecuidance t'a conduit. Tu as perdu la moitié de ton nez. Après cet opprobre pour toi et les tiens, Louis ne voudra plus de toi pour serviteur. Tu vois bien que tu ne peux plus te défendre ; je serai obligé de t'enlever vivant, car l'émir m'attend pour dîner, et il doit s'étonner de me voir tarder si longtemps.

Cela dit, il se baisse sur le devant de l'arçon, dans l'intention de charger son adversaire tout armé sur le cou de son cheval.

Guillaume, pâle d'émotion, se hâta de profiter de l'occasion qui s'offrait de porter un bon coup ; de toutes ses forces il frappa le roi sur son heaume doré. Les fleurons et les pierres fines de la couronne qui le surmontait volèrent à terre ; l'épée entama le casque et la coiffe de mailles au-dessous et entra profondément dans la cervelle. Le païen fut renversé sur le cou de son cheval et la pesanteur de son armure l'empêcha de se relever. Alors Guillaume, jetant loin de lui son écu, prit son épée des deux mains et se mit à porter des coups furieux sur l'endroit où le heaume était attaché au haubert. La tête avec le casque vola à quatre pas ; le corps chancela un instant et tomba à terre.

Le comte Guillaume, profitant de sa victoire, voulut enlever à son ennemi terrassé l'épée dont celui-ci lui avait tranché le nez ; mais il ne put la ceindre, puisqu'elle était de beaucoup trop longue. Alors il s'empara de son cheval et après avoir raccourci les étriers d'un pied et demi, il se mit en selle, en se disant que, pour tout l'or de Montpellier, il ne céderait pas le bon cheval qu'il avait gagné avec l'aide de Dieu.

Il reprit au galop le chemin de Rome. Le Pape vint à sa rencontre, et aussitôt qu'on eut délacé son heaume, son neveu Bertrand se jeta à son cou en pleurant, et après lui Guibelin et Gautier, qui jamais de leur vie n'avaient passé par de telles angoisses.

— Mon oncle, dit Bertrand, êtes-vous sain et sauf ?

— Oui, Dieu merci, répondit-il ; il n'y a que mon nez qui est un peu raccourci, et j'ai peur qu'il ne soit jamais rallongé.

Puis se baptisant lui-même en riant, il ajouta :

— Désormais, que tous ceux qui m'aiment et m'estiment m'appellent le comte Guillaume au court nez.

Ce nom lui resta.

Cette nuit on fêta le noble chevalier ; et le lendemain, dès le point du jour, on se remit à causer d'affaires plus graves.

— Puisque mon oncle a vaincu leur plus fort guerrier et le plus redouté de tous, dit Bertrand, nous pouvons bien nous essayer contre les faibles. Aux armes! Et vous, mon oncle, reposez-vous, vous en avez grand besoin.

Guillaume ne fit que rire de cette proposition.

— Eh! sire Bertrand, fit-il, dites-moi donc des injures! Cela ne vous avancera pas à grand' chose; car par Saint-Pierre, pour tout l'or de Montpellier, je ne consentirais pas à ne pas être au premier rang à l'attaque.

Quand les Romains entendirent ce langage, le plus poltron parmi eux devint courageux; les mécréants n'ont qu'à se bien tenir.

De son côté le roi Galaffre dit à ses hommes:

— Notre perte est trop grande. Il paraît bien que le Dieu des Chrétiens est plus puissant que le nôtre, puisqu'un tel homme a pu vaincre Corsolt. Allons, pliez les tentes et retirons-nous. Pourquoi attendre que les Romains viennent nous exterminer tous, tant que nous sommes?

A cet ordre vingt-cinq trompettes sonnèrent, et l'armée découragée se mit en mouvement. Le comte Guillaume, ayant remarqué le tumulte, dit aux siens:

— Nous viendrons trop tard, les païens mécréants prennent la fuite. Au nom du Christ! courons après eux.

Les Romains se mirent en marche, poussant de grands cris. Guillaume était au premier rang. Ils atteignirent les païens dans une gorge de la montagne, et le combat s'engagea aussitôt. Que de têtes, que de bras coupés! Le comte Bertrand fit payer cher sa présence. Lorsque sa lance a volé en éclats, il tire son épée, et celui qu'il en atteint, il le pourfend jusqu'au menton; les hauberts ne résistent pas plus qu'un fétu. Il donne et reçoit maint coup; Guibelin et Gautier de Toulouse suivent son exemple. Mais Guillaume est plus terrible qu'eux tous.

Le roi Galaffre l'aperçoit et se rue sur lui. Leurs épées descendent sur les heaumes brunis; ils rompent les mailles des hauberts et leurs côtés sentent le fer tranchant. Dieu et Saint-Pierre, dont il était le champion, garantirent le comte des coups du roi. Celui-ci fut atteint d'un coup si rude qu'il perdit les deux étriers et tomba sur le sol, où la pointe qui terminait son heaume alla se ficher. Guillaume allait lui trancher la tête, lorsque le vaincu lui cria :

— Chevalier, ne me tue pas, si tu es Guillaume ; mais prends-moi vif ; tu ne feras qu'y gagner. Je te rendrai le noble duc Gaifier, sa femme, sa fille et les trente mille malheureux que je tiens prisonniers, qui tous auront la tête coupée, si tu me tues.

Le comte Guillaume y consent, et se baissant sur son cheval, il reçoit la riche épée que le roi lui tend. Il l'envoie au Pape avec trois cents autres prisonniers. Les Sarrasins voyant leur seigneur prisonnier, se prennent à fuir, ne s'arrêtant qu'à leurs vaisseaux ; ils s'embarquent et prennent le large.

Quand on eut désarmé le roi prisonnier à l'ombre d'un olivier, le noble comte lui demanda comment ils délivreraient les prisonniers qui étaient à bord de la flotte ? Galaffre répondit qu'il ne s'occuperait d'eux que quand il serait baptisé et qu'il n'aurait plus rien à démêler avec Mahomet. Guillaume rendit grâces à Dieu de cette conversion, et le Pape fit aussitôt apprêter les fonts et l'on baptisa le roi. Guillaume, Guibelin, Gautier et trente autres vaillants chevaliers de noble famille furent ses parrains. Mais on ne changea pas son nom. Aussitôt après ils demandèrent l'eau et s'assirent au banquet. Mais à peine eurent-ils dîné que Guillaume dit :

— Gentil roi, noble filleul, approchez-vous de moi, et dites-moi comment nous délivrerons les pauvres prisonniers qui gémissent dans vos fers ?

— Il faut agir avec prudence, répond le roi ; car si les Sarrasins se doutaient que j'ai été baptisé, ils me laisseraient plutôt écorcher vif que de me rendre la valeur d'un seul denier. Ôtez-moi mes habits, mettez-moi sur un mauvais roncin, maltraitez-moi, et avançons si près d'eux que ma voix puisse parvenir jusqu'à eux. En même temps vous cacherez vos hommes dans ce bosquet d'oliviers, et quand les Sarrasins s'avanceront pour me secourir, que les vôtres tiennent leurs lances prêtes.

Jamais il ne se vit meilleur converti. On fit tout ce qu'il conseillait; seulement on ne le battit pas, mais on le barbouilla avec le sang d'un lévrier. On alla jusqu'aux bords du Tibre, et Galaffre se mit à crier:

— Champion, mon neveu, venez à mon aide; j'en ai plus besoin que jamais, car ces Chrétiens me traitent fort mal. Leur Dieu, qui les fait triompher, n'est pas à dédaigner. Mais c'est une indignité de lier un roi couronné.... Faites leur rendre les captifs.

Le vaisseau où étaient les malheureux s'approcha de la rive et on les débarqua. Il en était temps; car tous ils avaient été tellement maltraités par les païens, qu'ils avaient le visage et les épaules ensanglantés. Le comte Guillaume pleura de pitié en les voyant dans cet état. A sa requête le Pape leur fit distribuer des draps et des fourrures, de l'or et de l'argent, afin qu'ils pussent regagner leur foyers.

Quand ils furent partis pour Rome, le comte Guillaume s'assit à côté d'un buisson, et le noble duc Gaifier se jetant à ses pieds, lui dit:

— Noble Chevalier, vous m'avez secouru et délivré des mains de ces diables, qui allaient m'emmener prisonnier en leur pays, de sorte que je n'aurais jamais revu mes biens et mes fiefs. J'ai une fille, d'une beauté incomparable, je vous la donnerai volontiers, si vous voulez l'épouser; vous aurez avec elle la moitié de mon duché et après ma mort vous serez mon héritier.

Le comte demanda à réfléchir, et tirant le Pape à l'écart, lui demanda s'il fallait l'épouser?

— Certes, répondit-il, vous êtes un bachelier qui doit se pourvoir de biens.

Le comte promit de suivre son conseil. On le conduisit vers la jeune dame, qui était si belle que nul pèlerin, combien de pays qu'il eût parcouru, n'avait jamais rencontré la pareille. Guillaume l'aurait prise à femme, si une autre aventure ne l'en eût empêché.

Le mariage allait s'accomplir ; par un dimanche, quinze jours après Pâques, qu'on était rassemblé dans l'église, le Pape avait revêtu ses habits pontificaux pour chanter la messe, et tenait entre ses mains l'anneau nuptial, lorsque deux messagers arrivèrent en toute hâte de France. Ils s'enquirent de Guillaume et le trouvèrent enfin au pied de l'autel. Ils se jetèrent à ses pieds et lui dirent :

— Pour l'amour de Dieu, ayez pitié de nous! Vous avez donc oublié le roi Louis? L'empereur Charles vient de mourir, laissant l'empire à son fils ; mais les traîtres veulent l'en priver et couronner le fils de Richart de Normandie. La France entière sera déshonorée, si vous ne lui venez en aide.

A ces paroles Guillaume baissa la tête, puis se tournant vers le Pape, il lui demanda conseil.

— Que la main de Dieu soit bénie, répondit le Pape! Je vous ordonne, en guise de pénitence, d'aller secourir notre seigneur le roi Louis; ce serait un malheur, si on le chassait de son héritage.

— Il sera fait comme vous l'ordonnez, répond Guillaume. Puis il embrasse la dame, et tout en pleurs elle lui rend son baiser. Ce fut le premier et le dernier; ils ne devaient plus se revoir de leur vie.

— Monseigneur Guillaume, dit le Pape, il convient que vous retourniez en la douce France ; mais vous emmènerez avec vous mille chevaliers et trente chevaux de somme chargés d'or et d'argent. Vous y avez droit, puisque vous avez tout conquis sur les Sarrasins.

IV.

Saint-Martin de Tours.

Guillaume prit congé du pape en pleurant sur le sort de son seigneur. Au départ toute la cour fut en pleurs. Le comte voyagea à grandes journées; il gravit à grand' peine les défilés du Montjeu et fit tant qu'enfin il arriva en Brie. Là il rencontra sur son chemin un pélerin à la barbe blanche, la besace au cou, et tenant à la main un bourdon de frêne.

— D'où viens-tu, frère? lui demanda Guillaume.

— De Saint-Martin de Tours.

— Si tu sais quelques nouvelles, raconte-les nous.

— Certes, beau sire, je vous dirai ce qui est arrivé au jeune Louis. Charles, le roi de Saint-Denis, est mort, et il a laissé son royaume à son fils. Mais les traîtres, que Dieu maudisse! veulent faire couronner le fils de Richard de Rouen à la barbe blanche. Heureusement un noble abbé, que Dieu bénisse! s'est sauvé avec le jeune prince et l'a caché dans un souterrain du moûtier de Saint-Martin, où ils attendent l'heure du martyre.

— Que Dieu nous vienne en aide, dit le comte! Pélerin, que sont donc devenus les chevaliers fidèles et le lignage du preux comte Aymeric? Ceux-là avaient coutume d'être fidèles à leur seigneur.

— Je n'en sais rien. Mais par la croix du Christ! si j'étais d'une condition à pouvoir être utile à mon prince, j'aurais châtié les traîtres, de manière qu'ils ne se fussent plus souciés de trahir leur seigneur!

Un sourire illumina les traits du comte, et s'adressant à son neveu Bertrand:

— As-tu jamais entendu, lui dit-il, un pélerin aussi

loyal? Si cela avait dépendu de lui, les traîtres eussent été empêchés de malfaire!

Il fit donner au brave homme dix onces d'or. Puis il continua sa marche.

Bienheureux celui qui a des amis! Non loin de là ils furent rejoints par sept-vingts chevaliers bien armés et montés sur des chevaux de prix. A leur tête marchaient le marquis Gaudin-le-brun et le preux Savari, tous deux neveux du comte Guillaume. Ils se dirigent vers la France pour aller porter secours au roi Louis. Ils sont tout étonnés de se rencontrer, et après s'être embrassés ils font route ensemble.

Pourvu que le noble abbé qui a entrepris de sauver le prince, puisse le garantir encore quelque temps contre la race du traître Alori, il sera secouru avant que trois jours se passent.

Voilà Guillaume à la tête de douze cents chevaliers. Il leur ordonne de se hâter et de ne point épargner leurs montures: pour un roncin fourbu il rendra un destrier.

— Nous allons couper court à ce méchant débat, dit-il. Je verrai par mes yeux qui est celui qui prétend être roi et justicier de France. Mais par l'apôtre saint Jacques! tel est en ce moment plein d'orgueil, à qui je mettrai bientôt sur la tête une couronne dont le poids l'étouffera.

Les chevaliers de Rome jurèrent de ne pas faire défaut à un homme de tant de cœur.

Enfin ils arrivèrent à Tours, et le comte prit de sages mesures. Il mit mille chevaliers en embuscade en quatre endroits divers; tous étaient vêtus de haubert étincelants; leurs heaumes brillants étaient lacés sur leurs coiffes et ils avaient leurs épées d'acier fourbi à leurs côtés. Avec eux sont leurs écuyers, portant leurs écus pesants et leurs lances aiguës, qu'ils ne prendront en mains qu'au moment de s'en servir.

Avec le reste de sa troupe Guillaume s'avança jusqu'aux portes de la ville, et s'adressant au portier, lui dit:

— Ouvre-nous la porte et ne nous laisse pas nous morfondre ici. Nous venons pour soutenir le puissant duc, dont le fils sera bientôt couronné roi en cette ville, d'après le vœu des Français.

Le portier en colère grommela entre ses dents :

— Sainte mère de Dieu! si mon pauvre roi Louis n'est secouru par la Providence divine, il ne sortira d'ici que pour aller à la mort. Où se cachent donc les chevaliers fidèles et le fils d'Aymeric de Narbonne, qui autrefois vint en aide à son roi légitime?

Et s'adressant à Guillaume :

— Tu ne mettras pas les pieds ici, fit-il. Il n'y a déjà que trop de traîtres ; je ne veux pas que tu en accroisses le nombre. C'est merveille que la terre veuille te porter ; plût à Dieu qu'elle se fondît sous tes pieds, et que le roi Louis fût en possession de son trône! le monde serait bientôt délivré des méchants.

— Mon ami, lui répondit Guillaume en souriant, tu m'as fièrement refusé la porte; mais si tu savais de quel pays je suis et à quelle famille j'appartiens, je pense, d'après ce que tu viens de dire, que tu me l'ouvrirais à deux battants.

— A la bonne heure, dit le portier en ouvrant le guichet pour mieux le voir. Sire chevalier, si vous me permettez de parler, je vous demanderai votre nom.

— Certes, je te dirai la vérité; car jamais je n'ai caché mon nom par crainte d'homme qui vive. Je suis Guillaume; mon père est le duc de Narbonne.

— Dieu soit loué! s'écria le portier. Seigneur Guillaume, je sais bien pourquoi vous êtes ici; votre lignage ne connut jamais la lâcheté. Mais faites attention à ce que je vais vous dire; le mauvais Richard s'est jeté dans la ville avec sept cents chevaliers armés, et vous, mon noble seigneur, vous avez trop peu de monde avec vous, pour venir à bout de ses forces.

— Il ne m'en manquera pas, répondit le comte. Non loin d'ici j'ai mis en embuscade mille chevaliers vêtus de fer; j'en ai deux cents avec moi, et d'ailleurs chacun d'eux a son écuyer sur lequel il peut compter.

— J'en remercie Dieu, fit le portier. S'il m'était permis de donner un conseil, je les ferais bien vite sortir de leur cachette et conduire ici par un messager; et en ce moment même, ou avant le lever du soleil de demain, vous seriez le maître ici. Un homme qui ose entreprendre de telles choses, doit montrer plus de courage qu'un sanglier dans les bois.

Guillaume s'inclina et appela Bertrand pour lui faire part des bonnes dispositions du portier. Celui-ci, inspiré par la présence du héros, se tourna vers le château, et mettant un gant, il dirigea le poing dans la même direction, et s'écria:

— Je te retire ma foi, Richard, à toi et à ta terre; je ne veux plus rester à ton service. Quand tu ne cherches que trahison, c'est à bon droit qu'on se sépare de toi.

A l'instant même il ouvrit la porte toute grande à Guillaume et aux siens, et l'invita à entrer.

— Noble chevalier, viens châtier les traîtres et les rebelles.

Guillaume lui fit un grand salut, et pendant que sa troupe entrait, il dit à un écuyer:

— Va et apprends cette nouvelle à Gautier de Toulouse et à Gontier de Rome. Dis-leur que celui qui veut gagner du bien, vienne à moi sans bruit; car les portes de la ville nous sont ouvertes.

L'ordre est bientôt exécuté, et les chevaliers embusqués entrent dans la cité. Ceux qui de leur fenêtre les virent avancer, crurent que c'étaient des troupes amies qu'ils avaient fait mander; mais ils seront bientôt douloureusement détrompés.

Guillaume demanda au portier comment il pourrait héberger ses soldats, et celui-ci lui répondit:

— Je ne saurais vous conseiller, monseigneur; car dans toute la ville il n'y a grenier, souterrain ni voûte qui ne soient occupés par les chevaux ou remplis d'armes, et tous les logements sont pris par les chevaliers.

Mais rendez-vous maître de la cathédrale et faites saisir leurs armes et leurs bagages; s'il y en a qui veuillent s'y opposer, qu'on les mette à mort.

— Par saint Denis! vous m'avez donné un bon conseil, et je le suivrai. Mais dorénavant vous ne serez plus ni portier ni guichetier; vous serez mon premier conseiller.

Et s'adressant à Bertrand:

— Écoutez, sire neveu. Avez-vous jamais entendu portier parler si bien? Armez-le, qu'il soit chevalier.

Bertrand examina ses mains et ses pieds, et le trouvant de bonne race, il l'arma chevalier en lui donnant haubert et heaume d'acier, épée, lance et cheval.

Quand le comte l'eut ainsi récompensé de son service, il appela Gautier de Toulouse, un gentil chevalier, le fils de sa sœur, et lui dit:

— Tu iras à la porte qui est du côté de Poitiers, et tu prendras avec toi vingt chevaliers. Ne laisse passer homme qui vive, fût-il clerc ou prêtre, tue-le plutôt.

De même il fit garder la porte du côté de Paris par Florent du Plesséis; et il en fut ainsi de toutes les issues de la ville.

Alors il marcha en bon ordre droit à la cathédrale. Arrivé au parvis, il descendit de cheval, fit un signe de croix et entra dans l'église. Il alla s'agenouiller sur la dalle devant le crucifix et pria Dieu qu'il lui fît découvrir la cachette du roi.

Un moine, le frère Gautier, en traversant l'église, a reconnu le comte. Il vient à lui et lui met un doigt sur l'épaule. Guillaume se lève, et le regardant fixement:

— Que me veux-tu, frère? Aie soin de ne pas mentir.

— Vous le saurez bientôt, répondit-il; car je sais que

vous êtes venu pour secourir Louis. Faites fermer les portes de l'abbaye de Saint-Martin. Vous y trouverez quatre-vingts clercs et chanoines, des évêques et des abbés de haut nom, qui, par soif d'argent, ont provoqué la rebellion. Aujourd'hui même Louis doit perdre sa couronne, s'il n'est secouru par Dieu et par vous. Coupez les têtes des traîtres; je prends sur moi le péché de ne pas respecter la maison de Dieu.

— Bénie soit l'heure qui vit naître un tel moine! dit le comte avec un cri de joie. — Dites-moi où je trouverai le roi.

— Je vous jure de vous l'amener, monseigneur, s'il plaît à Dieu, et si je n'y perds la vie.

Il sortit et descendit dans le grand souterrain, où se trouvait le prince. Le brave moine le prit par la main et lui dit:

— Fils de roi, prenez courage; car aussi vrai que Dieu est avec nous, vous avez plus d'amis que nous ne croyions ce matin. Le marquis Guillaume est arrivé avec plus de douze cents chevaliers; il a fait occuper toutes les issues de la ville par les siens et il vous attend dans l'église.

Louis tout joyeux courut à l'église.

— Voilà votre défenseur, dit le moine. Jetez-vous à ses pieds et implorez sa merci.

Le jeune homme s'agenouilla devant le comte, embrassa ses genoux et baisa son soulier. Guillaume ne le reconnut pas; car la nuit régnait presque sous les voûtes sombres.

— Lève-toi, jeune homme, lui dit-il; quel que soit le tort qu'un homme m'ait fait, du moment qu'il se jette à mes pieds, je lui ai pardonné.

Le moine parla pour l'enfant, et répondit:

— Monseigneur, c'est Louis, le fils de l'empereur Charles, qui implore votre merci. Il sera tué aujourd'hui même, si avec l'aide de Dieu vous ne le secourez pas.

A ce mot le comte releva vivement le jeune homme, et l'embrassant:

— C'est un mauvais conseil qu'on t'a donné, dit-il, de te jeter à mes pieds; car avant tout c'est mon devoir de te secourir.

Il appela ses chevaliers.

— Je vous demande un jugement. Parce qu'un homme porte la tonsure dans un couvent et passe sa vie à lire son psautier, cela lui donne-t-il le droit de commettre une trahison si son intérêt le lui commande?

— Non monseigneur, répondent les chevaliers.

— Et s'il le fait, quel châtiment mérite-t-il?

— Il doit être pendu, comme un voleur qui profane les sépultures.

— Vous m'avez donné un bon conseil, par saint Denis! et je ne demande pas mieux que de le suivre, dit Guillaume. Et après avoir embrassé le prince, il s'élança vers le chœur, où s'étaient assemblés les évêques, les abbés, enfin tout le clergé qui avait pris part à la conspiration.

Le comte ne voulut pas qu'on employât les armes contre eux; c'eût été péché. Mais par ses hommes il fait rompre l'assemblée; ils les poussent, les traînent; les chassent hors de l'église, et les envoient à tous les diables.

Ce fut la punition méritée de leur trahison.

V.

Punition du traître.

Après avoir ainsi purgé l'église, le noble chevalier dépêcha le baron Aleaume vers le traître Acelin.

— Dis à cet orgueilleux qu'il vienne reconnaître les droits de Louis, son seigneur, et qu'il ne tarde pas; car on se plaint déjà de lui.

— Irai-je tout seul? demanda Aleaume.

— Oui, beau neveu, répondit Guillaume; sans armes, un bâton à la main, comme il sied à un messager. Et s'il te demande combien nous sommes, tu lui répondras: soixante compagnons. Que s'il refuse de comparaître, dis-lui à haute voix, de manière que tous ses hommes puissent l'entendre, qu'avant vêpres il subira tant de honte, qu'il donnerait tout l'or du monde pour ne pas être venu ici.

Le messager monte sur un mulet d'Espagne et se met en marche vers l'hôtel où est logé Acelin. Il le trouve entouré de beaucoup de ses compagnons et lui transmet son message.

— Combien êtes-vous? demande Acelin.

— Trente chevaliers.

— Eh bien! dis à Guillaume qu'il vienne me reconnaître comme son seigneur, ainsi que les autres, et me prêter serment de fidélité. Jamais Louis ne vaudra rien, et la France serait perdue avec ce garçon-là pour roi. Le comte Guillaume est merveilleusement brave; cependant il n'a encore ni terre, ni château. Je lui en donnerai à son choix : il disposera d'une contrée entière et de dix mulets chargés d'or. Je le rendrai plus riche que nul autre homme.

— Vous parlez en pure perte, dit Aleaume; vraiment, il ne le ferait pas pour tout l'or d'Arragon. Mais je n'ai pas fini. Il vous mande encore — et c'est chose cruelle à entendre, — qu'avant vêpres il vous traitera si honteusement que vous donneriez tout l'or de Besançon pour être loin d'ici.

— A la volonté de Dieu! fit Acelin. S'il n'a pour moi que des outrages, je le défie. Porte-lui cette réponse.

— Je vous dis la même chose de la part du comte. Il vous déclare la guerre, à vous et à tous vos compagnons.

Acelin sentit son orgueil se révolter. Il se leva furieux et toisa Aleaume. Il examina ses mains et ses pieds, et vit qu'il les avait bien faits; quand il reconnut qu'il avait affaire à un homme noble et de bonne éducation, il se contint et lui dit:

— Ami, beau frère, il ne sied pas à un gentilhomme de me tenir des propos honteux devant tous mes chevaliers. Quant à ton oncle, je ne donnerais pas un denier de sa vie, puisqu'il refuse mon amitié. Je lui promets que je lui trancherai la tête. Pas plus tard qu'aujourd'hui, je le ferai couper en morceaux par mes hommes. J'ai avec moi quatre comtes et plus de six cents chevaliers qui ne faudront pas à leur devoir. Et si tu n'étais messager, je te ferais traiter de même.

— Les gros mots ne nous font pas peur, dit Aleaume, et il sortit sans saluer. Il se remit en selle et traversa les rues au grand galop, avec la vitesse de la foudre qui tombe du ciel; car il avait vu qu' Acelin armait ses hommes.

— Quelle réponse apportes-tu? lui demanda Guillaume.

— Il n'y a pas d'amitié entre vous et lui, et il ne reconnaît pas Louis comme son roi. Il se promet de vous trancher la tête, et, n'eût été ma qualité de messager, je crois qu'il m'aurait fait jeter au feu ou à l'eau.

La fureur rendit le comte tout blême. Il ordonne de piller la ville et de mettre le butin en commun. Celui qui veut s'y opposer est tué. Les bourgeois veulent fuir; le comte les fait arrêter et enchaîner.

Quand les traîtres qui étaient les auteurs de la rebellion, se voient menacés, ils pensent à fuir. Ils galopent vers les portes; mais à chacune ils trouvent un rude portier qui les force à payer tel tribut, qui les empêchera de jamais porter les armes pour qui que ce soit.

Le comte Guillaume excite les siens du geste et de la voix, et à leur tête il arrive devant l'hotel du bourgeois Bertier, où Acelin est assis sur le perron, entouré de ses chevaliers, bien supérieurs en nombre à ceux de Guillaume. Il était si orgueilleux et si fier qu'il ne daigna seulement pas se lever. A la vue de ses ennemis il sonna d'un cor, et à ce signal le carnage commença. Bertrand et Gautier amènent du secours au comte. Que de lances sont brisées, que d'écus percés, que de hauberts démaillés!

Quand les hommes d'Acelin virent que Guillaume avait le dessus et que la résistance serait inutile, ils jetèrent leurs épées à terre et crièrent merci en levant leurs mains jointes. Le comte les fit entourer et lier.

Alors Acelin, délaissé de tous les siens, se met à fuir. Le comte Guillaume le suit de près, et lui crie en ricanant:

— Seigneur Acelin, arrêtez! Venez donc vous faire couronner dans la cathédrale. Vous l'avez bien mérité; car certes, tout le monde vous tient pour traître.

Puis changeant de ton:

— Traître, mauvais larron que Dieu confonde! dit-il, pourquoi voulais-tu déshonorer ton seigneur légitime? Richard, ton père, ne porta jamais couronne.

En ce moment il fut rejoint par Bertrand à la longue épée.

— Beau neveu, lui dit-il, conseillez-moi, comment détruirons-nous ce traître?

— Bel oncle, faisons comme vous avez dit; mettons lui au chef une couronne dont le poids l'étouffe.

Et il brandissait sa longue épée. Il était sur le point de fendre le crâne au traître sous les yeux de cent chevaliers, lorsque son oncle le retint.

— Ne le touchez pas, beau neveu. Ne plaise à Dieu qu'il meure par une épée de gentilhomme; il mourra, mais honteusement.

Et saisissant un pieu dans une treille, il en porta un coup si formidable sur la tête d'Acelin, que le sang et la cervelle en jaillirent au loin. Il l'abattit roide mort à ses pieds.

— Monjoye! Saint-Denis à la rescousse! s'écria-t-il. Le roi Louis est vengé de celui-là.

Et piquant des deux, il courut à l'abbaye vers son seigneur, et se jetant dans ses bras, lui dit:

— Sire, je vous ai vengé du fils de Richard; il ne tirera plus l'épée pour qui que ce soit. De qui avez-vous à vous plaindre encore?

— Dieu, répondit l'enfant, je te rends grâce! Maintenant si j'étais vengé du père, je serais bien content.

Aussitôt le comte va à sa recherche. On lui dit qu'il s'est réfugié dans l'église. C'est là qu'il dirige ses pas, suivi de quatre-vingts chevaliers. Il trouve Richard appuyé contre l'autel, et sans se laisser arrêter par la sainteté du lieu, de la main gauche il le saisit par les cheveux, et le forçant d'incliner la tête sur la poitrine, de son poing droit il lui donne sur la nuque un coup qui l'abattit sans connaissance à ses pieds. Richard ne remua pas; on eût pu lui couper tous les membres.

La rage de Guillaume n'était pas encore assouvie. Il demande des ciseaux et fait tomber la chevelure de son ennemi, puis il lui arrache sa ceinture et tous ses vêtements et le rejette nu sur la dalle.

— Voilà, s'écria-t-il, comment on doit faire justice d'un traître qui veut déshonorer son seigneur.

Les assistans intervinrent et sauvèrent la vie au duc. Ils firent même tant que les deux ennemis se réconcilièrent, et que Richard tint le comte et tous les autres quittes de la mort de son fils. Richard et Guillaume s'embrassèrent; mais cette paix ne fut pas de bon aloi.

Sans attendre plus longtemps, le comte Guillaume appela l'abbé Gautier et lui dit:

— Je vais en Poitou où beaucoup de traîtres se trouvent rassemblés; mais s'il plaît à Dieu, je les ferai dénicher. En attendant je vous confie notre seigneur. Gardez-le bien. S'il sort de la ville que cent chevaliers au moins l'accompagnent; car par l'apôtre saint Jacques! si à mon retour j'entends de mauvaises nouvelles, votre habit ne vous protègerait pas, je vous mettrais à mort, vous et tous vos moines.

— Par ma tête, répondit l'abbé, il sera mieux gardé, que le saint sacrement sur l'autel.

VI.

Richard de Normandie.

Guillaume fit rassembler les barons du pays, et avant douze jours il se trouva à la tête d'une armée, avec laquelle il marcha droit sur Poitiers.

Pendant trois ans, il ne se passa pas de jour que Guillaume n'eût le heaume en tête et l'épée au côté; au lieu de prier, il passa les fêtes de l'Église à cheval, même le saint jour de Noël.

Il se rendit maître de Bordeaux, puis se dirigeant sur Pierrelatte, il réduisit le comte rebelle. Ensuite il se porta sur Annodore et prit un beau jour Saint-Giles d'assaut; il força le comte Julien, qui gouvernait la contrée, de donner des ôtages de sa fidélité, afin d'obtenir la paix.

Après avoir fait ce qui est agréable à Dieu et gagné gloire et honneur, chacun pensa à retourner chez soi.

Le brave comte Guillaume au court nez chevaucha vers la douce France; il laissa la plupart de ses chevaliers en garnison dans les forteresses et châteaux du Poitou et n'en emmena que deux cents avec lui.

Il côtoya toute la Bretagne jusqu'au Mont-Saint-Michel, où il se reposa pendant deux jours. Puis il pénétra dans le Cotentin et se dirigea sur Rouen, où il alla se loger dans le bourg. Il commit l'imprudence de s'engager de plus en plus dans les terres du duc Richard dont il avait tué le fils. Mais il avait foi en la paix jurée.

Le duc en fut informé, et plein de rage il s'écria:

— Comment, celui qui m'enleva mon héritier bien-aimé, a l'audace de venir chevaucher dans mes terres! Par l'apôtre saint Jacques! avant qu'il en sorte il s'en repentira.

— Pour Dieu, monseigneur, dirent ses chevaliers, ne l'attaquez pas en ce pays; car les bourgeois voleraient à son secours. L'occasion n'est pas bonne pour entreprendre une trahison.

— Tant pis pour lui, reprit le duc. Je trouverai un moyen plus sûr pour me venger. Je lui enverrai un salut amical, et lui ferai savoir que je veux l'accompagner en France. Nous serons seize, tous bien armés; chacun de nous aura un bon poignard d'acier, et si l'occasion se présente de le séparer de sa suite, nous le tuerons.

A l'instant même quinze chevaliers lui jurèrent de l'aider. Mieux leur eût valu n'en rien faire, car la honte en retomba sur eux.

Cependant le comte, sans se douter de rien, chevauche fièrement. Il marche jusqu'à la sombre forêt de Lions. Là sa troupe fait halte dans une clairière. Les paysans des environs leur apportent des vivres; on dîne, et après dîner tous vont faire un somme sous les arbres.

Guillaume seul ne daigne pas se reposer. Il demande ses armes pour aller chasser dans les environs. Il endosse le haubert, lace le heaume d'acier et ceint l'épée à la poignée incrustée d'or. On lui amène son destrier Alion; il y monte par l'étrier de gauche, met un écu neuf à son cou et prend en main un épieu fort et affilé, où un gonfanon est attaché par quinze clous d'or.

Il ne se fait accompagner que de deux chevaliers, et va suivre le cours de la rivière.

Le vieux Richard, qui l'avait fait épier pendant toute la journée, se présente inopinément à ses yeux, de l'autre côté de l'eau, accompagné de quinze hardis chevaliers. Quand Guillaume l'aperçoit, il tressaille, et appelant ses deux compagnons, à voix basse il leur adresse ces paroles :

— Barons, que faut-il faire ? Voici Richard-le-roux qui, parce que j'ai tué son fils, me hait plus qu'homme sur terre, quoique nous nous soyons réconciliés et que la paix ait été jurée dans la cathédrale de Tours.

— De quoi le soupçonnez-vous ? demandèrent-ils. Chevauchons toujours et avançons-nous jusqu'au pont. Saluez-le courtoisement et d'un ton d'amitié, et s'il ne vous répond pas de même, fiez-vous à vos armes ; nous ne vous faudrons pas pour tout l'or du monde.

— Grand merci, barons, dit le comte, et il marcha droit au pont, où il arriva le premier.

— Duc, cria-t-il à son ennemi, que Dieu vous protège ! Faut-il que je me tienne en garde contre vous ? Nous nous sommes réconciliés, nous avons juré la paix dans la cathédrale de Tours, et nous nous sommes embrassés aux yeux de cent chevaliers.

— Oui-da, dit Richard, tu sais bien prêcher ; mais ton sermon ne te servira à rien. Tu m'as fait perdre mon fils, l'héritier le plus digne de mes terres, et par saint Jacques ! je ne te laisserai pas partir d'ici sans t'en châtier. Tu n'as aucun secours à attendre ni de Dieu ni des hommes ; personne ne m'empêchera de te faire trancher la tête et d'arracher tous les membres de ton corps.

— Misérable! répond le comte, que Dieu te maudisse! Je ne te prise pas plus qu'un chien enragé.

Il pique Alion de ses éperons d'or, et de sa lance atteint Richard au milieu de l'écu qu'il lui perce de part en part. L'acier rompt les mailles du haubert et lui entre dans le flanc gauche, d'où le sang s'échappe à gros bouillons. Le cheval se cabre et jette bas son cavalier. La chûte fut si violente que la pointe aiguë qui termine le heaume, se ficha dans la terre et que deux lacets du casque se rompirent.

Guillaume saute à bas de son cheval et tire son épée: il alait lui couper la tête lorsque les quinze se ruent sur lui.

A voir ainsi le comte accablé par le nombre, mais ripostant vigoureusement de sa bonne épée, on eût eu pitié du noble guerrier. Mais ses compagnons accourent, et du premier coup chacun d'eux abat son adversaire. Dieu combat avec eux, et avec son aide ils en tuent dix; les cinq autres se mettent à fuir; ils sont tous blessés.

Guillaume se met à leur poursuite, et leur crie en ricanant:

— Seigneurs barons, par le Dieu du ciel! comment souffrirez vous cette honte que nous emmenions votre seigneur légitime prisonnier? Quelle gloire pour vous, si vous parveniez à le délivrer!

— Pour Dieu, merci! noble Guillaume, répondirent les fuyards. Vous êtes digne d'être roi. Il vous en coûtera peu de nous reduire; car nos entrailles tombent sur nos arçons, et le moins blessé de nous peut à peine se tenir en selle.

Aussitôt le comte retient son cheval. Du moment qu'ils lui crient merci, il aurait mieux aimé qu'on lui coupât tous les membres que d'en toucher un seul.

Il rebroussa chemin.

Ils dépouillèrent les morts de leurs armes, garottèrent Richard et le lièrent sur un cheval, comme on met un coffre sur un sommier; puis ils se mirent en route pour le camp.

Leur arrivée mit tout le monde sur pied.

— Oncle Guillaume, fit Bertrand, je vois l'acier de votre épée ensanglanté, et votre écu est entamé; je suis sûr que vous avez commis une étourderie qui vous a donné bien du mal.

— C'est vrai, beau sire neveu, répondit-il. Quand je suis parti d'ici pour faire une tournée dans le bois, je vous laissai dormir, et n'ai pris avec moi que deux chevaliers. J'ai rencontré le vieux duc Richard avec quinze compagnons, qui me reprocha la mort de son fils et voulut se venger. Mais Dieu était pour nous. Nous en avons tué dix et le reste a pris la fuite. Voici les armes et les chevaux des vaincus, et voilà le duc Richard que je vous amène garotté.

— J'en rends grâces à Dieu, reprit Bertrand. Mais, cher oncle, il me semble que vous faites peu de cas de votre vie.

— Non, dit Guillaume; mais je veux hardiment employer ma jeunesse, jusqu'à ce que le roi Louis ait recouvré tout son héritage.

Là-dessus ils se remirent en marche, et firent tant qu'ils arrivèrent à la cité d'Orléans, où ils trouvèrent le roi Louis.

Ils lui livrèrent leur prisonnier, qui fut jeté dans un donjon, où il mourut de chagrin et de faiblesse.

Quand le comte Guillaume eut assuré la couronne sur la tête du roi Louis, il laissa celui-ci à Paris et s'en alla à Mosterel sur mer (Montreuil), espérant s'y reposer et chasser en bois et en rivière. Mais son repos fut de courte durée, car les Français se révoltèrent de nouveau et la guerre civile vint brûler les villes et dévaster le pays. Louis ne put y mettre ordre.

Quand la nouvelle en arriva à Guillaume, il crut devenir fou de colère. Il appela Bertrand et lui dit:

— Seigneur neveu, pour l'amour de Dieu, que me conseillez-vous? Le roi, notre seigneur, vient de perdre ses domaines.

— Ne vous occupez pas de lui, répondit Bertrand; quittons la France et ce roi sans cervelle; jamais il ne saura conserver un pied de son héritage.

— Ne parlez pas ainsi, dit Guillaume; je veux consacrer ma jeunesse à son service.

Il manda ses hommes et ses amis, qui se hâtèrent d'accourir à Paris où Louis se trouvait. Guillaume recommença la guerre, et quand il vit qu'il ne pourrait la soutenir dans ce pays, parce qu'il s'y trouvait trop d'ennemis mortels du roi, il emmena le jeune monarque à Laon.

Il le recommanda aux gens de la ville et alla attaquer les ennemis du dehors. Il rasa leurs camps et leurs forteresses, et au bout d'un an il les avait si durement menés qu'il contraignit quinze comtes d'aller à la cour et de prêter serment de fidélité au roi Louis de France.

Puis il donna sa sœur en mariage au roi et le rendit riche et puissant.

Quand Louis fut puissant, il n'en sut aucun gré au comte Guillaume.

III.

LE CHARROI DE NIMES.

I.

La cour plénière.

On était en Mai, au temps où les bois renouvellent leur feuillage, les prés reverdissent et les oiseaux chantent leurs agréables et douces mélodies. Le comte Guillaume revenait de chasser dans une forêt où il avait passé plusieurs jours. Il avait tué deux jeunes cerfs et trois mulets d'Espagne étaient chargés de venaison de moindre dimension. Quatre flèches étaient passées à sa ceinture et il portait à la main son arc d'aubier. Il était accompagné de quarante gentilshommes, tous fils de comte ou de baron fieffé, qui depuis peu avaient reçu l'accolade. Ils tenaient des faucons sur le poing et faisaient mener leurs meutes avec eux.

Ils rentrèrent à Paris par le petit pont, et le comte Guillaume, qui était noble et bon, fit porter la venaison à l'hôte chez qui il était descendu.

Sur sa route il rencontra son neveu Bertrand, et lui demanda :

— Seigneur neveu, d'où venez-vous ?

— Je vous dirai tout, lui répondit Bertrand. Je sors

du palais, où je suis resté trop longtemps. J'y ai vu et entendu bien des choses. Notre empereur a gratifié ses barons de fiefs : tel a reçu une terre, tel autre un château ou un bourg, un troisième une ville, d'après son mérite. Mais vous et moi, mon oncle, nous avons été oubliés. Je ne m'en soucie pas pour moi, qui ne suis qu'un bachelier; mais pour vous, monseigneur, qui êtes si vaillant, qui avez tant de fois payé de votre personne en veillant la nuit et en jeûnant le jour.

Un étrange sourire passa sur les traits de Guillaume.

— N'y pensez plus, mon neveu, dit-il. Allez prestement à l'hôtel et faites-vous armer; moi j'irai parler à Louis.

Pendant que Bertrand exécute ses ordres, le comte poursuit sa route vers le palais. Il descend de cheval sous l'olivier touffu et monte les degrés de marbre. En marchant il frappe du pied les dalles avec tant de force que les lacets de ses souliers en cuir de Cordoue se rompent. Tous ceux qui le voient, sont effrayés de sa mine sévère.

Lorsque le roi l'aperçut, il se leva pour le saluer et l'invita à s'asseoir.

— Je n'en ferai rien, Sire, dit Guillaume; mais j'ai deux mots à vous dire.

— Faites-le comme vous l'entendez, répondit le roi. Il me semble que vous venez me chercher querelle.

— Louis, Sire, je n'ai jamais cherché à entrer dans le lit des veuves, ou à deshériter des enfans; mais je t'ai servi les armes à la main comme il sied à un homme. Pour toi j'ai soutenu bien des combats, dans lesquels j'ai tué maint noble guerrier. Le péché en est resté sur moi; car quels qu'ils fussent, c'étaient des créatures de Dieu. Que le Seigneur ait leurs âmes et qu'il me pardonne!

— Monseigneur Guillaume, se hâta de dire le roi, je vous supplie, ayez quelque patience, Après l'hiver vient l'été; un de ces jours quelqu'un de mes pairs mourra, je vous promets de vous donner toute sa terre et sa femme, si vous voulez l'épouser.

A ces mots la fureur de Guillaume ne fit qu'augmenter.

— Dieu miséricordieux, fit-il, qu'un pauvre bachelier, qui n'a rien pour soi-même, rien à offrir à autrui, doit attendre longtemps. Il me faut nourrir mon cheval, et je ne sais où prendre la provende. Il a bien du chemin à faire, celui qui attend la richesse de la mort d'autrui!

Sire, la crainte seule que mes pairs ne me tinssent pour traître m'a retenu en votre service. Il y a plus d'un an que le puissant Gaifier, le duc de la Pouille, m'a fait offrir le quart de ses états ou même la moitié, si je voulais épouser sa fille. Et maître d'une province de cette étendue, j'eusse pu guerroyer contre le roi de France.

Ces paroles mirent le roi en grande colère; il fit une réponse qu'il eût mieux fait de garder pour lui, car elle augmenta le mal en enflammant leur colère réciproque.

— Seigneur Guillaume, fit-il, il n'y a personne au monde, ni Gaifier, ni qui que ce soit, qui osât prendre un de mes hommes à son service bientôt sans être puni par la mort, la prison ou l'exil.

— Dieu, s'écria le comte, qu'on nous traite mal! On ne nous permet pas même de nous plaindre! Puissé-je être honni, si je vous sers davantage.

Et s'adressant aux hommes de sa suite,

— Mes amis, dit-il, allez prestement à l'hôtel, faites-vous armer, et chargez les bagages sur les chevaux de somme. L'indignation m'ordonne de quitter la cour. Si nous restions auprès du roi pour notre pain de chaque jour, il pourrait croire qu'il a sur nous un droit.

Aussitôt ses compagnons lui obéirent et quittèrent la salle.

Guillaume, pour être mieux entendu, monta sur une bûche du foyer et s'appuya des coudes sur son arc d'aubier, avec tant de force qu'il se brisa; les éclats en volèrent au plafond et retombèrent sur la tête du roi, auquel il adressa avec véhémence ces paroles:

— Dorénavant on comptera pour rien mes services, mes batailles et mes combats singuliers.

Cependant, seigneur roi, as-tu oublié le combat mortel que je livrai pour toi sous les murs de Rome? C'est là que je combattis l'émir Corsolt, l'homme le plus fort de toute la terre. De son épée il me donna un coup si rude sur le heaume, qu'il en fit voler l'or et les pierreries et me brisa le nasal qui devait garantir la figure. La lame pénétra jusque dans mon nez, que je dus retenir en place de mes deux mains. J'en suis resté défiguré après qu'un chirurgien malhabile me l'eut redressé. Que Dieu le maudisse! Pour cela l'on m'appelle Guillaume au court nez; et mes pairs m'ont méprisé pour cette cicatrice.

Je fis abjurer au roi Galaffre ses erreurs, et c'est tout ce que j'y gagnai, sauf le bon cheval du vaincu.

‘ Roi Louis, tu es le fils de l'empereur Charles, le meilleur souverain qui jamais portât les armes, le plus honorable et le plus juste. Eh bien! te souviens-tu du combat du gué de Pierrelatte, où je fis prisonnier Dagobert, qui ne voulait pas te reconnaître? Je le vois là-bas, affublé de ses grandes peaux de martre; s'il nie ce que je viens de dire, que le blâme du mensonge retombe sur moi!

Mais avant ce service je t'en rendis un bien autre. Quand Charlemagne voulut te faire sacrer roi, et que la couronne fut mise sur l'autel, tu n'osas te lever pour l'aller prendre. Les Français virent que tu ne valais guère, et ils voulaient faire de toi un prêtre ou un chanoine; et dans l'église même de Marie-Madeleine, le comte Ernaut, soutenu par sa puissante famille, voulut s'approprier la couronne. Je m'y opposai; d'un coup de poing je l'abattis sur la dalle, ce qui m'attira la haine de tous ses parents. Puis je m'avançai, aux yeux de toute la cour, des archevêques et des patriarches, je pris la couronne.... et tu l'emportas sur ta tête.

Tu ne t'es guère souvenu de ce service, lorsque tu fis sans moi le partage de tes terres.

Sire Louis, ne te souvient-il plus du Breton orgueilleux qui vint te braver en ta cour? Tu n'as nul droit sur la France, dit-il devant tes vassaux rassemblés. En ton empire il n'y eut pas un seul baron, mon empereur, qui osât dire oui ou non. Moi, je me rappelai ce qu'on doit à son seigneur légitime; j'eus le courage de le combattre, et je finis par le vaincre et le proclamer félon. Plus tard je te sauvai d'un péril plus éminent encore, quand je tuai le fils de Richard qui en voulait à ta couronne et à ta vie. Cet acte de fidélité me jeta dans un péril extrême, lorsqu'en revenant de Saint-Michel-du-Mont, je rencontrai le vieux Richard, le père de l'orgueilleux Acelin; ils étaient seize et je n'avais que deux compagnons. Je tirai l'épée et je me défendis comme il sied à un chevalier; j'en tuai dix, et à leur barbe j'abattis leur seigneur que je mis en tes mains; depuis il est mort dans ta grande tour.

Tu t'es peu souvenu de ce service, lorsque sans moi tu distribuas tes terres.

Roi, souviens-toi de Guy l'Allemand qui, lors de ton voyage à Rome, vint te disputer la France et la Bourgogne, ta couronne et ta cité de Laon. Je me battis avec lui, je lui enfonçai ma lance dans le corps, et je le jetai dans le Tibre en pâture aux poissons. Souviens-toi de ce qui se passa ensuite sous les murs de Rome.

Moi-même je fis tendre ton pavillon et je te servis à souper. Après que tu eus mangé, je te demandai la permission de me retirer et tu me l'accordas volontiers, croyant que j'allais me reposer sous ma tente après les fatigues du combat livré à Gui. Mais je fis monter à cheval deux mille chevaliers et je me mis en embuscade dans un bosquet de lauriers derrière ton camp, pour veiller sur toi. Tu ne daignas pas faire bonne garde contre ceux de Rome, et les voilà, au nombre de quinze mille, arrivant au galop dans le camp, coupant les cordes de ta tente, abattant ton pavillon, mettant la main sur les nappes et jetant à droite et à gauche les plats de ta table. Je vis culbuter ton sénéchal et la garde à ta porte, et toi, tu fuyais à pied, errant dans la foule comme un chien qui a peur, et criant à tue-tête: „Bertrand, Guillaume, venez, secourez-moi."

Alors, seigneur roi, j'eus pitié de toi; j'attaquai l'ennemi qui était bien superieur en nombre, et nous fîmes prisonniers plus de trois cents chevaliers bien montés. Je vis leur chef se cachant derrière un pan de mur. Je le reconnus bien à son heaume resplendissant, à la pierre précieuse qui brillait sur son nasal; je lui portai un tel coup de ma lance que je l'abattis sur le cou de son cheval. „Grâce," cria-t-il; „chevalier, ne me tue pas, si tu es Guillaume!" J'eus pitié de lui, je te l'amenai et depuis tu es maître de Rome. Tu es puissant, et moi je suis peu estimé.

Je t'ai tant servi, que je suis devenu chauve, et je n'y ai pas gagné la valeur d'un denier, je ne suis pas même décemment vêtu....

Louis, Sire, qu'est devenue ta sagesse! On avait coûtume de dire que j'étais ton ami, que j'étais toujours à cheval, par voie et par chemin pour ton service. Mais que je sois dammé, si j'y ai gagné quelque chose, pas même un clou dans mon écu, à moins de compter les coups de lance de mes ennemis. J'ai tué des milliers de Turcs mécréants; mais par Celui qui trône dans les cieux! je passerai de leur côté. Tu feras ce que tu voudras, je te retire mon amitié.

Mon Dieu! j'ai tué tant de braves jeunes gens, j'ai fait pleurer bien des mères, je porterai toujours le fardeau de ce péché, et tout cela pour le service de ce mauvais roi de France, et je n'y ai pas même gagné la valeur d'un fer de lance!

— Seigneur Guillaume, répondit Louis, par l'apôtre saint Pierre! il y a encore soixante de vos pareils à qui je n'ai rien donné ou rien promis.

— Seigneur roi, tu en as menti. Il n'y en a pas dans toute la Chrétienté; il n'y a que toi qui portes couronne, au-dessus de qui je ne veux pas m'estimer. Mais prends ceux dont tu parles, fais les descendre chacun à son tour dans ce pré, armés et à cheval: si je ne te les tue pas tous et d'autres encore, j'abandonne tout droit à un bénéfice. Et toi-même, viens-y, si tu en as envie.

A ces mots le roi baissa la tête sur sa poitrine, et après quelques moments de silence lui dit:

— Seigneur Guillaume, je vois bien que vous êtes plein de colère.

— C'est vrai, répondit le comte, et il en est de même de tous mes parents. C'est là le sort de tout homme qui sert un mauvais seigneur: plus il fait, moins il gagne. De jour en jour sa position empire.

— Seigneur Guillaume, dit le roi, plus qu'aucun baron de ma cour vous m'avez défendu et servi par amour; avancez-vous vers moi, je vous ferai un beau don. Prenez la terre du preux comte Foucon; trois mille compagnons suivront votre bannière.

— Je n'en ferai rien, Sire. Le noble comte a laissé deux enfants, qui sauront bien gouverner sa terre. Donnez-m'en une autre, je ne me soucie pas de celle-ci.

— Si vous ne voulez pas prendre ce fief aux enfants, acceptez la terre d'Auberi-le-Bourguignon, et épousez sa belle-mère, Hermensant de Thuringue, la plus noble femme qui goûta jamais du vin. Trois mille chevaliers armés seront à votre service.

— Je n'en ferai rien, Sire. Le noble comte a laissé un fils; il s'appelle Robert, mais il est encore bien petit et n'est pas encore en état de porter les armes; si Dieu lui fait la grâce de devenir grand et fort, il saura bien gouverner tout son héritage.

— Si vous ne voulez pas de l'héritage de cet enfant, prenez donc la terre du marquis Bérenger, qui vient de mourir, et épousez sa veuve. Deux mille chevaliers bien armés vous suivront sur de bons coursiers, sans qu'il vous en coûte un denier.

La colère remonta au cœur du comte, et haussant la voix, il dit:

— Voyez donc, nobles chevaliers, comment notre légitime seigneur Louis garantit bien leurs possessions à ceux qui le servent de bon cœur. Je vous raconterai l'histoire du marquis Bérenger. Il était de la vallée de Riviers. Il tua un comte, et il ne put parvenir à faire sa paix avec les parents du défunt. Il se sauva à Laon, et se jeta aux pieds du roi, qui le reçut à sa cour et lui donna un fief et une noble épouse. Le marquis le servit longtemps et sans jamais manquer à son devoir. Puis il avint que le roi fit la guerre aux Sarrasins; dans un combat merveilleusement rude il fut abattu de son cheval, et n'y serait jamais remonté, quand le marquis Bérenger survint. Voyant son seigneur entouré de toute part et en grand danger, il accourut au grand galop, brandissant son épée étincelante. Bientôt, comme un sanglier parmi les chiens, il eut fait un espace libre autour de lui, et descendant de son cheval, il l'offrit à son seigneur. Il lui tint l'étrier, et le roi monta et s'enfuit comme un lévrier peureux. C'est ainsi que le marquis Bérenger resta au millieu des ennemis. A l'endroit même, nous le vîmes tuer et couper en morceaux, et nous ne pûmes le secourir. — Un noble héritier lui a survécu, le petit Bérenger. Bien mauvais celui qui voudrait traitreusement faire du tort à cet enfant; par Dieu! plus mauvais qu'un rénégat félon. — Le roi veut me donner son fief; je n'en veux pas. Et prêtez bien l'oreille. Je veux vous avertir d'une chose; par l'apôtre qu'on implore à Rome, il n'y a en France si hardi chevalier, s'il accepta la terre du jeune Bérenger, qui ne perde la tête de cette épée.

Les chevaliers qui appartenaient au jeune Bérenger, le remercièrent à grands cris; il y en avait cent, qui tous s'inclinèrent devant lui et lui embrassèrent les genoux.

— Seigneur Guillaume, reprit le roi, entendez ce que je vais vous dire. Puisqu'il ne vous appartient pas de prendre ce fief, je vous jure par Dieu, que je vous donnerai un don qui vous mettra au-dessus de tout le monde, si vous savez l'exploiter sagement. Je vous offre le quart des revenus de toute la France: le quatrième denier des abbayes et des marchés, des cités et des archevêchés, des vilains et des chevaliers, des demoiselles et des dames mariées; le quart des chevaux de mes écuries, le quart des deniers de mon trésor; le quart de tout mon royaume enfin, voilà ce que je vous offre.

— Non, Sire, répondit Guillaume, je n'accepterais pas cette offre pour tout l'or du monde, puisque tous vos barons diraient: „voyez comme l'orgueilleux marquis Guillaume a dépouillé son seigneur légitime; il lui a pris la moitié de son royaume, pour laquelle il ne lui paie aucune redevance; on peut bien dire qu'il lui a rogné ses moyens d'existence."

— Si vous refusez encore ce bénéfice, dit le roi, par saint Pierre! je ne sais que vous offrir en ce royaume.

— Sire, reprit Guillaume, n'en parlons plus. Quand il vous plaira, vous me donnerez assez de châteaux et de terres.

II.

Le fief d'Espagne.

A ces mots il sortit et descendit les marches tout bouillant de colère. Au bas de l'escalier il rencontra Bertrand, qui lui demanda ce qui lui était arrivé.

— Je suis resté trop longtemps en ce palais, répondit-il, je me suis mis en colère et je me suis disputé avec Louis, parce qu'après l'avoir longtemps servi, il ne m'a rien donné.

— Dieu vous punira, dit son neveu. On ne doit pas presser son seigneur légitime; mais on doit lui obéir, l'honorer et le défendre envers et contre tous.

— Tu as beau dire. Il m'a malmené; j'ai usé ma vie à le servir, je n'y ai pas gagné la valeur d'un œuf pelé! — Par la force de mon bras je l'ai porté au trône et l'y ai maintenu, et voilà qu'il m'offre un quart de la France, évidemment pour me déshonorer en me payant mes services avec de l'argent. Mais par l'apôtre qu'on invoque à Rome! j'ai envie de lui abattre la couronne de la tête; je l'y ai mise, je l'en ôterai.

— Monseigneur, reprit Bertrand, vous ne parlez pas comme un gentilhomme. Vous ne devez pas menacer votre seigneur légitime, mais au contraire veiller sur son honneur et le défendre.

— Tu as raison, beau neveu. On doit toujours rester loyal; c'est le commandement de Dieu, qui doit nous juger.

Bertrand, qui était un homme de grand sens, lui dit:

— Oncle Guillaume, retournons de suite au palais et allons parler au roi. Il m'est venu en l'esprit un don qu'il pourrait vous faire.

— Qu'est-ce que cela pourrait être, fit le comte?

— Je vais vous le dire. Demandez-lui la marche d'Espagne, avec Tortolose et Portpaillart-sur-mer, et la bonne cité de Nîmes et Orange qui a tant de renom. S'il vous donne cela, vous n'aurez pas à l'en remercier, puisqu'il n'en a jamais été maître et qu'il n'a jamais eu à sa solde un chevalier de ce pays. Il peut bien vous donner cette terre, sans que son royaume en soit grévé.

A ces mots Guillaume sourit.

— Neveu, dit-il, tu es né sous une bonne étoile. Moi aussi, j'y avais déjà pensé; mais avant d'agir, je voulais prendre conseil de toi.

Ils se prirent par la main, montèrent les degrés du palais et entrèrent dans la salle où se tenait le roi. Louis se leva pour le saluer et lui offrit une place à ses côtés.

— Je n'en ferai rien, Sire, lui dit le comte. Si je suis revenu, c'est pour vous demander un don dont je me suis avisé.

— Que Dieu soit béni! répondit le roi. Si vous désirez château ou cité, bourg, ville ou donjon, cela vous sera octroyé de plein gré. La moitié de mes états, si vous la demandez, je vous l'accorderai; car je vous ai toujours trouvé fidèle, et sans vous je ne serais pas roi de France.

Guillaume sourit en répondant:

— Un tel don ne sera jamais requis par moi. Mais je vous demande la marche d'Espagne, avec Tortolose et Portpaillart-sur-mer, Nîmes et Orange. Donnez-moi cette marche; la terre sera à moi, les trésors à vous, et vous y gagnerez mille chevaliers pour votre armée. Donnez-moi Nîmes et, Dieu aidant, j'en chasserai le mécréant Otrant, qui a tué tant de Français, qui en a tant dépouillés de leurs domaines. Voilà la terre que je vous demande: Nîmes avec ses grandes tours pointues, et Orange la cité redoutable, et le Nîmois avec ses prés le long du Rhône.

— Que Dieu nous soit en aide! dit le roi. Un seul homme serait maître de tout cela!

— Laissez-moi partir, reprit le comte; j'ai hâte d'arriver pour en chasser la maudite race païenne.

— Seigneur Guillaume, dit Louis, écoutez-moi. Cette terre ne m'appartient pas, je ne puis vous la donner. Elle est au pouvoir des Sarrasins, de Clariel d'Orange et de son frère Acéré, d'Otrant de Nîmes et de plusieurs autres. Le roi Thibaut, qui a épousé la belle Orable, la sœur de l'émir, en est suzerain. Je crains bien que, quand vous les aurez tous sur les bras, vous ne parveniez jamais à vous rendre maître de ce pays. Mais restez dans ce royaume, et je vous en donnerai la moitié; vous aurez Chartres et me laisserez Orléans et la suzeraineté, c'est tout ce que je demande.

— Non, Sire, je ne veux pas que les barons de ce pays puissent dire, que je vous ai dépouillé de votre bien.

— Noble chevalier, fit le roi, que vous importe un injuste reproche?

— Je n'en ferai rien, pour tout l'or du monde. Je ne cherche pas à abaisser votre dignité; au contraire, je voudrais l'augmenter par mon épée; vous êtes mon seigneur, ainsi je ne dois pas vous faire de tort.

Mais voici ce qui m'est arrivé.

J'ai fait un pèlerinage à Saint-Gilles; un courtois chevalier me donna l'hospitalité; il me fit dîner et eut soin de ma monture. Après le dîner il monta à cheval pour aller faire une promenade dans les prés avec les gens de sa maison. Je voulais le suivre, mais sa femme mit la main sur les rênes de mon cheval, me fit rentrer mystérieusement dans la maison, et me conduisit à l'étage supérieur. Je n'y compris rien. Elle tomba à mes genoux, et je crus qu'elle me demandait de l'amour. Si j'avais pu l'appréhender, je ne serais pas allé avec elle pour un millier de livres. „Femme, que me veux-tu?" lui demandai-je. Et elle me répondit: „Pitié, noble chevalier, pour l'amour de Dieu qui se laissa crucifier, ayez pitié de ce pays!" Elle me fit mettre la tête à la fenêtre, et je vis le pays rempli de mécréants brûlant les villes et violant les couvents, ruinant les chapelles et détruisant les clochers, martyrisant les femmes chrétiennes. | La pitié envahit mon cœur, et je pleurai d'attendrissement. Aussi fis-je serment à Dieu et à saint Gilles, que je venais d'implorer, que je retournerais dans cette terre pour secourir les malheureux, et que j'amènerais autant d'hommes que j'en pourrais enrôler.

— Seigneur Guillaume, dit le roi, c'est avec chagrin que je vous vois refuser une partie de ma terre; mais avancez vers moi et je ferai ce que vous désirez.

Puis ôtant un des ses gants, il le lui tendit, en disant:

— Prenez l'Espagne, je vous la donne par ce gant; mais à telle condition, que s'il vous y survient malheur ou embarras, je ne serai pas obligé de vous porter secours.

— Je ne demande pas mieux, dit Guillaume, sauf un secours en sept ans.

— Je vous l'octroie, répondit le roi. Vous pouvez compter sur moi.

Le comte regarda autour de lui, et vit à ses côtés ses deux neveux Guibelin et Bertrand, les fils de Bernard de Brebant. Il leur dit:

— Avancez. Vous êtes mes amis et mes proches parents; placez-vous devant le roi, et recevez avec moi le gant par lequel le fief que je demande, m'est octroyé; vous en partagerez avec moi le profit et les embarras.

Un sourire nerveux vint effleurer les lèvres de Guibelin et il dit tout bas:

— Je causerai bien du chagrin à mon oncle.

Le comte Bertrand, qui avait les yeux sur lui, l'entendit cependant, et lui dit à l'oreille:

— Tu n'en feras rien; ton vaillant oncle le prendrait mal.

— Et que m'importe? répondit le jeune homme. Je suis trop jeune, je n'ai que vingt ans, je ne puis encore endurer ces grandes fatigues.

A ces paroles son père, qui avait tout entendu, est transporté de fureur. Il lui donne un formidable coup de poing, en lui disant:

— Misérable, c'est moi que tu rends malheureux. Je te traînerai devant le roi, et par saint Jacques! si tu ne reçois pas le gant avec Guillaume, tu feras connaissance avec mon épée, et pas un chirurgien ne pourra te guérir et te sauver la vie. Va chercher fortune, puisque tu n'as rien, comme j'ai fait, moi, dans ma jeunesse; car je te jure que tu n'auras pas un gant plein de mes biens; je les distribuerai à qui je voudrai.

Les deux jeunes gens montèrent sur une table, pour recevoir, à la vue de tout le monde, le don symbolique, et Guibelin s'écria à haute voix :

— J'ai été battu par mon père, mais par saint Jacques! les Sarrasins me le paieront. Ils peuvent dire qu'ils sont entrés dans une mauvaise année, car ils mourront par centaines et par milliers.

Guillaume aussi monta sur une table, et élevant la voix il s'adressa aux assistants, et leur dit :

— Entendez-moi, nobles hommes de France. Par Dieu! je puis me vanter d'avoir un domaine plus étendu que trente de mes pairs n'en possèdent. Mais il n'est pas encore conquis. Je dis donc aux pauvres bacheliers, qui n'ont que des chevaux boiteux et des vêtements déchirés, si jusqu'ici ils n'ont rien gagné à servir, s'ils veulent courir avec moi les chances de la guerre, je leur donnerai deniers et biens, chevaux d'Espagne, châteaux, terres et donjons, pourvu qu'ils m'aident à conquérir le pays et à y rétablir la religion de Dieu. Et aux pauvres écuyers je dis la même chose, et d'ailleurs ils seront armés chevaliers.

A ces paroles tous s'écrièrent :

— Seigneur Guillaume, pour Dieu! hâtez-vous. Celui qui n'a pas de cheval pour vous suivre, ira à pied.

Chevaliers et écuyers accoururent de toutes parts, et s'armèrent comme ils purent. Bientôt trente mille hommes furent prêts; ils jurèrent au comte qu'ils ne lui feraient pas défaut au besoin, dût-on leur couper les membres.

Le comte alla prendre congé du roi, qui lui souhaita la bénédiction de Dieu.

— Allez, dit-il, soyez heureux dans vos exploits, et que Dieu vous ramène sain et sauf.

Le comte se mit en route, entouré de plusieurs nobles chevaliers.

Le vieil Aymon, le voyant monter à cheval, dit au roi:
— Ah! Sire, que vous voilà trompé.

— Comment l'entendez-vous, demanda le roi.

— Je vous le dirai, Sire. Guillaume le guerrier vous quitte, et il emmène avec lui tant de chevaliers, la fleur de la France, dont il vous prive; si une guerre surgissait, vous ne sauriez vous défendre. Et je pense bien qu'il reviendra à pied, et que tous ses compagnons seront réduits à mendier.

— Vous le calomniez, répondit Louis. Guillaume est un brave chevalier; il n'y en a pas de meilleur sur terre. Il m'a bien servi, et j'espère bien que le glorieux Jésus l'en récompensera en lui faisant conquérir l'Espagne.

Cette conversation fut entendue par un chevalier appelé Gautier de Toulouse. Lorsqu'il entendit dire du mal de Guillaume, la colère le prit; et s'élançant hors de la salle, il courut vers le comte et l'arrêta en le saisissant par l'étrier et par la bride de son cheval.

— Monseigneur, lui dit-il, vous êtes un bon chevalier, mais au palais on ne vous prise pas un denier.

— Qui dit cela? demanda-t-il, et sa fierté se révolta.

— Il est de mon devoir de ne vous rien cacher. C'est le vieil Aymon, qui veut donner de vous une mauvaise opinion au roi.

— Il le paiera cher, reprit le comte. Si Dieu me fait la grâce de revenir, je lui ferai couper tous les membres ou il sera pendu ou noyé.

— Ne menacez pas, lui dit Gautier. Tel homme menace qui ne vaut pas un denier. Je vous demande une seule chose récompensez-le selon le service qu'il vous a rendu. C'est ici que vous devez commencer la guerre, puisqu'il est le premier qui se met contre vous.

— Par mon chef! vous dites vrai, reprit le comte.

Gautier lui tient l'étrier, et il descend de cheval; puis ils montent les degrés du palais en se tenant par la main. Quand le roi aperçut le comte, il se leva et se jeta à son cou, en lui disant:

— Seigneur Guillaume, vous manque-t-il quelque chose? Vous faut-il de l'or ou de l'argent que je puisse vous donner? Vos désirs seront satisfaits sur l'heure.

— Grand merci, Sire, répondit Guillaume. J'ai tout ce qu'il me faut. Je ne viens que pour vous faire cette prière: ne placez jamais votre confiance en un misérable.

Puis, regardant autour de lui, il vit le vieil Aymon à l'autre bout de la salle. Et s'adressant à lui, il lui dit ces paroles injurieuses:

— Misérable, infâme, que Dieu confonde ton chef! Pourquoi t'ingénies-tu à médire d'un homme noble, lorsqu'en ma vie je ne t'ai fait de mal? Tu fais tout ce que tu peux pour me calomnier; mais par saint Denis! avant que tu sortes d'ici, je te le ferai payer cher.

Puis rejetant son manteau en arrière, il s'élança vers lui, le saisit par les cheveux de la main gauche, et de l'autre lui asséna sur la nuque un coup, qui lui brisa l'os, et le jeta mort à ses pieds. Alors il prit le cadavre par la tête et Gautier de Toulouse par les jambes, et ils le lancèrent par la fenêtre dans le verger, où il alla frapper un pommier qui se cassa en deux.

— Bon voyage! crièrent-ils, misérable calomniateur! Dorénavant la médisance ne te rapportera pas un denier.

Puis s'adressant au roi, Guillaume lui dit:

— Roi Louis, ne prêtez pas l'oreille aux méchants ni aux calomniateurs. Votre père ne les aima jamais. Moi, je pars pour l'Espagne, qui vous appartiendra, si je puis la conquérir.

— Allez, beau sire, dit le roi, que Dieu vous conduise. Que Jésus protége vos exploits, afin que je vous revoie sain et sauf.

III.

Le Charroi.

Le comte Guillaume à la fière tournure partit, et avec lui maint gentilhomme, parmi lesquels ses neveux Bertrand et Guibelin.

Ils mènent avec eux trois cents chevaux de somme, chargés en partie de calices d'or, de croix, d'encensoirs, de missels, de psautiers et de riches tissus, afin de pourvoir au service divin dans le pays des mécréants.

D'autres chevaux emportent des chaudrons et des trépieds, des crocs, des tenailles, des broches et des nappes, afin de pouvoir préparer le dîner dans le pays ravagé.

Ils font leurs adieux à la France et traversent la Bourgogne, le Berry et l'Auvergne. Arrivant un soir aux cols des montagnes ils s'arrêtent et font dresser les tentes.

Bientôt les feux sont allumés et l'on se met à l'œuvre pour préparer le souper.

Guillaume est dans son pavillon; soudain il soupire et des larmes sont dans ses yeux. Bertrand le regarde avec étonnement.

— Mon oncle, lui dit il, pourquoi vous lamentez-vous? Êtes-vous une femme qui pleure son veuvage?

— Je pense à bien autre chose, mon neveu. Tous ces

chevaliers vont dire: „voyez comme ce Guillaume au fier maintien a mal agi envers son seigneur naturel, qui voulait lui donner la moitié de son royaume; mais il fut si outrecuidant qu'il ne lui en sut nul gré, et préféra l'Espagne sur laquelle il n'avait aucun droit." — Je ne verrai jamais quatre personnes ensemble sans croire qu'ils ne tiennent des propos sur mon compte.

— Mon oncle, répondit Bernard, ne vous préoccupez pas de cela, et ne vous affligez pas; l'avenir est dans la main de Dieu. Demandez l'eau et allons souper.

— Vous avez raison, dit le comte, et il ordonna à ses trompettes de corner l'eau. On se mit à table, et on leur servit du sanglier, des grues, des canards et des paons épicés en quantité. Et quand ils eurent copieusement soupé, les écuyers ôtèrent les nappes, les chevaliers se couchèrent, et dormirent jusqu'à la pointe du jour.

En remontant à cheval les chevaliers demandèrent au comte:

— Monseigneur, quelles sont vos intentions? De quel côté comptez-vous aller?

— Vous êtes bien pressés d'arriver, leur dit-il. Nous commencerons par aller à Brioude, pour témoigner notre respect aux reliques et à la Sainte Vierge, et pour y déposer nos offrandes, afin que toute la Chrétienté prie pour nous.

Ils se mirent en route, traversèrent Ricordane et ne se reposèrent qu'au Pui. A Brioude le comte fit ses dévotions dans l'église, et déposa sur l'autel trois marcs d'argent, trois pièces de drap d'or et trois tapis précieux. L'offrande de ses chevaliers dépassa tout ce qu'on vit depuis.

En sortant de l'église Guillaume dit à ses hommes:

— Barons, faites attention à ce que je vais vous dire. Nous voici sur la frontière de l'ennemi; dorénavant nous ne rencontrerons que des Sarrasins; prenez donc vos armes et montez sur vos destriers. Je vous livre le pays dans lequel nous allons entrer; c'est à vous à vous en rendre maîtres avec l'aide de Dieu.

Ils endossent leurs hauberts et lacent les heaumes étincelants; ils ceignent les épées aux poignées incrustées d'or et montent sur les destriers fougueux ; puis ils pendent à leur cou les forts écus et prennent en mains les lances niellées. Ils sortent de la ville en bon ordre, l'oriflamme en tête, et prennent le chemin de Nîmes.

Bertrand, le preux, est à l'avant-garde, et avec lui Gautier de Termes, Guibelin et l'Écossais Gilemer. Guillaume lui-même conduit le corps d'armée principal.

A peine avaient-ils fait quatre lieues, qu'ils rencontrèrent un vilain qui venait de Saint-Gilles, où il avait fait son commerce. Il conduisait une charrette traînée par trois bœufs qu'il venait d'acheter. Comme le sel était cher dans son pays, il en avait emporté un grand tonneau tout plein ; ses trois enfants étaient assis sur le tonneau et jouaient à la billette en mangeant leur pain. Cette vue fit rire les Français qui n'avaient autre chose à faire.

Le comte Bertrand l'arrêta et lui adressa la parole.

— Dis-nous, vilain, de quel pays es-tu?

— Je vous dirai la vérité, répondit-il. Par Mahomet! je suis de Laval-sur-Cler. Je viens de Saint-Gilles, où j'ai fait mon commerce, et je m'en retourne chez moi pour rentrer mes blés. Si Mahomet me les a conservés, j'en aurai à foison, car j'en ai beaucoup semé.

— Tu as parlé comme un sot, reprirent les Français, pensant que Mahomet soit un Dieu, qu'il te donne la richesse, le froid en hiver et la chaleur en été. Tu aurais mérité qu'on te coupât tous les membres.

Sur ce, Guillaume étant arrivé, écarta ses hommes et demanda au voyageur :

— Eh! vilain, sur ta foi, je te somme de me répondre : as-tu été à Nîmes, la forte cité ?

— Oui monseigneur; ils voulaient m'y faire payer le péage, mais j'étais trop pauvre, et à la vue de mes enfants ils m'en dispensèrent.

— Vilain, conte-moi l'état de la ville.

— Je suis à-même de vous satisfaire, répondit-il. Deux grands pains y coûtent un denier; partout ailleurs ils en valent trois. Et si elle n'a pas empiré depuis, je puis bien dire que la qualité en est bonne.

— Fou, dit Guillaume, ce n'est pas là ce que je veux savoir. Parle-moi des chevaliers sarrasins de la ville, du roi Otrant et de ses hommes.

— Quant à cela, je n'en sais rien, dit le vilain, et je ne veux pas vous faire de mensonge.

Parmi ceux qui assistaient à ce dialogue se trouvait le chevalier Garnier, homme aussi ingénieux que brave. En voyant la charrette et les bœufs, il lui vint une idée qu'il communiqua aussitôt au comte.

— Monseigneur, fit-il, celui qui aurait mille tonneaux, comme celui que je vois sur cette charrette, s'il les remplissait d'hommes d'armes, et les conduisait à Nîmes, il pourrait prendre la ville par ce moyen.

— Par mon chef! dit Guillaume, vous dites vrai; et je le ferai, si mes hommes veulent y consentir.

Le vilain est arrêté. On lui donne à dîner: du pain, du vin pur et épicé. Cependant le comte fait mander ses barons, qui accourent à son appel.

— Barons, leur dit-il, celui qui aurait mille forts tonneaux, comme celui que vous voyez sur cette charrette, pleins de chevaliers armés, et les conduirait à Nîmes, il y entrerait sans coup férir.

— C'est vrai, répondirent-ils. Seigneur comte, exécutez votre pensée. Il y a assez de charrettes en ce pays; et dans le pays de Ricordane, que nous avons traversé, il y a des bœufs: mettez-les en requisition.

Guillaume, content de l'adhésion de ses barons, fit rebrousser chemin à ses gens. Dans toute la Ricordane on se rendit maître des bœufs, des charrettes et des tonneaux. Les paysans furent contraints de bien cercler les tonneaux et d'affermir les charrettes ; et Bertrand, qui fut chargé de la surintendance, tint peu compte de leurs plaintes ; plus d'un qui osa murmurer eut les yeux crevés ou fut pendu.

Quelle activité! Ici l'on garnit les tonnes de cercles nouveaux, là on répare des charrettes grandes et petites ; plus loin les chevaliers se placent dans les tonneaux. On les munit de grands mailets, pour s'en servir à défoncer les tonneaux quand, à Nîmes, ils entendront sonner le cor du chef.

Dans d'autres tonneaux on met les lances et les écus, cachés sous des double-fonds.

Quand tout fut prêt, Bertrand changea de costume. Il mit une cotte de bure enfumée, et se chaussa de grands souliers en cuir de bœuf de couleur vermeille et avec des entailles sur le pied.

— Dieu! dit-il, j'en aurai bientôt les pieds écorchés.

En entendant ces mots Guillaume partit d'un éclat de rire.

— Neveu, dit-il, faites avancer les bœufs dans cette vallée.

— Vous parlez en pure perte, répondit Bertrand, j'ai beau les piquer et les fouetter, je ne parviens pas à leur faire hâter le pas.

Le comte en rit de plus belle. Mais Bertrand eut du malheur; il ne savait pas le premier mot de son nouveau métier, ce qui fut cause que sa charrette s'écarta du chemin et s'enfonça dans la fange jusqu'aux moyeux. Bertrand devint fou de colère; il s'avança dans la boue et tâcha de soulever la roue avec ses épaules; il s'écorcha la face sans y parvenir. Quand son oncle vit cela, il se mit à le railler sur son peu d'aptitude pour le métier qu'il avait embrassé. Cela n'accrut pas la bonne humeur du conducteur.

Dans le tonneau qu'il dirigeait, étaient enfermés Gilbert de Falaise, Gautier de Termes et l'Écossais Gilemer; ils s'impatientèrent et crièrent à Bertrand d'avoir soin de ne pas les verser.

Enfin on marcha. Ceux qui conduisaient les chariots, avaient de grandes bourses pendues à leurs ceintures; ils étaient montés sur des mulets et de mauvais chevaux de trait. Ils avaient l'air de pauvres gens, et vus au grand jour on aurait refusé de trafiquer avec eux.

Le comte Guillaume lui-même endossa une gonnelle de bure du pays et fourra ses jambes dans de larges chausses de couleur foncée, terminées par des souliers de cuir de bœuf. Une ceinture, comme en portent les gens du pays, lui serrait la taille, un couteau dans une assez belle gaine y était suspendu. Un bonnet de gros drap formait sa coiffure. Il montait une bien pauvre jument, les étriers de la selle étaient aussi vieux que ses éperons rouillés, qui pouvaient bien avoir servi trente ans.

On passe le Gard à gué. On y laisse deux mille hommes d'armes, pour empêcher les vilains d'aller répandre dans le pays le secret des marchandises contenues dans les tonneaux.

On se sert des aiguillons, on pique, on frappe, on fait du chemin; les voilà à Nocène, puis à Lavardi, d'où l'on a tiré la pierre pour bâtir les tours de Nîmes.

Ceux de la ville, tout en vaquant à leurs affaires, les remarquèrent; piqués de curiosité ils s'adressèrent à celui qui semblait le maître, et lui demandèrent quelles marchandises il apportait.

— Des draps de soie, leur répondit-on, des étoffes précieuses de toutes couleurs, pourpres, écarlates, vertes et d'un beau brun; des lances, des hauberts, des heaumes brunis, des écus, des épées.

— Vous apportez de grandes richesses, dirent les païens; allez vous pourvoir d'un sauf-conduit.

Les Français chevauchent par monts et par vaux jusqu'à ce qu'ils soient arrivés à Nîmes. Ils font entrer leurs charrettes sous la porte, l'une après l'autre et se serrant de près.

Il n'y eut qu'un cri parmi la ville: „voilà de riches marchands du pays des Chrétiens; ils apportent des marchandises comme nous n'en avons jamais vues; mais elles sont cachées dans des tonneaux."

Le roi Otrant entendit la nouvelle; il descendit les degrés de son palais avec son frère Harpin — ensemble ils gouvernaient la bonne cité — et ils se rendirent au marché, accompagnés de trois cents de leurs hommes.

Cependant Guillaume s'est avancé jusqu'à la place; il y trouve un bloc de marbre vert qui lui sert à descendre de cheval. Il prend sa bourse, l'ouvre, y plonge la main et en retire une grande poignée de bons deniers. Il demande le receveur du droit de sauf-conduit; parce que, dit-il, il ne voudrait pour rien au monde qu'on lui fît du mal.

— N'ayez pas peur, lui dirent ceux qui l'entouraient; quiconque vous outragerait, fût-il de la plus haute noblesse, nous le pendrions au premier arbre venu.

Pendant qu'ils causaient ainsi, voilà qu'arrivent les rois Harpin et Otrant, demandant à voir le marchand, dont toute la ville parle déjà.

— Le voici, dirent plusieurs voix, c'est ce cavalier à la haute stature, au grand bonnet et à la longue barbe, celui qui commande aux autres.

Otrant l'appela et lui dit:

— D'où êtes-vous, beau marchand?

— Sire, nous sommes d'Angleterre, de la noble cité de Cantorbéry.

— Êtes-vous marié, mon ami?

— Oui, et j'ai dix-huit enfants; la plupart sont en bas âge, deux seulement sont hommes; l'un s'appelle Bègue et l'autre Sorant; et la preuve, c'est que les voilà.

Et il leur désigna du doigt Guibelin et Bertrand, ses neveux, les fils de Bernard de Brebant.

— Vos fils seraient de bien beaux hommes, répondirent-ils, s'ils savaient seulement s'habiller convenablement.

Le roi Otrant lui demanda son nom à lui.

— Tiacre, répondit-il.

— C'est un nom qui sonne mal. Mais enfin, frère Tiacre, que nous apportez-vous ?

— Des draps d'or, de riches taffetas, des tissus d'Orient, de couleur écarlate, verte et d'un beau violet; ensuite des hauberts, des heaumes, des lances et de bons écus, des épées étincelantes aux gardes incrustées d'or.

— Vous ferez de bonnes affaires, dit Otrant.

— Attendez donc, seigneur, répondit Guillaume, je ne vous ai pas encore nommé les choses les plus précieuses.

— Qu'est-ce donc ?

— De l'encre et du souffre, de l'encens, du vif argent, de l'alun, de la cochenille, du poivre, du safran, des pelleteries, de la basane, des cuirs de Cordoue, et des peaux de martre, dont on a souvent grand besoin.

Otrant sourit de contentement et tous les Sarrasins se montrèrent extrêmement joyeux.

— Ami Tiacre, dit Otrant, il me semble que vous êtes bien riche, ayant besoin de tant de charrettes pour apporter vos bonnes choses ici. J'espère bien que vous m'offrirez un joli cadeau, ainsi qu'aux autres jeunes chevaliers; cela ne vous fera pas de tort.

— Beau sire ! lui répondit le comte, prenez patience. Je ne quitterai pas la ville aujourd'hui; elle est bonne et je compte m'y arrêter quelque temps. Demain, avant le coucher du soleil, je vous ferai tant donner de mon avoir, que le plus fort d'entre vous aura de la peine à porter ce que je lui destine.

Et les païens de s'écrier:

— Marchand, tu es un noble homme. Tu es fort liberal, du moins en paroles; demain nous saurons si tu l'es de fait.

— Certes, répondit-il, plus que vous ne pensez. Jamais je n'ai trompé personne, et je vous jure que j'ai toujours gaiment abandonné à mes amis tout ce qui est à moi.

Puis s'adressant à l'un de ses hommes:

— Tous mes chariots sont-ils entrés, demanda-t-il ? Et sur

la réponse affirmative, il les fit passer dans les rues et les rangea sur les plus larges places, afin de ne pas être encombré au moment d'agir. L'entrée du palais s'en trouva tellement obstruée que les Sarrasins avaient de la peine à y entrer.

Le roi Otrant ne lâcha pas son interlocuteur; il lui demanda où il avait gagné ses richesses, dans quel pays il vivait habituellement?

— La réponse est facile, dit Guillaume. Tout ce que je possède, je l'ai acquis dans la douce France, et d'ici je compte passer dans la Calabre, la Pouille, et en Sicile; puis je remonterai par la terre romaine et la Toscane, pour entrer en Allemagne jusqu'en Hongrie. Plus tard je reviendrai de ce côté pour visiter la partie de l'Espagne qu'on appelle la Galice, et par le Poitou et la Normandie je gagnerai l'Angleterre, l'Écosse et le pays de Galles. Mon bureau de change est à Venise.

— Tu n'as vu pas mal de pays, dirent les païens, il est tout naturel que tu sois riche.

IV.

Ville gagnée.

Cependant le roi Otrant se mit à le regarder avec attention, quand il l'entendit discourir si savamment. Il remarqua alors la bosse sur son nez, ce qui lui fit penser à Guillaume au court nez, le fils d'Aymeric de Narbonne. Il tressaillit, et son émotion fut si grande, qu'il faillit tomber à la renverse. Il déguisa son trouble, et d'une voix caline lui dit:

— Frère Tiacre, qui vous a fait cette grande bosse que vous avez sur le nez? Répondez-moi franchement, car elle me rappelle le redoutable Guillaume au court-nez, qui m'a tué tant des miens. Plût à Dieu et à Tervagant que je le tinsse en mon pouvoir, comme je vous tiens vous; il se balancerait bien vite au vent, pendu haut et court, ou il serait brûlé vif, à la honte des siens.

A ces paroles Guillaume rit de bon cœur, et dit au roi:

— Je vous raconterai volontiers l'histoire que vous me demandez. Quand j'étais jeune et sans avoir, je me mis à voler et à tromper les gens. Je devins très-habile à ce métier, et je n'avais pas mon pareil pour couper les bourses et les aumônières bien fermées. Enfin je fus puni par de plus forts que moi; des marchands que j'avais dévalisés me crevèrent le nez et puis m'abandonnèrent à la grâce de Dieu. Depuis ce temps-là j'ai quitté ce métier, pour choisir celui qui m'a rendu riche, comme vous voyez.

— Tu as bien fait, dit le roi; la potence n'est pas faite pour toi.

Cependant le sénéchal du roi (il avait nom Barré), ayant à apprêter le dîner, voulut passer à la cuisine pour s'assurer que le feu était allumé; mais il trouva l'entrée du palais si encombrée qu'il lui fut impossible d'entrer. Cela le mit en colère. Il courut au roi Harpin et lui dit:

— Prince, ce vilain qui est entré dans la ville ne nous cause que de l'embarras; il nous a tellement encombré l'entrée de votre palais, qu'il est impossible d'y entrer ou d'en sortir. Si vous voulez m'en croire, nous lui jouerons un mauvais tour, puisqu'il refuse de rien donner de ses immenses richesses ni à vous ni à qui que ce soit. Faites tuer ses bœufs, nous les apprêterons pour le dîner.

— Apportez-moi un gros maillet, dit Harpin. On remit au roi un maillet de fer, avec lequel il terrassa Baillet et puis Lonel, les deux timoniers du premier chariot, et donna ordre de les écorcher aussitôt et de les porter à la cuisine pour les faire rôtir. Il pense en régaler ses Sarrasins, mais avant qu'ils en aient goûté un seul morceau, le roi paiera cher son acte brutal. Un Français qui avait tout vu, courut à Guillaume, et sans que les mécréants se doutassent de rien, lui dit à l'oreille:

— Par ma foi, monseigneur, il nous est arrivé un malheur. On vient de tuer deux bœufs du charroi, les plus beaux que nous eussions, ceux qui avaient appartenu au bonhomme que nous rencontrâmes. Ils étaient attelés au premier chariot, celui sur lequel est le tonneau dans lequel sont Gilbert de Falaise, Gautier de Termes et l'Écossais Gilemer, et qui était sous la conduite de votre neveu Bertrand.

La colère fit bouillir tout le sang du comte; cependant il affecta un air tranquille et demanda tout bas:

— Qui a fait cela? Prends garde de me tromper.

— Sur ma foi, monseigneur, vous pouvez m'en croire, c'est Harpin le mécréant.

— Pourquoi diable? fit Guillaume.

— Je vous jure par Dieu, que je n'en sais rien.

— Par saint Denis, mon patron! murmura Guillaume entre ses dents, il le paiera cher, et pas plus tard qu'aujourd'hui.

En ce moment les Sarrasins qui l'entourent en foule, sur l'ordre de Harpin, commencent à l'injurier et à se moquer de lui. On lui cherchait querelle.

Le roi Otrant lui-même se mit à dire:

— Eh! vilain que Dieu maudisse, pourquoi ne portes-tu, ni toi ni un des tiens, une seule pelisse? On te ferait meilleur accueil, si tu étais mieux vêtu.

— Je m'en soucie comme d'une alize, répondit Guillaume; mes gens ne seront habillés à neuf que quand nous serons revenus chez ma femme qui attend impatiemment notre retour.

Harpin de son côté l'agaçant de plus belle, reprit:

— Que Mahomet t'écrase, vilain! Pourquoi portes-tu de si

gros souliers de cuir de vache? Et ta robe et tout ton habillement pourquoi sont-ils si usés? Tu me fais l'effet d'un homme bien chiche.

Et marchant à lui, il lui tira sa barbe comme s'il avait voulu en arracher au moins cent poils. Le comte Guillaume devint livide de rage et murmura entre ses dents:

— Tu vas voir pourquoi je porte ces gros souliers de cuir de vache et cette mauvaise robe; je te ferai connaître Guillaume Bras-de-fer, le fils d'Aymeric de Narbonne. Si tu t'étais douté de mon vrai nom, tu ne m'aurais pas tiré par la barbe. Cela te portera malheur, par l'apôtre saint Jacques!

Puis montant tout-à-coup sur un gros bloc de pierre, il s'écria d'une voix tonnante:

— Païens félons, que Dieu vous confonde tous! Vous m'avez assez raillé, injurié et traité de marchand et de vilain. Je ne suis pas marchand et je ne m'appelle ni Raoul ni Tiacre. Par l'apôtre saint Pierre! vous saurez bientôt ce que contiennent ces tonneaux. Et toi Harpin, lâche infâme, qui osas toucher à ma barbe, sache le bien qu'on ne dînera ni ne soupera, avant que tu ne me l'aies payé.

Au même instant il avance la main gauche, le saisit par les cheveux et le tire à lui, puis levant sa main droite, au large poing, il lui en donne un si terrible coup, qu'il lui fracasse le crâne et le jette mort à ses pieds.

Les païens en fureur poussent de hauts cris:

— Larron, traître, tu ne peux nous échapper, par Mahomet! une mort terrible t'attend; tu seras brûlé vif et ta cendre jetée aux vents. Tu te repentiras d'avoir mis la main sur le roi Harpin.

Le croyant seul et sans défense les païens l'attaquèrent de tous côtés. Mais le comte emboucha son cor et en tira trois notes, le signal convenu. Quand les chevaliers cachés dans les tonneaux l'entendirent, ils défoncèrent leurs prisons et sautèrent dehors, l'épée à la main, en criant „Monjoie!"

Ils s'élancent dans les rues environnantes et un combat

terrible commença. Les païens coururent s'armer et défendirent bien leur vie. Un des hommes de Guibelin amena des chevaux aux siens, ce qui mit les Français en état de faire un grand carnage des païens. Le combat devint de plus en plus terrible; on ne vit que lances en pièces et hauberts démaillés, que Sarrasins sanglants encombrant les rues, et la terre trempée de sang.

Enfin Otrant, craignant d'être tué, se met à fuir; le comte Guillaume le suit de près et, au haut de l'escalier du palais, le saisit par son manteau en lui disant:

— Otrant, je suis le justicier de la race maudite qui ne croit pas en Dieu; quand je mets la main sur l'un d'eux, il ne lui reste que la honte à boire. Je te le dis, l'heure de ta mort a sonné. Si tu voulais croire en Jésus, le fils de la Vierge, au moins ton âme serait sauvée; si tu ne renies pas tes faux Dieux, qui ne valent pas une alize, tu ne sauveras pas grand'chose de ta tête.

— Je ne suivrai que l'inspiration de mon cœur, répondit Otrant; il me dit de ne pas abjurer ma foi.

Guillaume, ivre de rage, le traîne par tous les degrés jusqu'en bas.

Les Francs crièrent en se moquant du malheureux:

— Otrant, dis un seul mot et tu auras, avant de mourir, un répit de deux jours!

Le comte Guillaume s'écria d'une voix de stentor:

— Malheur à celui qui l'y engagera trop!

On le jeta par la fenêtre; avant qu'il touche le sol, il était mort. Et après lui on en jeta des centaines, qui tous eurent les côtes et les bras brisés.

Voilà comment les Français se rendirent maîtres de la cité, des hautes tours et des salles pavées. Ils y trouvèrent du vin et du froment en grande quantité; si la ville était attaquée, en sept ans on ne la prendrait pas par la famine.

Du haut de la tour Guillaume fit sonner un oliphant pour avertir les chevaliers restés dehors; ils montèrent à cheval sans retard et coururent à Nîmes tout pleins de joie. Les vilains n'étaient pas moins réjouis, puisque, à leur demande, on leur rendit leurs charrois et leurs bœufs, et on les paya bien par dessus le marché.

Ils s'en retournèrent chez eux et répandirent bientôt par toute la France la nouvelle que le comte Guillaume s'était rendu maître de Nîmes.

Quand le roi Louis l'apprit, il en fut bien aise et en rendit grâces à Dieu et la Vierge Marie.

IV.

LA PRISE D'ORANGE.

I.

Le fugitif.

Seigneurs, que Dieu vous bénisse! Entendez la bonne chanson que je veux vous dire; elle n'est pas inspirée par l'orgueil ou la folie et ne traite pas de mensonges, mais des preux qui conquirent l'Espagne. Les faits qu'elle contient, sont bien connus de ceux qui vont à St. Gilles, et ont vu les objets qui en rappellent le souvenir: l'écu de Guillaume et celui de Bertrand, son noble neveu.

Je ne crains pas qu'aucun clerc ou qu'aucune histoire écrite vienne me contredire.

Tout le monde a chanté la cité de Nîmes, ses murs élevés, son château en pierre et son palais, que Guillaume tient en sa puissance; mais quant à Orange, qu'il ne possédait pas encore, peu de gens en savent la vraie histoire. Je vous la dirai; car il y a longtemps que j'ai appris comment Orange fut réduit.

C'est Guillaume à la mine hardie qui fit cela; il en chassa les païens d'Almérie, de Bagdad et de Tabarie, et épousa ensuite la reine Orable, la femme du roi Thibaut d'Afrique, qui depuis crut en Dieu, le fils de sainte-Marie, et bâtit des églises et des abbayes.

Il y a peu de jongleurs qui pourraient vous dire cette histoire.

C'était en Mai, au commencement de l'été; les bois étaient en fleurs et les prés tout verts; les fleuves coulaient doucement dans leur lits naturels et les oiseaux chantaient agréablement; lorsqu'un matin le comte Guillaume se leva et alla écouter la messe à l'église. Après le service divin, il monta au palais du mécréant Otrant, qu'il avait vaincu par son audace, et alla s'accouder à l'une des grandes fenêtres.

Il se mit à contempler le paysage qui se déroulait au-dessous de lui; il admira l'herbe fraîche et les rosiers dans le pré et prêta l'oreille au chant de l'alouette et du merle. Cela lui rappela les joyeuses journées qu'il avait passées en France. Il appela Bertrand et lui dit:

— Sire neveu, venez ici. Nous sommes sortis de France à cause de notre grande pauvreté; nous n'en ramenâmes ni jongleurs, ni joueurs de harpe, ni demoiselles pour nous réjouir. Il est vrai, nous avons assez de bon chevaux, frais et dispos, de bons hauberts et de beaux heaumes dorés, des épées tranchantes, de bons écus, de bons épieux, du pain, du vin et des viandes salées; mais que Dieu confonde les Sarrasins et les Esclavons qui nous laissent dormir et nous reposer, au lieu de passer la mer, afin de nous mettre en état de mesurer nos forces contre eux! Je m'ennuie à ne rien faire ici, où nous sommes enfermés comme des gens en prison.

C'était bien à tort qu'il se plaint ainsi; car avant le coucher du soleil il entendra une nouvelle dont il sera aussi courroucé qu'affligé.

Il fut bientôt rejoint par plus de soixante gentilshommes français; tous portaient des vêtements doublés de blanche hermine, des chausses de soie et des souliers de cuir de Cordoue; plusieurs d'entr'eux tenaient leurs faucons au vent. Ils regardèrent du côté de l'Orient, où ils entendirent bruire le Rhône, et ils virent sur le chemin un pauvre diable qui venait de sortir de l'eau. Il s'appelait Gilbert et avait été prisonnier à Orange d'où il s'était sauvé.

Quand il eut passé le Rhône, il alla tout droit, par monts et par vaux, jusqu'à ce qu'il eut atteint Nîmes. Lorsqu'il eut pénétré dans la ville, il trouva Guillaume entouré de plusieurs braves chevaliers, assis à l'ombre d'un pin, devant la porte du château, où un jongleur leur chantait une vieille chanson bien belle et qui plut beaucoup au comte.

Lorsque Gilbert approcha du perron, Guillaume le remarqua et se mit à le regarder avec attention; car il avait la figure basanée et décolorée; il était maigre et pâle, et le comte crut que c'était un Sarrasin qui venait de passer la mer pour lui apporter un message.

L'étranger lui fit un grand salut et lui dit:

— Que Dieu qui fit le vin et le blé, qui nous donne la lumière et fait marcher et parler hommes et femmes, bénisse Guillaume, le marquis au court nez, la fleur de France, ainsi que tous les nobles barons que je vois assemblés ici!

— Bel ami, toi aussi, que Dieu te bénisse! Mais dis-moi, qui t'a appris mon nom?

— Monseigneur, répondit-il, je vous dirai la vérité; c'est à Orange que je l'appris, j'y ai été longtemps, sans pouvoir leur échapper, jusqu'à ce qu'un matin il plut à Jésus de me délivrer.

— Dieu en soit loué, dit Guillaume. Or dis-moi, et sans me tromper, comment tu t'appelles et de quel pays tu es.

— Monseigneur, je vous dirai la vérité; mais je suis trop fatigué à force de veiller la nuit et de jeûner le jour; voilà quatre jours que je n'ai pas mangé.

— Tu auras tout ce dont tu as besoin, dit Guillaume; et appelant son chambellan, il ajouta:

— Apporte-lui un bon dîner; du pain, du vin, tant épicé que claret, des grues, des oies et des paons épicés.

L'ordre fut aussitôt exécuté, et lorsque l'étranger se fut pleinement rassasié, il s'assit aux pieds du comte et se prépara à lui faire son récit.

— Ami, dans quel pays es-tu né? Comment t'appelles-tu, et où as-tu vécu en France? lui demanda Guillaume.

— Monseigneur, dit Gilbert, je suis fils du duc Gui d'Ardenne, qui eut sous sa domination l'Artois et le Vermandois. Je revenais d'Allemagne par la Bourgogne et je descendais le lac de Lausanne; je fus surpris par une tempête qui me jeta dans le port de Gènes (Genève). Un peu plus tard les païens me firent prisonnier à Lyon sur le Rhône et me menèrent à Orange. D'ici jusqu'au Jourdain il n'y a pas de forteresse pareille; les murs en sont hauts et la tour élevée et large. Vingt mille païens bien armés y tiennent garnison et font bonne garde; car ils craignent fort que le roi Louis ne s'en rende maître, ou vous, beau sire, et les barons de France. Ils sont commandés par Arragon, un puissant émir païen, fils du roi Thibaut d'Espagne.

— Certes, dit Guillaume, la ville est très-forte, mais par le Dieu en qui je crois! je ne veux plus jamais porter écu ni lance, si je n'y plante bientôt ma bannière.

Puis, pour mieux entendre l'étranger, il s'assit à côté de lui sur le perron et lui dit d'un ton amical:

— Beau frère, les Sarrasins t'ont donc longtemps retenu prisonnier?

— Oui, monseigneur, plus de trois ans. Malgré tous mes efforts je ne réussis pas à m'échapper, jusqu'à ce qu'un beau matin mon geôlier félon et orgueilleux voulut me battre, comme il le faisait souvent. Je le saisis par les cheveux et je lui donnai un tel coup de poing, que je lui brisai la machoire. Ensuite je m'échappai par la fenêtre, sans être aperçu; je me sauvai à Beaucaire, en suivant le cours du Rhône; enfin j'arrivai ici.

— Et Orange est-il aussi richement bâti, qu'on le dit?

— Ah, beau sire si vous voyiez le palais de la ville, dont toutes les salles sont voûtées et ornées d'arabesques dorées! Il a été bâti par Griffonnet d'Almérie, un Sarrasin merveilleusement doué. Il n'y a fleur au monde qui ne s'y trouve peinte en or et en couleurs naturelles. Mais son plus bel ornement est la reine Orable, l'épouse du roi Thibaut d'Afrique, la plus belle femme de tout l'empire païen. Elle est d'une belle stature, élancée et svelte, blanche comme la fleur de l'épine, avec des yeux brillants comme ceux d'un jeune faucon et dont l'expression est toujours riante. Toutefois c'est de la beauté en pure perte, puisqu'elle ne croit pas en Dieu, le fils de sainte-Marie.

— Par saint Omer! dit Guillaume, tu la vantes beaucoup. Par la foi que je dois à ma mie! je ne mangerai de pain de farine, ni de viande salée et ne boirai de vin, avant d'avoir vu comment Orange est bâti. J'irai voir cette tour de marbre et la noble reine Orable, car sachez-le, je l'aime plus que je ne pourrais le dire, à tel point que j'en perdrai la vie, si je ne la possède pas bientôt.

— C'est une folie, reprit l'étranger. Si vous étiez en ce moment dans le château d'Orange, et que vous vissiez ces innombrables Sarrasins, que Dieu me confonde si vous ne penseriez pas qu'il est impossible d'en sortir sain et sauf. Chassez donc cette folle pensée!

Lorsque Guillaume entendit ces paroles empreintes d'effroi, il s'adressa aux chevaliers qui étaient venus avec lui, et leur dit:

— Conseillez-moi, nobles amis. Le fugitif m'a fait un tableau si brillant de la ville.... Je n'y ai jamais été et ne connais pas la contrée; je sais seulement qu'elle est défendue par le Rhône, qui est un fleuve profond et rapide; sans cela je serais déjà allé donner l'alerte....

— C'est une pensée folle, interrompit le fugitif. Si vous étiez cent mille hommes bien armés pour entreprendre l'attaque, s'il n'y avait devant vous ni rivière ni fossé, et qu'on vous ouvrît les portes toutes grandes, il faudrait encore frapper des milliers de coups d'épée, et bon nombre de vos chevaliers succomberaient avant d'y entrer. Ainsi, renoncez à cette folle pensée.

— Bon, dit Guillaume, tu veux me faire peur. Tu commences par me dire qu'aucun comte ni roi ne possède une pareille cité et ensuite tu me blâmes parce que je veux aller la voir ! Par saint Maurice d'Amiens ! tu y viendras avec moi. Mais nous n'aurons ni cheval, ni blanc haubert, ni heaume d'Amiens, ni écu, ni lance du Poitou ; nous porterons la robe du pélerin. Tu es resté assez longtemps dans leur pays pour parler le Turc et le Basque, voilà pourquoi je t'emmène.

On ne s'étonnera pas si le malheureux ne goûta pas cet ordre ; il aurait bien voulu être à Chartres ou à Blois, ou même à Paris, dans les terres du roi, pour se mettre à l'abri.

Lorsque Bertrand vit l'emportement de son oncle, il lui dit :

— Bel oncle, laissez cette folie. Si vous réussissez à pénétrer dans le château, aussitôt que les Sarrasins vous verront, ils vous reconnaîtront à la bosse que vous avez sur le nez et à votre rire. Alors ils vous saisiront et vous mèneront probablement en Perse. Ils vous mangeront sans pain et sans farine ; ils ne tarderont pas de vous tuer, ou ils vous jetteront dans leurs caveaux, d'où vous ne sortirez pas jusqu'à l'arrivée du roi Thibaut d'Afrique, de Desramé et de Goliat de Bile, qui vous condamneront à tel supplice qui leur plaira. Si l'amour vous fait trouver la mort, ceux qui vous ont suivi ici, pourront bien dire que c'est pour leur malheur que vous avez vu la reine Orable.

— Bon ! dit Guillaume, je ne crains pas cela. Mais par l'apôtre saint Jacques ! j'aimerais mieux mourir, faute de manger du pain de farine et de la viande salée, et de boire du vin vieux, que de ne voir de mes yeux comment Orange est bâti et comment est Gloriette, la tour de marbre, et dame Orable la noble reine.. Je l'aime, et l'homme qui aime, ne recule devant rien. Je l'aime tellement que je n'en dors par la nuit, que je ne puis manger ni boire, ni porter mes armes, ni entendre la messe, ni prier Dieu!

II.

Le travestissement.

Et sans plus attendre, il fit piler dans un mortier de l'encre avec d'autres herbes dont il connaissait les vertus; avec cela il se fit teindre le visage, la poitrine et les pieds, à lui et à Gilbert, qui n'osait s'y opposer. De cette manière ils ressemblèrent, on ne peut mieux, aux diables ou à des Sarrasins, si bien que Guibelin s'écria:

— Par saint Richer! Vous voilà merveilleusement travestis. Vous pourrez parcourir le monde entier et personne ne vous reconnaîtra. Mais par saint Pierre! dût-il m'en coûter la vie, je ne vous laisserai pas partir, sans vous accompagner; je verrai comment les choses se passent.

Lui aussi se teignit le visage, et tous trois ils se mirent en route.

— Seigneur Dieu! dit Bertrand en les voyant partir, nous voilà dans le malheur. C'est la folie qui a conseillé une entreprise qui finira par notre perte et notre déshonneur, à moins que Dieu, le souverain maître de l'univers, n'ait miséricorde de nous.

Cependant le marquis au fier visage continue sa route avec ses compagnons. Au dessous de Beaucaire ils aperçoivent le

Rhône; ils passent la Durance dans une barque, et la Sorgues à gué. (Ils dépassent Tarascon et s'avancent droit sur Orange, dont ils aperçoivent bientôt les murs et les fossés, les hautes tours et le château avec ses pinacles couronnés de pommes ou d'aigles dorés. Ils entendent les oiseaux qui chantent à l'intérieur, les cris des faucons et des autours, les hennissements des chevaux et le clabaudage des mulets, ainsi que le bruit que font les Sarrasins.

— Seigneur à qui je dois la vie, s'écrie Guillaume, quelle admirable cité! Bienheureux celui qui en est le maître!

Ils s'avancent jusqu'à la porte, et Gilbert ayant appelé courtoisement le portier, lui dit en sa langue:

— Ouvre la porte et laisse-nous entrer; nous sommes des envoyés venant d'outre-mer, d'Afrique. Nous appartenons au roi Thibaut l'Esclavon.

— Voilà du nouveau, dit le portier. Qui êtes-vous, vous qui m'appelez là dehors? Le roi Arragon n'est pas encore levé, et je n'ose pas ouvrir la porte par crainte de Guillaume au court nez, qui s'est audacieusement rendu maître de Nîmes. Attendez-moi là, je vais parler au roi, et s'il le permet, je vous ferai entrer.

— Hâtez-vous, lui dit le comte Guillaume, et prenez garde de ne pas nous faire attendre.

Et sans plus de délai le portier monta les degrés de marbre du palais, et s'étant rendu près du roi Arragon, il lui dit:

— Sire, prêtez l'oreille à ce que je vais vous dire. Il y a, à la porte du château, trois nobles Turcs qui viennent d'Afrique à ce qu'ils prétendent.

— Vite, frère, laisse-les entrer; il me tarde de leur demander des nouvelles de mon père. Tu es déjà resté trop longtemps.

Et le serviteur court leur ouvrir la porte.

Voilà donc Guillaume entré dans Orange, et avec lui Gilbert et Guibelin; mais il n'en sortiront pas comme ils voudront; ils subiront bien des peines et courront beaucoup de dangers.

Cependant, déguisés comme ils étaient, et parlant la langue des ennemis, ils ressemblent parfaitement à des Sarrasins et passent devant la garde sans éveiller de soupçon. Ils arrivent jusqu'au palais du roi Thibaut.

Les murs et les colonnades en sont de marbre, les fenêtres incrustées d'argent, et au faîte brille un aigle d'or. Le soleil en est exclu aussi bien que la pluie.

— Dieu! fit Guillaume, jamais on ne vit un palais si bien bâti; le maître de céans doit être bien riche. Plût à Dieu que le paladin Bertrand fût ici avec dix mille guerriers français! Les Sarrasins s'en apercevraient pour leur malheur; avant midi j'en aurais tué plus de cent de ma main.

Ils trouvent Arragon assis contre un pilier et entouré de sa cour; il y va de la vie pour Guillaume, s'il ne joue pas bien son rôle. Or voici comment il parla:

— Seigneur émir, noble chevalier, que Mahomet et Tervagant te bénissent!

— Barons, répondit l'émir, approchez-vous, et dites moi d'où vous venez?

— D'Afrique, de votre père, le puissant roi Thibaut. Hier, à l'heure de none, nous entrâmes à Nîmes, pensant y trouver le noble roi Otrant, Synagon et Harpin; mais ils ont été tués par Guillaume et les chevaliers français. Ils tuèrent aussi nos hommes et nous-mêmes on nous fit prisonniers; mais Guillaume est si bien entouré de parents et d'amis, qu'il dédaigna de nous garder; il nous fit rendre la liberté, je ne sais trop pourquoi. Que le diable l'emporte!

— Vous venez redoubler ma douleur, répondit Arragon. Par Mahomet! si je tenais Guillaume en ce château, il mourrait dans les tourments et ses cendres seraient jetées au vent.

En entendant ces paroles Guillaume baissa la tête sur sa

poitrine. il voudrait bien être à Paris ou à Sens, et adresse une fervente prière à Dieu pour être préservé de la mort.

Le roi Arragon, s'adressant à eux de nouveau, demanda:

— Depuis quand, seigneurs, avez-vous quitté l'Afrique?

— Monseigneur, il y a tout juste deux mois.

— Et avez-vous vu le roi Thibaut?

— Certes, beau sire, à la cité de Vaudon. Quand il nous embrassa en prenant congé de nous, il nous chargea de vous recommander de bien garder sa ville et ses terres. Et sa femme, que fait-elle? La verrons-nous?

— Oui, seigneurs, dit le roi, vous la verrez, et vous jugerez si elle n'est pas la plus belle femme qui soit au monde. J'ai bien besoin que mon père vienne à mon secours. Les Français nous prennent nos cités et nos forteresses. C'est Guillaume et ses deux neveux qui en sont cause. Ah! si je tenais ce Guillaume en ma prison, je le ferais brûler vif et disperser ses cendres et ses os à tous les vents!

Sur cela il demanda l'eau; on dressa les tables et bientôt les Sarrasins furent assis au dîner. Guillaume et ses compagnons étaient assis auprès d'eux; mais ils parlaient bas et baissaient la tête: ils avaient peur d'être mis en prison.

Cependant le roi Arragon les fit bien servir; ils eurent à souhait du pain, du vin, des grues, des oies et de bons paons rôtis, et beaucoup d'autres plats dont je ne parle pas.

Quand le dîner fut terminé, les échansons vinrent ôter les nappes, et les Sarrasins se mirent à jouer aux échecs. Le roi Arragon profita de ce moment pour tirer Guillaume à part; il le fit asseoir à côté de lui contre un pilier et lui dit tout bas à l'oreille:

— Noble Turc, dis moi la vérité. Quel homme est donc ce Guillaume au court nez qui, par un coup audacieux, s'est rendu maître de Nîmes et nous a tué le roi Harpin et son frère? Pourquoi ne vous a-t-il pas retenu prisonnier?

— Je parlerai en toute franchise, répondit Guillaume.

Il est si riche, qu'il ne se soucie guère d'or ni d'argent; il nous rendit la liberté sans demander de rançon. Mais il nous fit jurer de vous dire qu'il vous ordonne de repasser la mer et de vous retirer en Afrique. Vous ne verrez pas passer le mois de Mai, sans qu'il vienne vous attaquer avec vingt mille hommes d'armes. Vos tours et vos forteresses, vos fossés et vos hautes murailles ne vous serviront de rien: elles seront abattues de vive force. Et s'il peut se rendre maître de votre personne, vous serez martyrisé; il vous pendra à un gibet où vous serez balancé par le vent.

— Folies! dit Arragon. J'enverrai en Afrique, et mon père sera bientôt ici avec sa noble chevalerie, Goliat et le roi Desramé, Corsolt de Mable et son frère Acéré, Clariel et le roi Atriblé, Quinzepaume et le roi Sorgalé, l'émir d'Egypte et celui de Cordoue, les roi Morand et Anublé, ainsi que l'émir de Sorgremont-sur-mer, et mon oncle Borrel et ses fils, enfin les trente rois qui règnent en Espagne, et chacun d'eux amènera vingt mille hommes; alors nous attaquerons l'ennemi derrière ses murailles et ses fossés; Guillaume sera tué et l'on pendra ses neveux.

Guillaume eut toute la peine du monde à contenir sa rage; il murmura entre ses dents:

— Par Dieu! glouton, vous en avez menti; vos Turcs mourront par milliers, avant que vous soyez les maîtres dans Nîmes.

S'il avait été armé, il aurait déjà porté l'effroi dans le palais; mais il fit tout pour contenir sa colère, et donnant un autre tour à la conversation, il dit au roi:

— Sire, laissez-moi voir la reine que l'empereur d'Afrique aime tant.

— C'est une folie de sa part, répondit Arragon, car il est vieux et sa barbe est blanche; tandis qu'elle est jeune et belle; il n'y a si belle femme dans tout notre empire. Elle mène joyeuse vie dans Gloriette, et je suis sûr qu'elle préférerait Soribant de Venise, qui est un jeune bachelier fort galant et fort adroit à tous les exercices guerriers; elle doit le préférer à Thibaut d'Esclavonie. Bien fol est le vieillard qui aime une jeune personne; il est sûr d'être trompé et raillé par dessus le marché.

A ces paroles Guillaume se mit à rire, et dit au Sarrasin:

— Certes, on voit bien que vous ne l'aimez guère.

— Assurément non: que Dieu la maudisse! Je voudrais bien qu'elle fût en Afrique ou à Bagdad!

Sur ce, il fit conduire Guillaume et ses compagnons vers la reine. Mieux leur eût valu retourner sur leurs pas et mettre le Rhône entre eux et leurs ennemis; car avant la fin du jour, il leur aviendra de quoi se désoler, à moins que Dieu ne leur vienne en aide.

III.

La découverte.

Ils traversent la grand' salle et sont introduits dans la tour de Gloriette. L'appartement de la reine est décoré avec une grande richesse. Dans un coin de sa chambre il y a un arbre artificiel à longues branches et à larges feuilles, portant des fleurs extrêmement agréables, de couleurs blanche, bleue et rouge, et exhalant les plus doux parfums.

C'est au pied de cet arbre qu'était assise Orable, la dame d'Afrique.

Elle était vêtue d'une pelisse d'hermine recouvrant un bliaut de drap d'or richement brodé, dont le corsage lacé étroitement faisait ressortir la beauté de sa taille. Une demoiselle du nom de Rosiane — elle était nièce de Rubiant — l'éventait avec un éventail d'argent.

Quand le comte Guillaume vit la reine, blanche comme la neige resplendissante et vermeille comme une rose, un frisson parcourut tout son corps. Il lui fit un profond salut et lui dit:

— Que le Dieu en qui nous croyons, vous protège!

— Barons, répondit la reine, approchez-vous. Que Mahomet, de qui toute chose dépend, vous ait en sa garde!

Elle les fit asseoir à ses côtés sur un banc incrusté d'or et d'argent.

Ils ne purent s'empêcher d'exprimer tout haut ce qu'ils sentaient.

— Mon Dieu! fit Guillaume, c'est ici le paradis!

Et Guibelin faisant écho, ajouta:

— Jamais je ne vis rien de plus beau! Je voudrais passer ici toute ma vie, je n'y demanderais ni à manger ni à dormir.

Cependant la noble dame commença à les interroger.

— D'où êtes-vous, nobles chevaliers?

— Madame, nous sommes de la Perse et nous venons des états de Thibaut, votre mari. Hier de grand matin nous arrivâmes à la fameuse cité de Nîmes, croyant y trouver ceux de notre croyance, les rois Synagon, Otrant et Harpin. Mais ils avaient tous trois été mis à mort par Guillaume Bras-de-fer. Les Français nous firent prisonniers aux portes de la ville et nous conduisirent devant le marquis. Mais il est si riche et tellement entouré d'amis, qu'il ne se soucia d'or ni d'argent et nous renvoya sans exiger de rançon; seulement il nous fit jurer sur notre foi de vous dire en son nom, de vous mettre en sûreté dans le royaume de Perse; car avant que le mois d'Avril soit passé, il sera ici avec vingt mille guerriers, et ni murs, ni châteaux, ni tours ne pourraient vous défendre: ils seront detruits avec des maillets de fer. / Et s'il peut se rendre maître d'Arragon, votre bien-aimé beau-fils, il le fera mourir de mort honteuse, en le faisant pendre ou brûler vif.

La dame jeta un sourire en écoutant les étranges messagers ; puis, sans se préoccuper de ce qu'ils venaient de lui annoncer, elle leur dit :

— Seigneurs barons, je comprends fort bien ce que vous me dites. Mais dites-moi quel homme est donc ce Guillaume Bras-de-fer, qui a pris Nîmes et son château, qui a tué mes hommes et me menace encore ?

— Ah ! répondit Guillaume, il a un fier courage, les poings gros et un merveilleux bras. Il n'y a homme si grand, d'ici jusqu'en Arabie, s'il le frappe de son épée, qu'il ne lui coupe en deux le corps recouvert de l'armure et que l'épée n'aille s'enfoncer en terre.

— Hélas ! répondit la dame, il sera le maître en ces marches ! Bienheureuse est la dame à laquelle il donnera son cœur.

Cependant les païens commençaient à les entourer en grand nombre, pour regarder ces étrangers. Si Dieu ne se souvient d'eux, il arrivera malheur à Guillaume ; car parmi les curieux se trouvait certain Salatré — que le Seigneur le confonde ! — qui avait été fait prisonnier à Nîmes, mais qui était parvenu à s'échapper. Après avoir bien regardé les étrangers, il courut chercher Arragon et lui dit à l'oreille :

— Par Mahom ! Sire, il y a un beau coup à faire, et les mauvais traitements qu'on voulait m'infliger à Nîmes, seront repayés. Voyez-vous ce baron de haute stature ? C'est Guillaume, le marquis au court nez ; ce jeune homme qui est près de lui, c'est son neveu, et celui qui tient ce grand bourdon, c'est le baron qui s'est sauvé d'ici. C'est pour nous nuire qu'ils se sont ainsi déguisés : ils pensent se rendre maîtres de cette place.

— Est-ce bien vrai ce que tu me dis, répondit Arragon ?

— Sire, fit l'autre, malheur à vous si vous ne me croyez pas! C'est bien là ce Guillaume qui me tint en sa prison et qui m'aurait fait pendre, si Mahomet ne fût venu à mon secours. Enfin le jour de la vengeance est arrivé!

Or voici ce que fit le traître. Il alla décrocher une cotte de mailles dorée et en asséna un grand coup sur le front du comte. Le frottement enleva une partie de l'enduit qui le rendait méconnaissable et l'on vit bien qu'il avait la peau aussi blanche que la fleur des prés.

Guillaume devint blême de fureur. Il s'écria:

— Dieu, dont le salut du monde dépend, qui daignas te cacher dans les flancs de la Vierge et souffrir le martyre de la croix pour sauver le genre humain, préserve-moi de la mort et ne permets point à ces Sarrasins de nous tuer!

Lorsqu'Arragon entendit ces paroles et sut à quoi s'en tenir sur les trois compagnons, il s'avança vers eux et dit:

— Sire Guillaume, vous êtes découvert. Par Mahomet! c'est pour votre malheur que vous avez passé le Rhône. Tous trois vous mourrez, et vos cendres et vos os seront dispersés au quatre vents. Pour ce donjon tout plein d'or fin, je ne laisserais de vous brûler vifs.

A ces paroles Guillaume, qui aurait voulu être à Rheims ou à Laon, devint tout rouge et Guibelin se tordit les mains et s'arracha les cheveux en se voyant découvert.

Après avoir de nouveau invoqué l'assistance de Dieu, il saisit à deux mains son grand et gros bourdon et en donna un coup si formidable au traitre Salatré, qui les avait dénoncés au roi Arragon, qu'il fit jaillir sa cervelle jusqu'au plafond.

Gilbert de son côté se jeta sur Quarré et lui bouta son bourdon dans le ventre de manière à le percer de part en outre. Quand il le vit tomber mort à ses pieds, il s'écria:

— Monjoie! barons, en avant et frappez! Puisqu'il nous faudra mourir, vendons cher notre vie, tant qu'elle dure.

Ivre de rage, Arragon cria aux siens :

— Barons, rendez-vous maîtres d'eux ! Par Mahomet ! il est temps qu'ils soient punis ; jetons-les dans le Rhône ou brûlons-les afin de disperser leurs cendres à tous les vents.

— Commencez donc par moi, leur dit Guibelin. Mais par l'apôtre qu'on invoque à Rome ! avant que vous m'ayez, vous le paierez cher.

Et il fait tourner autour de sa tête son bâton d'une manière formidable. Ses compagnons font de même. Ils donnent de si grands coups que bientôt quatorze Turcs gisent morts : les autres, remplis de terreur, sont refoulés hors des portes de la tour. Alors les vainqueurs poussèrent les verrous et levèrent le pont avec ses grandes chaînes.

Le combat n'en resta cependant pas là. Les Sarrasins furieux les attaquent en grand nombre ; ils lancent vers la tour leurs épieux et décochent sur les défenseurs leurs flèches aiguës. Ceux-ci se défendent en vaillants chevaliers et renversent les mécréants dans les fossés, où, pour le moins, ils se cassent le cou.

Quand Arragon vit cela, il devint presque fou de douleur et de colère. Il voulut se persuader que tout ce qu'il voyait n'était qu'une illusion, et s'adressant à la tour, il cria de sa voix la plus grosse :

— Es-tu bien là-haut, Guillaume Bras-de-fer ?

Et le comte lui répondit :

— Certainement, j'y suis ; par notre valeur et avec l'aide de Dieu nous y sommes entrés. Pourquoi vous cacher plus longtemps mon nom ? Je suis venu ici pour vous espionner et j'ai réussi si bien, que je vous ai mis à la porte de Gloriette. Tout ce que vous pourrez faire, c'est de monter la garde devant cette tour, comme le berger garde son troupeau. Gardez-la bien, et vous en serez dignement récompensés.

Le courroux d'Arragon devint de la rage.

— Aux armes ! mes chevaliers, cria-t-il. A l'assaut, à

l'assaut! Celui qui me prendra Guillaume sera gonfalonier de mon royaume et mon trésor sera mis à sa disposition.

A cette promesse l'attaque recommença de toutes parts, et d'une manière si furieuse que Guillaume sentit son courage faillir. S'adressant à son neveu:

— Guibelin, fit-il, pourquoi n'allons-nous pas au devant d'eux? Nous ne retournerons jamais en France; et à moins que Dieu n'en décide autrement, nous ne reverrons jamais nos cousins et nos parents.

— Vous vous moquez de nous, mon oncle, lui répondit le gentil Guibelin. C'est l'amour qui vous a conduit ici. Eh bien! voilà Orable, la reine africaine, qui surpasse toutes les belles en beauté: allez vous asseoir à côté d'elle sur ce banc, entourez-la de vos deux bras et hâtez-vous de l'embrasser; car par l'apôtre saint Jacques! nous n'aurons de baiser qui ne nous coûte plus de vingt mille marcs d'argent, et qui ne porte malheur à tous nos parents!

— Ah Dieu! répondit Guillaume, tu me rendras fou par ton amère ironie.

IV.

L'assaut de Gloriette.

Quand la reine vit l'attaque furieuse des Sarrasins, elle appela à elle les chevaliers français et leur dit:

— Barons français, il vaut mieux vous rendre; car ces méchants païens sont si furieux, que vous les verrez bientôt monter ici, et alors votre mort est certaine.

Lorsqu'il entendit ces paroles, Guillaume, hors de soi, courut vers l'arbre sous lequel se tenait la reine, et dit:

— Dame, par amour pour ce Dieu qui fut martyrisé sur la croix, donnez-moi une armure, et si je sors vivant d'ici, je vous jure par saint Pierre que vous en serez richement récompensé.

Quand la dame vit son angoisse, elle pleura de pitié et, sans hésiter, elle courut à un bahut dont elle tira un haubert doré et un heaume bruni, orné d'or et de pierres précieuses, qu'elle présenta à Guillaume. Celui-ci se hâta de vêtir le haubert qui venait combler ses désirs; ensuite il laça le heaume et dame Orable lui ceignit une épée qui appartenait à Thibaut d'Esclavonie, son mari, qui jamais n'avait voulu la céder à personne, pas même à Arragon, son propre fils, quoique celui-ci en eût grande envie. Après cela elle lui pendit au cou un fort écu au lion d'or couronné; enfin elle lui mit au poing un fort épieu, auquel un gonfanon était fixé par cinq clous d'or.

— Seigneur! s'écria Guillaume, comme me voilà bien armé! Maintenant, madame, je vous prie de penser aussi aux autres.

Lorsque Guibelin vit son oncle armé, de son côté il s'adressa à la dame et lui dit d'une voix douce:

— Madame, je vous adjure par saint Pierre de Rome, donnez-moi des armes, car j'en ai grandement besoin.

— Enfant, lui répondit-elle, tu es bien jeune; si tu pouvais vivre tu serais un jour un preux; mais les Sarrasins te haïssent à mort.

Cependant elle tira d'un cabinet une armure qui avait été forgée par Isaac de Barcelone et dont jamais épée ne put rompre une maille. Elle l'en revêtit, à la grande joie du comte; puis elle lui laça le heaume qui avait appartenu à Aufar de Babylone, le premier qui avait été roi d'Orange. Il était à l'épreuve de l'épée. Ensuite elle lui ceignit une fameuse épée que Thibaut avait payée mille besans et mille onces à Voirecombe; elle la lui ceignit au flanc au moyen du baudrier aux longues courroies. Enfin elle lui mit au cou une targe ronde et lui donna un épieu au bois gros et armé d'une longue pointe d'acier.

Gilbert fut armé de même. Mais à peine avaient-ils eu le temps d'endosser leur armure, que voici les païens qui avaient trouvé moyen de s'introduire dans la tour et montaient vers l'étage supérieur. Le comte Guillaume se jette sur Haucebier, Gilbert attaque Maretant, le portier, et Guibelin de son côté fond sur Turfier. Ces trois-là furent bientôt morts. Cependant leurs lances ayant volé en éclats, les trois chevaliers tirèrent l'épée.

Le comte Guillaume frappa un païen à travers le corps et le coupa en deux, comme une branche d'olivier; les deux moitiés tombèrent sur le pavé. Gilbert, du premier coup qu'il porta, fit voler la tête d'un certain Gaifier. Guibelin ne montra pas moins de courage; il serra son écu contre sa poitrine et brandissant son épée, il tua tout ce qu'il atteignit. Les païens reculent et bientôt s'enfuient pleins de terreur; les nobles guerriers français se mettent à leur poursuite et en ont bientôt tué quatorze. Le reste, frappé de terreur, se laisse repousser hors de la porte, que les Français se hâtent de fermer et de verrouiller sur eux.

En voyant la déroute des siens, Arragon leur crie:

— Fils de putains, qui vous laissez chasser, jamais vous ne tiendrez de moi fiefs ni honneurs, si vous ne les attaquez de plus belle.

Les mécréants obéissent à sa voix; ils lancent épieux et dards sur l'ennemi et se mettent à attaquer les murs avec des marteaux de fer.

— Guibelin, mon neveu, comment leur résisterons-nous? Nous ne pourrons échapper à la mort!

— Oncle Guillaume, laissez ces folles paroles. Par l'apôtre que les pèlerins implorent! je me vendrai cher, avant que les païens me tiennent.

Au lieu de leurs épées ébréchées, chacun d'eux s'arme d'une hache que la noble Orable leur donne. Ils font une sortie et frappent avec fureur sur les païens; ils leur enfoncent la poitrine et le visage; bon nombre gisent morts par terre et plusieurs sont tombés sans connaissance.

Jamais tel carnage n'avait été fait par trois hommes seulement. Quand Arragon vit ses gens si malmenés, il pensa crever de rage. Il éleva la voix et cria:

— Entends-moi, Guillaume, fils d'Aymeric de Narbonne, fais ce que je vais te dire; quitte tout de suite le palais de Gloriette et va-t-en sain et sauf avant de perdre ton sang et tes membres. Si tu refuses, tant pis pour toi; car par Mahomet, en qui je crois! nous ferons ici tel feu que vous y serez grillés et réduits en cendres.

— Paroles vaines! répondit Guillaume. Nous aurons bientôt tout ce qu'on peut désirer: du pain, du vin, de la viande salée, du vin pur et épicé, des hauberts resplendissants et des heaumes brunis, de bonnes épées à la poignée d'argent, des lances aiguës et de forts écus, enfin de belles dames pour nous divertir. Je ne quitterai donc jamais ces lieux; car le noble roi Louis et mon frère Bernard aux cheveux gris et le brave Garin d'Anséune et le puissant duc Beuve de Commarchis, et mon neveu le preux Bertrand, que nous avons laissé à Nîmes, tous auront de nos nouvelles. Chacun d'eux peut mettre sur pied vingt mille combattants. Quand ils sauront comment nous sommes assiégés ici, ils viendront nous secourir avec autant de gens qu'ils pourront réunir; et ces murs ni ces palais resplendissants d'or ne te garantiront pas; tu les verras détruire de fond en comble; et si tu tombes entre leurs mains, il t'arrivera malheur: tu seras pendu et balancé au gré des vents.

A ces paroles Pharaon, roi de Bénévent, dit à Arragon:
— Sire émir, tu ne vaux pas un gant. Par Mahomet! tu as peu d'énergie. Ton père, qui est un bien vaillant

homme, te confia la garde de la ville et du château de Gloriette, et ces trois misérables viennent t'en chasser et ont tué tes serviteurs et tes soldats. Par Mahomet! tu es bien méprisable, si tu ne les fais pas brûler par le feu grégeois.

— Seigneur Pharaon, répondit Arragon, par Mahomet! donnez-moi un bon conseil. La tour de Gloriette telle que vous la voyez, est aussi solide que le roc sur lequel elle est fondée; d'ici jusqu'à Moncontour il n'existe pas un homme qui réussirait à y pratiquer une ouverture. Et où diable prendrait-on le charbon pour les brûler? Nous n'avons pas même une broche de bois. Ces trois gloutons y sont arrivés parce qu'ils n'ont douté de rien, et en sept ans nous ne parviendrons pas à les mettre dehors.

Auprès d'eux se trouvait Orquenois, un vieux Sarrasin à la barbe noire, mais aux cheveux et aux sourcils blancs, qui leur suggéra ce qu'ils avaient à faire.

— Seigneur émir, fit-il, faites attention à ce que je vais vous dire, et dites-moi si j'aurais quelque profit, dans le cas où je ferais tomber en vos mains le Français Guillaume, afin que vous pussiez le retenir prisonnier?

— Certainement, répondit Arragon: je te donnerais dix mulets chargés d'or fin d'Espagne, si tu dis vrai.

— C'est bon, fit Orquenois; si vous m'en faites la promesse solennelle, j'y aviserai.

— Je vous le jure, répondit Arragon, et je vous promets de vous bailler loyalement l'argent, quand il vous plaira.

— C'est convenu, dit Orquenois. Eh bien, beau sire, par Mahomet! je vais vous enseigner comment vous le prendrez par ruse. La tour de Gloriette a été bâtie par Grifaigne d'Almérie, un homme de grande subtilité; mais vous n'en connaissez pas les secrets. Un souterrain voûté y conduit, dont la porte secrète se trouve en votre palais. Entrez-y vous-même avec mille hommes et faites-les attaquer en même temps de front. De cette manière la mort de Guillaume est certaine.

— Par Mahomet! fit Arragon, tu dis vrai. Je te jure que tu en seras récompensé.

Le cœur palpitant de joie, Arragon prit mille hommes armés, avec lesquels il descendit dans le souterrain, éclairé par des flambeaux et des lanternes. Mille autres recommencèrent l'assaut de la tour.

Les chevaliers français ne se doutèrent pas de ce qui les menaçait avant qu'Arragon eût atteint son but et fit irruption dans le palais. Le comte Guillaume fut le premier à les apercevoir: tout-à-coup il vit la salle se remplir de Sarrasins accourant en toute hâte et armés de pied en cap.

— Mon Dieu! s'écria le comte, nous voilà livrés à mort!

— Ma foi, beau sire, lui dit Guibelin, c'est la belle Orable qui nous a trahis. Que Dieu confonde païens et Sarrasins! Aujourd'hui notre vie va finir; défendons-nous tant que nous pourrons; mais nous ne trouverons ni parents ni amis pour nous secourir.

Le comte Guillaume s'élance l'épée haute, et en porte un coup si furieux au premier Sarresin qui se présente, qu'il le coupe en deux. Les païens en sont tout ébahis, mais la colère les pousse en avant. Les paladins se défendent en chevaliers hardis; mais les assaillants sont si nombreux qu'il leur faut succomber. Jamais combat inégal ne fut si bien soutenu. Ils tuèrent trente Turcs, mais en vain, puisqu'ils ne purent venir à bout de tous. Enfin les Sarrasins mirent la main sur eux, jurant qu'ils vengeraient la mort des leurs.

Ils envoyèrent chercher dans la ville vingt ouvriers auxquels ils firent creuser une fosse large et profonde dans laquelle on entassa des branches d'arbres et des morceaux de bois, parce qu'ils voulaient brûler les barons.

En ce moment Orable, à la blanche face, survint et, s'adressant à Arragon, son beau-fils, lui dit:

— Mon ami, cédez-moi ces prisonniers; je les mettrai dans un trou profond, où ils seront dévorés par les serpents et les couleuvres.

— Madame la reine, répondit Arragon, vous êtes cause de tout le mal qui nous est avenu, parce que vous avez armé ces misérables. Que Mahomet confonde celui qui vous les confiera !

Quand la dame entendit cette réponse, elle faillit perdre connaissance de colère :

— Malheur à toi, d'avoir une telle pensée, misérable bâtard, s'écria-t-elle. Par Mahomet que j'adore! si ce n'était par respect pour ces barons, je te donnerais de mon poing sur le nez. Sors d'ici le plus tôt possible, ou il t'arrivera malheur. Quant aux Français, mets les en prison, mauvais larron, jusqu'à ce que Thibaut soit revenu avec Desramé et Golias-le-blond; ils se vengeront comme bon leur semblera.

— Je le veux bien, répondit Arragon. Et là-dessus les trois barons furent jetés dans un cachot profond.

V.

L'intervention d'Orable.

Cependant le roi Arragon se hâta d'envoyer un message à son père. Les messagers vont droit au Rhône où ils s'embarquent sur le vaisseau de Maudoine de Nubie, tout couvert de voiles de soie. Ils lèvent l'ancre, et portés par un vent propice, ils abordent bientôt au port d'Almérie. Ils débarquent, montent à cheval, et ne quittent pas la selle avant d'arriver à la cité du roi. Étant descendus à l'ombre de l'olivier, ils montèrent dans la salle de pierre, où ils trouvèrent Thibaut entouré de sa cour. Ils le saluèrent à la manière orientale et lui dirent:

— Que Mahomet, qui règne sur le monde, protége le roi Thibaut d'Esclavonie! Ton fils au visage hardi te mande que tu viennes le secourir avec ton armée. Il a fait prisonnier, dans la forteresse d'Orange, Guillaume, le fils d'Aymeric de Narbonne. Le marquis avait pénétré dans la ville sous un déguisement; il comptait s'en rendre maître, comme il avait fait de Nîmes, et pensait faire sa maîtresse de dame Orable. Mais leur projet diabolique n'a pas réussi. Cependant il nous a donné beaucoup de mal à propos de Gloriette, dont il a été maître pendant sept jours. Et sans le souterrain secret, dont l'issue donne dans le palais, vous eussiez perdu en ce moment la noble Orable, votre femme. Mais Mahomet a été avec vous; nous l'avons jeté dans une prison dont il ne sortira pas vivant, et vous pourrez vous venger tant que le cœur vous en dit.

Thibaut, en entendant cette nouvelle, se mit à rire. Il rassembla ses vassaux et leur ordonna de s'armer le plus tôt possible. Ils obéirent à sa voix et montèrent sur les chevaux de Pouille et de Russie. Lorsque Thibaut sortit de la capitale d'Afrique, il emmena avec lui les païens d'Almérie, de Sutre et d'Esclavonie; son avant-garde seule comptait soixante mille hommes.

Ils s'avancent vers la mer et bientôt la flotte est pourvue de vin, de viande, de biscuit et de farine. Les Sarrasins s'embarquent; ils lèvent l'ancre et mettent à la voile. Le vent les pousse en ligne directe. Les cors et les trompettes sonnent, l'aboiement des chiens y répond; les mulets braient, les chevaux hennissent et les éperviers crient sur leurs perchoirs; on pouvait bien entendre le bruit à une grande lieue à la ronde. Ils naviguèrent huit jours, et le neuvième ils n'étaient pas loin d'Orange; mais avant d'y arriver, Thibaut sera frappé par la plus grande douleur qu'il ait encore éprouvée, car il perdra sa forte cité et sa femme, la noble Orable.

Cependant Guillaume, Gilbert et Guibelin étaient toujours en prison; la colère et la douleur leur arrachèrent mainte plainte.

— Seigneur Dieu! s'écria le comte, nous voilà livrés à la mort et au martyre. Dieu! si le noble roi Louis connaissait notre sort, et mon frère Bernard aux blancs cheveux, et le puissant Garin d'Anséune et Beuve de Commarchis, et mon vaillant neveu Bertrand, que nous avons laissé à Nîmes avec vingt mille guerriers français! Nous aurions bien besoin de leur secours.

— Oncle Guillaume, lui répondit le gentil Guibelin, tout cela ne nous servira de rien; mandez plutôt Orable, la reine d'Afrique, qu'elle vienne par amour secourir son amant.

— Dieu! fit Guillaume, tu ricaneras tant que tu me briseras le cœur.

Pendant qu'ils se plaignaient de la sorte, voici Orable qui était parvenue à s'introduire dans la prison. Elle leur parla en ces termes:

— Nobles et gentils chevaliers, faites bien attention à ce que je vais vous dire. Les Sarrasins vous haïssent d'une haine mortelle; ils viendront vous pendre aujourd'hui ou demain.

— Nous n'en pouvons mais, madame, dit Guibelin. Mais si vous pouviez trouver le moyen de nous faire sortir de prison, gentille dame, je deviendrais votre homme lige et je vous en rendrais volontiers le service. Ayez pitié de nous, gentille dame.

— Allons donc, fit Guillaume, c'est elle qui nous a trahis; c'est par elle que nous gisons en cette prison.

Quand elle entendit cette accusation, la dame soupira profondément.

— Seigneur baron, dit-elle, je jure par Mahomet que c'est à tort que vous mettez ce blâme sur moi. Oubliez-vous donc que c'est moi qui vous ai fourni des armes en cette tour? Je suis venue pour vous aider encore. Si vous pouviez vous défendre en ce palais jusqu'à ce que

Louis, le fils de Charles, eût de vos nouvelles, ainsi que le seigneur Bernard de Brebant et les autres avec Aymeric et tous vos puissans parents, et que les misérables païens ne sussent rien de ce secours, avant qu'il fût arrivé dans cette forteresse, vous pourriez bien vous rendre maîtres de cette province et des défilés et passages qui conduisent en Espagne.

— Que vous parlez bien, madame, dit Guibelin. Si nous pouvions sortir de cette prison, je serais votre serviteur, ma vie durant.

— Par ma foi! fit la reine Orable, si j'étais certaine d'être payée de ma peine, c'est-à-dire que Guillaume Bras-de-fer voulût me prendre pour femme, je vous ferais sortir tous trois de prison, et me ferais baptiser au plus vite.

Quand Guillaume entendit ces paroles, il rayonna de bonheur.

— Dame, dit-il, je vous donnerai tel gage que vous demanderez. Je vous jure par Dieu et par saint Jacques, ainsi que par l'apôtre que l'on implore à Rome, que je vous épouserai.

— Je ne demande pas d'autre gage, dit la dame. Et là-dessus elle ouvrit toutes les portes de la prison; et les barons reprenant courage en sortirent l'âme remplie de joie.

La dame conduisit les chevaliers dans une des salles du palais et leur fit servir à dîner. Quand ils furent pleinement rassasiés, elle leur adressa la parole en ces termes:

— Seigneurs barons, entendez-moi. Vous voilà hors de prison et revenus dans le palais, mais vous n'êtes pas encore sauvés. J'espère cependant vous tirer de là, et je vais vous dire comment. Il y a sous cette tour un passage souterrain, qui n'est connu de personne; mon ayeul le fit construire et percer jusqu'au Rhône. Si vous envoyiez par ce chemin un messager au comte Bertrand et aux autres chevaliers, afin qu'ils vinssent vous trouver en secret, de façon à ce que les païens sans foi ne s'en aperçussent que quand vos amis seraient dans la tour et leur feraient sentir le poids de leurs épées, vous pourriez vous rendre maîtres de la cité.

— Vous dites vrai, madame, répondit Guillaume; mais je ne sais où trouver un messager.

Ensuite s'adressant à son neveu,

— Neveu Guibelin, lui dit-il, cours à Nîmes sans t'arrêter et va porter de nos nouvelles à mon frère Bertrand; qu'il vienne me secourir avec les gens qu'il a sous ses ordres.

— Oncle Guillaume, répondit Guibelin, vas-y voir toi-même. Par la foi que je dois à saint Étienne! j'aime mieux mourir en cette belle tour qu'en la douce France ou à Aix-la-Chapelle. Je ne vous quitterai pas, dussé-je perdre ici tous mes membres. Envoyez-y Gilbert-le-Flament.

— Iras-tu, frère? demanda le noble Guillaume.

— Certes, j'irai, répondit le baron, et je m'acquitterai loyalement de votre message.

— Va donc, beau frère, je te recommande à Jésus. Tu diras au paladin Bertrand qu'il vienne me secourir, et cela sans retard; sinon, par le Dieu tout-puissant! il ne verra plus jamais son frère Guillaume.

Le messager était prêt à partir, seulement il ne savait comment il pourrait échapper aux poursuites de l'ennemi, ne connaissant pas le pays.

— Je compte bien te conduire, dit la dame. Ne crains homme qui vive, mais marche dans la crainte du Seigneur Jésus.

Elle fit percer à côté d'un pilier une ouverture, longue et large d'une toise.

— Frère, dit-elle, vous pouvez entrer ici, et au bout vous trouverez trois colonnes soutenant un arc-boutant.

Aussitôt il descendit dans le souterrain, accompagné de Guillaume, de Guibelin et d'Orable au clair visage. Ils ne s'arrêtèrent qu'aux trois colonnes. Gilbert passe sous l'arc-boutant du milieu et se trouve au bord du Rhône; il trouve un bâteau et se met à ramer vers le bord opposé. Le comte Guillaume, Guibelin et Orable retournent sur leurs pas et rentrent dans Gloriette. Mieux leur eût valu qu'ils fussent partis ou qu'ils n'eusent pas quitté la prison; car il n'ont rien dit ou fait qui n'ait été vu et entendu par un Sarrasin, qui est allé tout conter à Arragon.

Quand il l'eut trouvé, le rusé compère lui dit:

— Seigneur émir, prêtez l'oreille et entendez ce que votre belle-mère a fait de vos prisonniers. Elle les a fait sortir de prison et les a conduits à l'étage supérieur du palais; en ce moment ils sont à table et font bonne chère.

— Dis-tu vrai, messager?

— Seigneur, je ne vous conte pas de mensonges; j'ai vu qu'ils tenaient conseil à voix basse et qu'elle les embrassait l'un après l'autre. Elle les aime mieux que votre père et elle coucherait plus volontiers avec Guillaume qu'avec lui.

Arragon demeura stupéfait. Il appela ses hommes et leur dit:

— Barons, conseillez-moi comment je pourrai punir ma belle-mère qui m'a déshonoré et trompé mon père. Armez-vous. Celui qui sera prêt à temps pour que nous puissions les reprendre, recevra une belle récompense.

Ils s'arment en foule, et à leur tête Arragon va surprendre Guillaume. Ils le trouvent assis tranquillement sous l'arbre, jouant aux échecs avec dame Orablè et le preux Guibelin, et ils parviennent à se rendre maîtres d'eux. Tous jurent de se venger. Pharaon dit au roi:

— Seigneur émir, voici mon opinion. Ton père Thibaut, qui est noble et preux, te confia la ville et le château de Gloriette; ces misérables ont voulu s'en rendre maîtres et ont blessé et tué tes hommes; par Mahomet! tu ne vaux pas un liard, si tu ne les fais pas tailler en pièces, et si tu ne fais pas brûler ta marâtre qui t'a tellement deshonoré.

— Roi Pharaon, vous donnez un mauvais conseil, dit Esquanor aux cheveux blancs. Ne commencez pas cette folie; tel se laisse entraîner qui ne peut plus s'arrêter.

Seigneur émir, prêtez l'oreille à mes paroles. Votre père Thibaut, dont vous êtes le lieutenant, sait mieux que personne ce qu'il convient de faire. Si vous brûliez sa femme, vous attireriez sur vous sa colère; mais faites jeter ces chevaliers, ainsi que dame Orable, en prison, envoyez un messager en Afrique; votre père et Haucebier seront bientôt ici, et ils se vengeront comme ils jugeront convenable.

— Voilà un bon conseil, dit Arragon, je le suivrai en tout point. Quant au messager, il est depuis longtemps en route vers mon père; dans peu de jours il sera de retour.

Ils jettent Guillaume, Guibelin et dame Orable en prison. Que Dieu, qui gouverne le monde, pense à eux! La reine surtout se plaint de son malheur.

— Mon Dieu! dit-elle, que n'ai-je reçu le baptême; je le désirais fortement, et je ne demandais qu'à croire en Dieu. Ah! seigneur Guillaume, c'est pour mon malheur que j'appris à connaître votre beauté et vos prouesses, puisque vout êtes cause que me voilà en prison et traitée en femme adultère.

— C'est folie que de parler ainsi, dit Guibelin; vous et mon oncle, vous êtes en ce moment parfaitement heureux. Votre amour doit vous faire oublier tout votre mal.

Guillaume enragea en entendant ces railleries; il jura par saint Jacques qu'il aurait envie de le punir à coups de poings, si la crainte de faire une chose honteuse ne le retenait.

— Vous commettriez une grande folie, riposta Guibelin. Je répèterai à qui veut l'entendre: on l'appelait Guillaume Bras-de-fer, désormais on dira: Guillaume-l'Amoureux; car c'est bien l'amour qui vous a poussé vers Orange.

Tous les trois ils se sentaient bien malheureux en prison.

— Glorieux roi du ciel! fit le comte, notre malheur est certain, notre mort inévitable. Quelle folie de nous aller jeter dans une entreprise qui ne nous rapporte que honte et malheur! A moins que Celui qui jugera le monde n'intervienne. Ah! si le noble Louis le savait, et mon frère Bernard, Garin d'Anséune et Bertrand qui tient garnison à Nîmes! Nous aurions grand besoin de leur aide.

— Oncle Guillaume, fit Guibelin, laissez ces plaintes, qui sont hors de saison. N'êtes-vous pas auprès d'Orable la belle; vous pouvez l'embrasser à votre aise, ne demandez donc pas dame plus belle.

— Dieu! murmura Guillaume, il me fera enrager!

Au milieu de leur débat on vint chercher les deux chevaliers qu'on conduisit au palais tout en laissant Orable en prison.

VI.

Délivrance.

Quand l'oncle et le neveu furent en présence de l'émir, Pharaon, qui était plus féroce que les autres, dit:

— Seigneur émir, écoutez-moi. Votre père Thibaut a bien fait de vous confier le gouvernement de la ville et du pays, cependant ce jeune misérable n'a pour vous que du mépris. Par Mahomet! on vous tiendra pour un couard si nous ne le faites pas tailler en pièces, lui et son oncle Guillaume.

Quand Guibelin entendit ces paroles, la colère s'empara de lui; ses yeux roulèrent dans leurs orbites et il grinça des dents. Il s'avança vers le conseiller de malheur, et le saisissant par les cheveux de la main gauche, il lui donna de la droite un si furieux coup de poing sur le cou qu'il lui brisa la machoire et le jeta mort à ses pieds.

Quand Guillaume vit tomber Pharaon, il s'en réjouit; cependant il dit:

— Seigneur du paradis! nous n'en serons pas moins livrés à la mort.

— N'aie pas peur, mon oncle, répartit Guibelin, tu n'es pas sans amis dans ce palais.

— Ils sont en petit nombre, dit Guillaume.

Le jeune Guibelin regarda autour de soi: il remarqua une grande hache qui pendait à un pilier, et la saisissant à deux mains, il en frappa un païen de Barbarie et le pourfendit jusqu'à la poitrine.

Plein de rage, Arragon cria:

— Saisissez-le, Sarrasins! Par Mahomet! ils s'en trouveront mal; jetez-les moi dans le Rhône.

— Arrière, misérable! lui cria Guibelin. Vous nous avez fait sortir de prison, vous nous avez fait conduire dans ce palais, eh bien! par l'apôtre qu'on implore à Rome! vous y avez introduit des compagnons dont vous ne vous réjouirez pas.

En ce moment deux Sarrasins entrèrent dans la salle, portant un tonneau de vin pour le service du palais; quand il virent pleuvoir ces grands coups, ils prirent la fuite et laissèrent tomber leur fardeau. Le comte Guillaume se rendit maître de la perche avec laquelle ils avaient porté le tonneau, et la brandissant à deux mains, il se mit à frapper à droite et à gauche. Celui qu'il atteint n'est pas là pour son plaisir.

Les deux chevaliers se servirent si bien de leurs armes que bientôt ils eurent tué quatorze Sarrasins; le reste, saisi de terreur, s'enfuit au-delà de la porte, qu'on ferma sur eux avec barres et verroux.

Arragon était hors de lui; il criait après les fuyards:

— Par Mahomet! venez donc à mon secours. Ce Guillaume m'a trop malmené; il m'a pris le palais et je ne vois pas moyen d'y rentrer.

Laissons pour un moment les Sarrasins et revenons au messager Gilbert.

Il traversa le Rhône, et alla par monts et par vaux tout droit à Nîmes.

Le comte Bertrand s'était levé de grand matin et était monté au palais d'Otrant qu'il avait conquis; il alla s'accouder à une des grandes fenêtres et se mit à regarder la contrée qui était à ses pieds. L'herbe était fraîche et les rosiers en fleurs; le merle et l'alouette chantaient. Il se mit à penser à Guillaume au court nez et à son frère Guibelin. Les larmes lui vinrent aux yeux et il exprima ses regrets en ces paroles:

— Oncle Guillaume, tu as fait une grande folie en allant à Orange comme espion, déguisé en pauvre diable. Ah! frère Guibelin, comme tu étais brave! En ce moment les Sarrasins vous ont tués et je suis seul en ce pays, sans personne de mon lignage à qui je pourrais demander conseil. Les Sarrasins et les Esclavons reviendront bientôt ici, et à leur tête Golias et le roi Desramé, Clariel et son frère Acéré, Aguisant, Griboé, le roi Embron, Borrel, Lorré, Quinzepaume et son frère Gondré. Tous les trente rois d'Espagne. Chacun d'eux sera à la tête de trente mille guerriers et ils viendront assaillir la cité de Nîmes. S'ils me prennent vif, ils me feront certainement souffrir une mort ignominieuse. Mais je ne les attendrai pas pour tout l'or du monde; je retournerai dans le pays qui m'a vu naître, et je remmènerai avec moi mes hommes d'armes que Guillaume au court nez a conduits ici. Quand j'arriverai à Paris et que je descendrai au perron du palais, les jeunes gens viendront à ma rencontre. Hélas! que leur dirai-je quand ils me demanderont des nouvelles de Guillaume et de mon frère Guibelin? Je ne saurai leur dire que ceci, que les païens les ont tués à Orange.

La douleur lui fit perdre connaissance. Quand par les soins de ses compagnons il fut revenu à lui, il reprit:

— Par l'apôtre que les pèlerins vont implorer! dût-il m'en coûter la vie, j'irai à Orange pour venger les souffrances que les Sarrasins ont fait endurer à nos parents. Hélas! misérable, pourquoi attendre plus longtemps pour aller à leur rencontre?

Pendant que le comte Bertrand se laisse aller à ces plaintes en soupirant et en pleurant, voici Gilbert qui entre dans la ville. Il monte les degrés de la salle de pierre; bientôt Bertrand l'aperçoit, un sourire effleure ses lèvres et il lui crie de loin:

— Soyez le bienvenu, noble chevalier! Où est mon oncle à la face hardie? Et Guibelin? Ne me cachez rien.

— Ils sont à Orange, répondit-il, dans la tour de marbre du château de Gloriette, où les païens félons les tiennent prisonniers; je vois venir l'heure où ils les tueront tous deux. Aussi Guillaume te mande-t-il de le secourir le plus tôt possible avec tes chevaliers, et cela sans tarder.

Bertrand sourit et appela aux armes tout son monde. Ils se hâtent d'obéir; ils montent sur leurs chevaux d'Espagne et de Syrie, et bientôt Bertrand sort des portes de Nîmes, à la tête d'une armée dont l'avant-garde seule comptait plus de quinze mille hommes.

Ils vont droit au Rhône, qu'on traverse dans des bâteaux; et les voilà bientôt dans la grande prairie sous les murs d'Orange, où ils dressent leurs tentes. A peine arrivé, Bertrand s'adresse au messager de son oncle:

— Sire Gilbert, dites-moi votre opinion; monterons-nous à l'assaut et démolirons-nous ces murs et ces palais de pierre?

— C'est folie de parler ainsi, répondit Gilbert. Orange résisterait aux forces réunies de la France entière; vous ne la prendrez pas de toute votre vie.

Bertrand fut mal à son aise à cette réponse. Mais Gilbert le rassura:

— Monseigneur, dit-il, entendez ce que je vais vous

dire. Je vous ferai entrer dans la ville de telle manière que les Sarrasins ne se douteront de rien.

— Hâtez-vous donc, beau frère, et que Jésus vous garde.

Il prend treize mille hommes et laisse les autres sous les tentes. Ils s'acheminent vers le souterrain et y entrent; ils marchent un à un dans l'obscurité la plus profonde, car ils n'avaient pas de flambeaux. Un soupçon traverse l'esprit de Bertrand; il appelle auprès de lui le messager et lui dit à l'oreille:

— Gilbert, dis-moi la vérité, je crains que mon oncle ne soit mort; tu nous as vendus aux mécréants.

— Voilà une folle pensée, dit Gilbert; j'aimerais mieux être coupé en morceaux. Ce chemin vous conduira dans Gloriette. Je vous prie au nom de Dieu d'avoir confiance en moi.

— Va donc, beau frère; je te recommande à Dieu.

Pendant qu'ils parlent ainsi, ils pénètrent dans Gloriette. Le comte Guillaume fut le premier à les apercevoir.

— Dieu, roi du ciel, s'écria-t-il, voilà la délivrance que j'ai tant désirée!

Les braves chevaliers ôtent leurs heaumes et se jettent dans les bras les uns des autres en pleurant de joie.

Le comte Bertrand fut le premier à parler:

— Comment allez-vous, mon oncle, dit-il, ne me cachez rien.

— Fort bien, beau neveu, Dieu soit loué! Mais nous avons bien souffert; car j'ai cru que je ne vous reverrais de ma vie, tant les Sarrasins nous ont maltraités.

— Oncle Guillaume, vous serez vengé dès ce moment.

Il va sonner un cor sur les murs; ceux du dehors s'arment dans leurs tentes. Les compagnons du comte Guillaume courent aux portes de la ville, qu'ils ouvrent; puis ils abaissent les ponts, et ceux du dehors font leur entrée en criant: „Monjoie!"

En entendant ces cris de joie les païens furent pris de

terreur; cependant ils s'arment pour se défendre et sortent de leurs hôtels. Mais la résistance ne leur sert à rien, car les Français sont trop nombreux. Bertrand se rend maître de toute la ville, non cependant sans un combat meurtrier, dans lequel mainte lance vola en éclats, maint haubert fut démaillé, et beaucoup de Sarrasins furent tués.

Quand Arragon vit massacrer ses gens, la douleur qu'il en ressentit le mit hors de lui. Il sauta en selle, prit un écu, qu'il arracha à l'un des Français, et voyant une lance par terre à ses pieds, il se baissa et la ramassa; puis piquant des deux, il lança son cheval au plus fort de la mêlée. D'abord il tua Fouché de Méliant, puis un second et enfin un troisième. Bertrand le remarque et tirant son épée, il se jette sur l'émir et n'épargne pas ses coups. Il lui en donne un si furieux qu'il le pourfend jusqu'au milieu de la poitrine et le jette mort par terre.

Sa mort ôta toute force et tout courage aux païens.

Pourquoi allonger le récit du combat? Des flots de sang inondèrent la terre et pas un n'échappa au carnage.

Cependant le comte Guillaume se hâta de courir à la prison et de délivrer la belle Orable. Puis il appela Bertrand et lui dit:

— Beau neveu, j'ai promis ma foi à cette belle dame qui m'a sauvé de la mort, et je compte l'épouser loyalement.

— Pourquoi tarderiez-vous? fit Bertrand. Tenez la parole que vous lui avez donnée et épousez la gaiment.

— Neveu, répondit Guillaume, je suis parfaitement de votre avis.

Aussitôt que la ville fut entièrement au pouvoir des Français, le brave et noble comte Guillaume fit apprêter une grande cuve pleine d'eau claire. L'évêque de Nîmes était venu avec eux. On déshabilla Orable et elle fut baptisée à la plus grande gloire de Dieu. Ses parrains furent Bertrand, le brave Guibelin et Gilbert; on lui ôta son nom païen et elle fut nommée du nom chrétien de Guibor.

Une église, dans laquelle Mahomet avait été adoré, fut consacrée au vrai Dieu et c'est là que Guillaume l'épousa. L'évêque Guimer célébra la messe. Après la messe on monta au palais de Gloriette où les noces furent célébrées splendidement dans la salle pavée. Le comte Bertrand, Gilbert et Guibelin servirent au dîner. Les fêtes durèrent huit jours; les musiciens et les jongleurs furent comblés de dons magnifiques, tels que draps de soie, fourrures d'hermine, mulets d'Espagne et destriers piaffants.

Après son mariage le comte Guillaume demeura trente ans à Orange; mais il n'y passa pas un jour sans être inquiété par les mécréants.

V.

LE VŒU DE VIVIAN.

I.

Le vœu.

Seigneurs et dames, écoutez une bonne chanson! Jamais vous n'en entendrez de pareille. Le héros en est Guillaume, le marquis au court nez, le meilleur chevalier que mère mît au monde et que nul ne surpassa à la guerre. Jamais il ne laissa reposer sa valeur, qu'il n'eût, autant que possible, malmené les païens.

Un jour de Pâques Guillaume avait armé chevalier Vivian, le fils aîné de Garin d'Anséune. Pour l'amour de lui il avait donné l'accolade à cent de ses compagnons. Vivian lui dit:

— Bel oncle, écoutez-moi. Je reçois l'épée que vous me ceignez à telle condition, qu'en présence de vous, de Guibor qui m'a tenu lieu de mère, et de tous vos pairs, je jure à Dieu, que tant que j'aurai endossé mon haubert et lacé le heaume en mon chef, jamais je ne fuirai devant Sarrasins ou Turcs, quel que soit leur nombre.

— Neveu, lui répondit Guillaume, vous ne vivrez guère, si vous tenez ce serment. Il n'est homme si preux ni si vaillant, qui, dans un combat en plein champ, n'ait besoin de fuir, quand il est encombré par le nombre des ennemis, à moins qu'il ne veuille se laisser tuer. Beau neveu, ce vœu ne peut pas s'accomplir. Vous êtes jeune, ne commettez pas une telle folie. S'il vous arrive de combattre, fuyez bien vite, si c'est nécessaire, et retournez au combat, quand il y aura lieu. C'est ainsi que je fais, quand je suis trop encombré, et je n'attends pas d'être mis hors de combat. Qui ne songe à soi-même ne peut aimer autrui. La fuite est permise quand elle sauve la vie.

— Mon oncle, reprit le brave Vivian, je ne reculerai pas d'un pied devant un Sarrasin ou un Turc, je le jure devant Dieu!

— Neveu, dit Guillaume, ce serment me chagrine d'autant plus, que de cette manière, j'en suis certain, vous ne vivrez pas longtemps; les Sarrasins vous tueront, et je vous pleurerai avec tous nos parents.

Leur entretien en resta là.

Vivian, dès ce moment, commença à propager par les armes la religion du vrai Dieu. Il fit tant qu'il eut bientôt sous ses ordres bon nombre de combattants, tous jeunes guerriers munis de bons chevaux. Avec lui se trouvaient Girard-le-hardi, le fils de Beuve de Commarchis, Guibelin et Bertrand de Terragone, le preux Hunaut de Saintes, et maints autres compagnons que je ne vous nommerai pas.

Ils entrèrent en Espagne et ravagèrent la terre des mécréants; ils tuèrent les femmes et massacrèrent les enfants.

Vivian fit crier dans toute son armée cet ordre: quiconque pourra prendre un mécréant, qu'il ne lui demande ni or ni argent pour se racheter, mais qu'il lui coupe la tête.

Sept ans tout pleins Vivian agit de la sorte; il ne s'abstint pas un jour de tuer les Sarrasins. Les malheureux crièrent atterrés:

— Ah! Guillaume, comme vous nous maltraitez! Votre lignage nous frappe durement! Desramé, Sire, pourquoi tardez-vous à réunir vos amis et votre peuple; tandis que ce diable vous fait tant de tort!

Cependant Vivian alla camper sur le bord de la mer dans l'Archant.

A la Pentecôte, quand les fleurs s'épanouissent et les prés reprennent une couleur plus vive, Desramé tint à Cordoue une riche cour plénière avec ses ducs, ses comtes et ses vassaux. Il était heureux de vivre en paix avec Guillaume au court nez, car la guerre lui avait causé beaucoup de chagrin. On célébra une grande fête en l'honneur de Mahomet; les païens firent résonner leurs cors et leurs trompettes, et le roi Desramé était plein d'une joie, qui bientôt devait se changer en douleur et en courroux.

Un vaisseau s'approche de Cordoue, envoyé par Vivian; il s'y trouve cinq cents païens à qui l'on a coupé les lèvres et le nez, ou bien les pieds et les poings, ou auxquels on a en outre crevé les yeux. Il ne s'en trouve que quatre qui ne sont pas mutilés: ceux-là sont chargés d'offrir au roi le présent de Vivian.

Les lamentations des malheureux attirèrent l'attention de Desramé, qui fut tout étonné d'entendre ces cris de douleur. Les quatre hommes qui avaient été épargnés, conduisirent les blessés devant le roi.

— Desramé, Sire, firent-ils, écoutez! Voyez-vous ces hommes si maltraités? C'est celui qu'on appelle Vivian, le fils de Garin d'Anséune, le neveu de Guillaume, le marquis au court nez, le petit-fils du vieil Aymeric, qui vous les envoie; parce qu'il vous méprise et veut vous faire enrager. Il n'y a pas longtemps qu'il a été fait chevalier, et déjà il a pris Luiserne et tué vos parents. Marados est mort et vos terres sont brûlées et saccagées. Du côté de l'Archant tout le pays est en son pouvoir, et nous sommes tous des hommes morts, si vous ne nous secourez.

A ces mots Desramé fronça le sourcil et changea de couleur de douleur et de rage.

— Par Mahomet! fit-il, ne me cachez pas le nom du garçon qui est assez hardi et féroce pour piller et brûler mes terres, et qui m'a tué, mutilé ou pris mes hommes!

— C'est, répétèrent ses gens, le neveu de Guillaume, l'enragé qui, à Roncevaux, fut emmené prisonnier, par votre neveu Marados. Vivian resta en otage pour son père. Mais aujourd'hui il s'est fièrement redressé contre nous, et si vous n'en tirez vengeance, vous êtes un homme perdu.

La rage du roi se traduisit en malédictions contre Aymeric et Guillaume.

— Misérable! dit-il, que ta race soit maudite! Tous, vous m'avez trop souvent molesté! Mahomet, mon seigneur, montrez votre supériorité, et vengez-moi de ces misérables qui m'ont tant de fois attaqué! Mais par Mahom, qui gouverne l'univers, cette fois je rassemblerai les barons de mon empire, ceux de Luiserne et tous ceux de Biterne, de Sutre et de Salerne; pas un Sarrasin ne restera en arrière. Je leur mènerai telle armée en l'Archant, qu'ils peuvent être sûrs d'être battus. Et je tuerai Vivian.

Il se hâta autant que possible d'envoyer des brefs par tout son royaume. Il manda en Burienne le roi Barussé, à Saragosse le roi Gasteblé, en Argastaine le roi Tempesté, ainsi que les rois Josué, Borrel et Maltribé, Margot et Aeuré de Marsane; Maltramot et Barré du pays de Sarrasins. Puis Aaroffle le roi de Valfondée, et Haucebier du pic de Grimmolée, et son fils Malegrape de Valpenée, Synagon à la barbe grise, Bauduc et Harfu de Vauprée.

Pourquoi vous les nommerais-je tous? Il y en eut tant, qu'aucun homme n'aurait pu les compter. Ils dirent à qui voulut l'entendre, qu'avant un mois ils auraient conquis la France, tué Guillaume et coupé la tête à Vivian.

Les navires furent équipés, les voiles dressées et les fanfares sonnèrent. Il y eut tant de voiles, tant de heaumes luisants, tant d'enseignes flottantes, que jamais on ne vit telle armée, depuis que Dieu créa le monde. Il y eut trente rois et plus de cent mille mécréants, qui tous ont juré la mort de Vivian. Quand ils l'auront tué lui et sa troupe, l'armée poussera droit à Orange ; la ville sera pillée et saccagée, la douce France conquise et Desramé en sera couronné roi.

Desramé entra dans son navire avec les chefs les plus redoutables, auxquels il ne cessa de se plaindre de Vivian.

— Ne vous désolez pas, lui répondirent-ils. Si nous trouvons Vivian en Aleschant, il sera mis entre vos mains, mort ou vif.

Et Aarofle, le plus redoutable de tous, ajouta :

— Ne craignez rien ; si je ne le tue pas, vous n'aurez plus jamais foi en ma parole.

Ah ! Seigneur Dieu, ayez pitié de Vivian qui est campé en l'Archant avec quelques milliers d'hommes d'armes seulement ! Il a toujours tué les païens, partout où il les a rencontrés, sans faire grâce à un seul. Ah ! que ne connait-il actuellement leur intention de le surprendre dans son camp ! Il y en a tant, que contre un des nôtres il y en a cent. Dieu ! quel malheur que Guillaume au court nez, ou dame Guibor, qui pendant sept ans l'a tendrement élevé, n'en sachent rien ! Par eux le brave Vivian eût été secouru ! Mais Vivian avait tant de fierté dans l'âme, que, même lorsqu'il succomba sous le nombre et quand il fut blessé en dix endroits, de blessures dont la moindre eût fait mourir un émir, il n'appela pas son oncle à son secours.

Cependant la flotte des ennemis s'avance ; leurs cris de rage font retentir la mer, et bientôt ils seront en Aleschant-sur-mer.

C'était au printemps, quand les oiseaux recommencent à chanter et les bocages à fleurir, que le jeune héros entendit un grand tumulte du côté de la mer. Il appela Girard, Guibert de Sarragosse, Gautier de Blaives, Hunaut de Saintes, et maint autre chevalier, et leur dit :

— Entendez-vous ce bruit en mer, ces cors et ces trompettes qui retentissent ?

Il regarda à sa gauche, et bientôt apparut à ses yeux

la cause de ce tumulte. Il vit la mer étincelant de l'or d'Arabie, qui couvrait le tout, de manière à faire disparaître les vagues.

Alors le jeune homme commença à soupirer, et dit à ses compagnons :

— Vous le voyez, nous serons attaqués ; nous ne pouvons pas y échapper. Voici les Sarrasins. Aujourd'hui il faudra prouver ce que nous valons, et recommander nos âmes à Jésus.

Quand ils l'entendirent parler si fièrement, et qu'on vit avancer la flotte à tant de voiles, qui couvrait la mer sur une étendue d'une lieue, et qu'on entendit les cris rauques des ennemis et les sons perçants de leurs trompettes, le plus hardi des hommes de Vivian se mit à trembler et changea de couleur.

— Que la sainte Vierge nous soit en aide, se dirent-ils, car on voit bien que notre fin est proche.

Vivian, à ces paroles, secoue la tête et roule les yeux.

— N'ayez pas peur de ces mécréants, dit-il ; quoiqu'ils soient en grand nombre, Dieu ne combat pas pour eux. Suivez-moi sans crainte, l'épée au poing. Celui qui meurt, son âme va droit en paradis ; Dieu sera avec nous, et il ne reculera pas devant cette race infidèle.

— Vivian, dit Guérin après avoir regardé les ennemis, c'est une folle entreprise, ils sont trop nombreux. Envoyez vers Guillaume le plus vite possible, et nous avons la chance d'être secourus.

Girard de Commarchis, de son côté, fut d'avis de battre en retraite, puisqu'on était un contre soixante-et-dix. Mais Vivian leur répondit :

— Soyez sans crainte, mes amis, nous sommes jeunes et forts, nous avons de bonnes armes et de forts chevaux, et d'ailleurs nous croyons en ce Christ qui mourut pour nous et ces païens n'adorent que des figures dorées, dont une centaine ne vaut pas notre Dieu. Et enfin j'ai juré que je ne fuirais jamais devant ses ennemis; je serais donc un parjure, si j'envoyais chercher Guillaume; tant que, Dieu merci, je suis vivant et sans blessure. Je vous donne ma parole qu'aussi longtemps que je me sens si fort, je n'enverrai pas de message à Orange et que j'épargnerai à Aymeric, à la belle Guibor et au marquis Guillaume, la honte de me voir fuir. Je ne bougerai pas d'ici; j'y reste mort ou vif. Mais vous, barons, je ne veux pas que vous mouriez à cause de moi; retirez-vous, je vous le permets de bon cœur. Moi, je suis retenu par mon serment.

Les yeux pleins de larmes tous se dirent:

— Jamais il ne naquit d'homme plus hardi; malheur à celui qui se sépare de lui, que jamais Dieu ne le reçoive en son paradis!

Puis se tournant vers lui, ils ajoutèrent:

— Vivian, ne craignez rien, nous ne vous ferons pas défaut, dussions-nous être coupés en pièces; nos épées vous soutiendront.

Vivian les remercia, et Girard lui dit:

— Nous sommes sept comtes du même lignage; faites-nous donner des armes, tenons-nous ensemble et serrons-nous l'un contre l'autre, afin de nous soutenir.

Pleins de tristesse — l'un se lamentait sur le sort de l'autre — ils endossèrent les hauberts, lacèrent les heaumes et empoignèrent les lances au fer doré. Vivian en regardant sa troupe, fut effrayé de la voir si petite. Il se frappa la poitrine en disant:

— Dieu, ayez pitié de moi! Je vous recommande nos âmes! Quant à nos corps, il en sera ce que Vous voudrez.

II.

Déroute.

Cependant les Sarrasins font retentir la mer du bruit de leurs fanfares; il n'y a homme qui vive qui eût pu dire qu'il n'était pas plein d'effroi en les voyant débarquer.

Vivian ranima les siens en leur disant:

— Barons, ne perdez pas courage! Dieu vous a appelés à sa défense. Heureux celui qui meurt aujourd'hui! il ira droit au ciel. En avant, avant que les païens aient formé leurs rangs.

A ces paroles ils enfoncèrent les éperons dans les flancs des chevaux. Desramé, voyant leur troupe s'ébranler, crut qu'ils se mettaient à fuir, et en était enchanté. Mais Maloré lui cria:

— Vous vous trompez sur leur compte. Par Mahomet! vous vous en apercevrez bientôt. Ce chevalier est fier et redoutable, il ne fuira pas.

Vivian galopant au premier rang, cria:

— Monjoie! Païens, arrière!

Il se jette au milieu des Turcs et en embroche deux à sa lance. Il en renverse dix à terre et en blesse trois autres avant que la lance soit brisée. Alors il tire son épée qu'il plonge à sept reprises dans le corps d'autant d'ennemis, en criant:

— Monjoie! alerte chevaliers! Vendez-vous, chèrement et ne craignez rien.

L'attaque fut si énergique que les Sarrasins furent refoulés, et la bataille eût été perdue, s'il ne leur était venu du renfort. Desramé, le géant Haucebier et tous les rois païens venaient de débarquer avec dix mille hommes. Ils rejetèrent les Français en arrière, deux fois l'espace d'un trait d'arbalête.

Vivian, tout en implorant le secours de Dieu et en ranimant les siens de la voix, frappe à droite et à gauche. Il coupe en deux les écus de deux adversaires, et laisse les païens ébahis de ses coups.

— C'est un vrai diable, se dirent-ils. On voit bien qu'il est du sang d'Aymeric et du marquis Guillaume.

Voici Girard de Commarchis qui s'élance en avant des autres. Il monte un cheval de prix et tient la lance en arrêt. Il se rue sur Margaris, un neveu de Desramé et seigneur de Luitis; au milieu de ses hommes il lui plante la lance dans le cœur et le jette mort au pied d'un tertre; il se retire en criant „Monjoie!"

Les cris et les vociférations redoublent; car c'est une perte douloureuse pour Desramé.

— Si nous ne le vengeons, dirent ses compagnons tout en pleurs, jamais, tant que nous vivons, nous n'aurons de joie.

Le second qui se fit remarquer, fut Guibert, le noble baron de Terragone. Son cheval était bon, sa bannière resplendissante. Un Turc, le roi d'Arènes, vint à sa rencontre. Il cherchait Vivian, criant à haute voix:

— Où es-tu, traître? Je te mettrai à mort avec ma bonne épée et tous tes hommes périront misérablement. Ensuite nous irons à Orange; nous brûlerons la ville et prendrons le château. Guillaume sera mis dans un cachot ténébreux et Orable sera rendue à Thibaut, son époux.

A ces mots Guibelin sent la colère lui monter au cœur; il lance son cheval sur le païen, de son épieu il lui perce l'écu et le haubert et lui fait une large blessure. Après ce coup il retourne vers les siens en jetant son cri d'armes.

Au milieu du tumulte et des cris, Desramé ranime le courage des siens et le combat devient plus âpre. L'émir Gaifier cherche Vivian; il trouve sur son chemin Gautier de Blaive, qui le tue d'un seul coup. Desramé enrage; il jure par sa barbe qu'il ne délacera pas sa ventaille, avant que Vivian soit mort ou prisonnier. Mais des milliers de païens auront mordu la poussière avant qu'on en soit là.

Vivian éperonne son cheval et court à droite et à gauche au plus fort de la mêlée ; quiconque est atteint par son glaive tombe mort. Mais il y a tant d'ennemis qu'ils sont cent contre un. Le jeune homme pleure sous son heaume ; car il voit bien qu'il aura le dessous.

— Dieu, dit-il, protégez vos serviteurs ! Ah ! oncle Guillaume, je ne te reverrai jamais, ni ma famille, ni les gens du pays. Bientôt tu auras de nous de bien tristes nouvelles. Et vous, belle comtesse Guibor, qui m'avez élevé et longtemps choyé sur votre sein, quand on vous racontera ma mort, vous pleurerez amèrement pour l'amour de moi.

Le cœur lui manque et peu s'en faut qu'il ne tombe de cheval. Mais quand il voit les siens enveloppés de toute part, il se rejette au milieu des combattants, l'épée haute, éventrant et estropiant tout ce qu'il rencontre.

Cordroan d'Auvergne, voyant que Vivian malmène ses gens de la sorte, lui porte un coup formidable de son épieu de frêne ; il lui déchire le haubert et le blesse grièvement, sans cependant lui faire quitter la selle. Sa lance vole en éclats, et fou de joie, il s'écrie :

— Desramé, mon seigneur, où êtes-vous ? Je vous ai débarrassé de Vivian. Le coup que je viens de porter sera ressenti par Aymeric, Guillaume, Guibert-le-roux et toute leur race, qui nous a fait tant de mal.

Vivian l'entendit bien, mais la douleur l'empêcha d'y répondre. Il en fut si malheureux, qu'il pleura à chaudes larmes. Les paroles arrogantes du Sarrasin avaient aussi été entendues par un chevalier du nom de Jehan d'Averne, qui poussa son cheval sur lui et lui brisa sa lance sur le corps ; puis sautant à son épée, il lui en porta sur le heaume un coup qui en fit voler les fleurons et les pierres précieuses ; ni le fer ni le cercle d'or qui l'entourait ne put garantir Cordroan ; il eut la tête fendue et tomba mort à terre.

— Tu en as assez, misérable, dit Jehan. Notre malheur eût été trop grand, si tu nous avais tué ce chevalier!

Puis se tournant du côté de Vivian, qui avait perdu connaissance, il le releva; et lorsqu'il lui vit reprendre ses sens, il lui demanda doucement, les larmes aux yeux:

— Vivian, sire, comment vous trouvez-vous?

— Je ne suis blessé que légèrement; je me vengerai, car j'en ai grande envie, et je me sens plus d'ardeur que jamais.

Sur ce, voici Girard, Guibert de Terragone et Gautier de Blaives, qui l'épée à la main s'ouvrent un chemin jusqu'à Vivian. Ils se pressent autour de lui, la rage dans le cœur, et lui retirent doucement le fer de la plaie. Ils sont rejoints par Étienne de Valpré, chevalier plein de savoir, qui avait été longtemps à Salerne. Ayant examiné attentivement la blessure, il tira son épée et en coupa un pan de son bliaut, dont il étancha la plaie qu'il banda fortement. Puis il rassura Vivian sur les suites du coup.

— Dieu soit loué! répondit-il. Et s'adressant aussitôt aux autres, il leur dit:

— Nous nous sommes arrêtés trop longtemps; frappez, chevaliers, et pensez à défendre votre vie.

Girard lui dit:

— Vous avez eu tort de ne pas suivre mon conseil. Si ce matin, au point du jour, quand ces païens arrivèrent, vous aviez envoyé un messager sûr à Guillaume au court nez, je suis persuadé qu'il aurait pu nous sauver."

— Ce qui est fait est fait, lui répondit Vivian. Si j'avais suivi ton conseil, on nous l'aurait reproché, à nous et nos parents, comme une lâcheté. Il vaut mieux nous perdre ainsi que d'en réchapper avec honte. Si nous mourons ici, nous aurons mérité la clémence de Dieu. D'ailleurs quand un homme meurt en sa jeunesse, plein de force et d'avenir, on le plaint et on le regrette; mais quand il meurt de vieillesse il n'est regretté par personne.

Cela dit, ils rejoignent les Turcs et ils en tuent ce jour là des milliers. Mais à quoi cela leur sert-il? Ils ne pourront en réchapper, puisque les païens sont en trop grand nombre! Contre un Français il y en a cent.

Le bruit vint à Desramé que Vivian avait été tué.

— Il avait déjà trop longtemps vécu, dit-il.

Cette nouvelle rendit les mécréants plus ardents à vaincre.

III.

Vivian assiégé.

Le tumulte allait croissant; les Sarrasins étaient en si grand nombre que Vivian ne pût soutenir leur choc. Il vit ses hommes tomber à ses côtés, et la douleur qu'il en ressentit ne lui permit pas de proférer une seule parole. Quoique ses coups se suivissent sans interruption il ne put réussir à se frayer un passage à travers les infidèles. Cependant Girard lui cria:

— Monseigneur Vivian, il est temps de chercher le moyen d'échapper, de nous préserver de la mort. Il serait trop triste de finir ainsi.

— Je vais vous donner un bon conseil, répondit Vivian. Vous savez que mon vœu me défend de tourner le dos à l'ennemi; mais il y a du côté de la mer un château, bâti dans les siècles passés par un géant; les murs en sont encore debout et il est entouré de fossés. Si à force de coups d'épée nous pouvons repousser l'ennemi jusque là et y entrer, Dieu le tout-puissant pourrait encore nous sauver et envoyer Guillaume à notre secours.

Tous ses compagnons se regardèrent en se demandant:

— Cet homme a-t-il perdu la raison, qu'il croie possible de se frayer un chemin à travers ces païens et de les refouler jusqu'à la forteresse?

Se tournant vers Vivian, ils dirent:

— De quelle manière voulez-vous arriver là, quand nous en sommes séparés par des milliers de Sarrasins? Leurs rangs sont plus épais qu'une forêt vierge. Comment pourrions-nous les percer?

— Avec notre bonne épée, répartit Vivian. Suivez-moi, je vous montrerai le chemin.

Il se mit à sonner du cor, ce qui fit saigner ses blessures; mais cela ne l'empêcha pas de tirer l'épée, et de se jeter avec fureur sur les Sarrasins, qu'il pourfendit et tua avec une hardiesse surprenante. Tous ses hommes firent comme lui. Le matin ils étaient trois mille, il n'en reste que la moitié. Les autres ont succombé; leurs âmes sont au ciel devant Dieu. Et ceux qui vivent, ont presque tous de larges blessures. Mais l'énergie du désespoir leur a ouvert une route à travers les rangs des païens; ils réussissent à se jeter dans le château dont ils lèvent aussitôt le pont. Les murs en sont hauts et construits en pierre; ils pourraient se défendre un mois entier, s'ils avaient à boire et à manger; mais ils n'ont que leurs coursiers pour toute provision.

— Champions de Dieu, dit Vivian à ses compagnons, ne perdez pas courage; c'est pour la cause du Seigneur que vous souffrez; vous trouverez votre salaire en paradis. Pour aujourd'hui, prenez quelques-uns de vos destriers, dépécez-les avec vos épées et qu'ils vous servent de nourriture, jusqu'à ce que Jésus ait merci de nous. Mais je vous prie de faire bonne garde. — J'ai quatre blessures, il est vrai; mais, Dieu merci! je m'en suis bien vengé sur ces païens félons. A moi seul j'en ai pourfendu un millier. Je n'ai pas reculé; au contraire, j'ai marché en avant et je me suis établi au milieu d'eux. On ne reprochera pas à ma famille que les païens m'ont fait reculer d'une semelle. Quand la nouvelle sera portée au noble Aymeric, au comte Guillaume, à Guibor et à tous les miens, notre martyre sera consommé. En trouvant nos cadavres ils ne diront pas que nous n'avons pas accompli notre devoir.

Ceux qui étaient blessés se couchèrent pour chercher quelque repos, et les autres montèrent aux murs pour disposer leurs moyens de défense.

Quand on annonça à Desramé que Vivian avait trouvé un abri dans le vieux castel, il en fut fort contrarié :

— Nous sommes bien malmenés par ces misérables, dit-il; ils nous ont fait perdre quinze mille hommes. Mais leurs remparts ne leur serviront pas à grand'chose; bientôt ils seront morts ou exténués. Nous allons les assiéger.

Le lendemain au point du jour le château fut investi de toutes parts. Desramé avait fait dresser sa tente devant les murs, ainsi que les trente rois qui l'accompagnaient. Ils ne lèveront le siège que quand leurs ennemis seront morts ou vaincus.

Au dedans, le brave Vivian gisait dans un triste état. Il saignait de toutes ses blessures, et ses hommes d'armes se trouvaient dans de fort mauvaises conditions: tel était contusionné, tel autre, blessé grièvement; presque tous avaient la tête bandée.

Vivian se livra à toute sa douleur :

— Helas! dit-il, notre situation est désespérée. Nous voici assiégés de toutes parts, et nous n'avons ni pain ni blé. Il est impossible de rester ici. Y a-t-il parmi vous quelqu'un d'assez hardi pour aller trouver Guillaume au court nez, soit dans le Bordelais, où le comte se trouvait à notre départ, soit à Orange, je ne sais où, pour lui dire d'assembler ses barons et de me secourir au nom de Dieu?

— J'irai moi, lui dit Girard, si vous le permettez; je parle assez bien la langue des Sarrasins, je pourrai me glisser à travers leurs tentes, et si Guillaume se laisse persuader, vous serez secouru à temps.

— Que Dieu vous en récompense, répondit Vivian.

Le jeune homme prit un bouclier, peint à fleurs, qu'il avait arraché du cou d'un païen, et sous ce déguisement il se mit en route un peu avant la pointe du jour. A peine s'était-il éloigné d'une portée d'arbalête que le voilà arrêté par une bande de Turcs de la suite du roi Martemas d'Almérie; ils avaient monté la garde autour de sa tente, de crainte que Vivian ne fît une sortie. Un d'eux lui cria:

— Qui êtes-vous, cavalier, répondez sans détour.

Girard, pour les tromper, dit:

— Ne craignez rien, je suis Quinart de Nubie, de la suite de Desramé et son sénéchal.

— Ouidà, répondit un païen, tu n'es qu'un espion; car celui dont tu parles est mort, tué par le traître Vivian. Barons, dit-il aux siens, c'est un homme du château, soyez assurés qu'il va chercher secours auprès du comte Guillaume à Orange. Piquez des deux sans tarder; car s'il nous échappe, il nous arrivera malheur.

Toute la bande se jette sur lui. Girard voyant qu'il est reconnu, et qu'il n'y a pas moyen de passer, rebrousse chemin et rentre dans la forteresse.

Vivian tout étonné de le revoir déjà, lui dit:

— Comment, beau cousin, est-il possible que vous ayez déjà été à Orange? avez-vous trouvé Guillaume au court nez, Bertrand et Hunaut à la barbe? Viennent-ils? Leur avez-vous tout conté?

— Monseigneur Vivian, lui répondit Girard, vous vous trompez. Il n'est homme au monde, quel que soit son courage, qui puisse traverser le camp des Sarrasins; il y en a trop qui font sentinelle.

— Vous avez trop peu de courage, dit Vivian; vous n'êtes pas de la famille des preux; vous ressemblez mal à Guillaume au court nez, qui a tant de fois traversé les rangs des païens et chevauché parmi eux la lance au poing. Restez ici et reposez-vous; je ne veux pas que vous vous exposiez pour moi. Si je n'avais peur d'encourir les reproches de mes braves, personne n'irait, sinon moi-même.

Girard vit bien que Vivian lui en voulait. Sans rien dire il va prendre une lance et se remet en chemin, jurant qu'il passera, à moins d'être tué ou pris. Il fait le signe de la croix, se recommande à Dieu et part. A peine avait-il fait une demi-lieue qu'il fut découvert. On lui demanda qui il était et où il allait.

— Seigneurs, répondit-il, je suis Gasteblé. Sur l'ordre de Désramé j'ai fait le guet toute la nuit, afin que Vivian ne nous échappât point. Mes hommes viennent derrière moi.

— Par Mahomet! dit un païen, tu mens. Tu n'es pas le puissant roi Gasteblé. Je sais qu'il est en ce moment assis devant sa tente, en compagnie de Cador et de Tempesté; il a été blessé hier et vient de faire chercher ses médecins. — Soldats emparez-vous de ce misérable; c'est un Chrétien, je le reconnais trop bien. Il va chercher du secours auprès de Guillaume au court nez.

— Tu en as menti, répondit Girard; et en même temps il pique son cheval, tire l'épée et se jetant sur celui qui venait de parler, il lui porte un coup qui le fend en deux jusqu'au baudrier.

De toutes les tentes des cris s'élèvent et de toutes parts il est assailli. Il s'élance au galop, et celui qu'il atteint de son épée est un homme mort. Les païens lancent après lui leurs javelots affilés; son écu en est criblé. Mais Dieu ne permit pas qu'il fut blessé.

Girard fit tant que, malgré tous leurs efforts, il passa à travers leur camp et gagna le chemin d'Orange; mais il était à bout de forces et son haubert était rompu en plusieurs endroits.

IV.

Le message de Girard.

Il alla tout d'un trait jusqu'à Orange. En entrant dans la ville, il la trouva pleine de vie et de mouvement. Aux fenêtres et dans les rues il vit mainte dame et mainte pucelle. Les hommes travaillent ou s'amusent: ici des selliers font des selles dorées, là des armuriers forgent des fers de lance; plus loin ce sont des chasseurs, l'épervier au poing, ou des chevaliers qui jouent aux échecs et aux dés, d'autres qui dansent ou jouent de la vielle. Guillaume lui-même était en train de jouer avec son neveu Bertrand.

Tout le monde se mit à regarder Girard en disant:

— Sachons quelles nouvelles il apporte. On voit bien que ce Sarrasin a eu affaire à des gens de guerre; son heaume est tout bossué, le cercle de fer qui l'entoure, est coupé; c'est à peine s'il se soutient en selle. Viendrait-il pour enlever Guibor?

Girard marche, sans s'arrêter, jusqu'au marché. Devant le château, sous l'ombre d'un olivier, il vit Bertrand jouant aux échecs avec le comte Guillaume, qui venait de lui gagner une mule et un cheval. Le comte, tout en arrangeant son jeu, leva les yeux et vit Girard qui s'avançait vers lui. Il dit à Bertrand:

— Tenez-vous un peu à l'écart, car voici un chevalier qui nous arrive, et par la sainte Vierge! il paraît bien triste et bien fatigué; il sort d'un combat mortel. C'est un Sarrasin, cela se voit à son armure. J'ai peur qu'il ne nous apporte de mauvaises nouvelles de Vivian, qui depuis longtemps fait la guerre aux païens. Cette nuit j'ai rêvé que je le voyais revenir, tout en courroux et tout en pleurs;

tous ses hommes l'avaient quitté, je ne sais pourquoi. Il venait pour se plaindre à moi. Je ne pus embrasser mon neveu, et il en était si courroucé, qu'il se sépara de moi sans proférer une parole et s'en alla en pays étranger. — J'en augure qu'il a succombé sous le nombre de ses ennemis et que les Sarrasins l'ont si malmené....

Avant qu'il eût fini, Girard s'adressa à lui de cette manière :

— Que ce Dieu qui réside en la Trinité, qui nous donne le soleil et la lumière, protége le marquis au court nez, et son épouse, que je vois là-bas, ainsi que ses amis, ses barons et ses pairs.

— Mon ami, que Dieu vous garde aussi. Vous êtes Chrétien, puisque vous invoquez le nom du Seigneur. Racontez-nous ce que vous avez à nous apprendre, et commencez par me dire votre nom.

— Au nom de Dieu, mon oncle, ne me reconnaissez-vous donc pas? Je suis votre neveu Girard, le fils de Beuves de Commarchis.

A ce mot Guillaume se jeta à son cou. Bertrand lui ôta son heaume et Guibor lui détacha sa pesante épée. Le comte Guillaume lui-même l'aida à dépouiller son haubert, et il vit que son sang coulait de plusieurs blessures.

— Au nom de Dieu, dit-il, beau neveu, dites-moi la vérité, qu'avez-vous à dire de Vivian?

— Je vous dirai la vérité. Vivian est au pouvoir des Sarrasins; si Dieu ne lui vient en aide, vous ne le reverrez plus jamais. Lui et les siens ne peuvent tenir tête en l'Archant aux forces bien supérieures de l'ennemi. Je ne sais qui a averti Desramé, mais par une belle nuit il a abordé à Aleschant-sur-mer accompagné de plus de trente rois et d'un si grand nombre de soldats qu'un savant clerc ne pourrait les compter. Et Vivian fut si inconsidéré, qu'il ne voulut pas battre en retraite. Les Sarrasins nous provoquèrent, nous les attaquâmes comme vous le pensez. Que d'écus troués, que de hauberts découpés, que de Sarrasins morts et défaits! Jamais on ne vit attaquer les mécréants de si bon cœur. Chacun fit de son mieux; mais Vivian surpassa tous les autres. Pas un païen ne put résister à ses coups; je lui en vis tuer un millier de sa main. Mais cela ne lui servit de rien; pas un des nôtres n'en réchappera. — Vivian était déjà grièvement blessé lorsque nous remarquâmes un antique château. Il nous fallut passer au milieu de l'armée ennemie pour y parvenir. Nous réussîmes, et c'est là que Vivian blessé s'est jeté avec le reste des siens, tout au plus au nombre de cinq cents. Les païens les assiégent, et ils sont en si grand nombre, que c'est avec la plus grande peine que j'ai pu traverser leur camp. Vivian vous supplie pour l'amour du Christ, que vous le secouriez; sinon, vous ne le reverrez plus jamais. Et comme preuve de ma véracité, regardez mon écu et mon heaume et voyez comme je suis inondé de sang.

Quand Guillaume eut entendu ce récit, la douleur et la colère l'empêchèrent de proférer une seule parole. Dame Guibor soupira longuement, Bertrand et les autres se tordirent les poings.

Enfin Guillaume dit :

— Beau neveu Girard, il est donc vrai, mon neveu Vivian est en Aleschant à la merci des païens?

— Oui, je vous le jure au nom de Dieu. Je pense que vous ne le reverrez jamais.

La colère du comte alla s'augmentant, pendant que Guibor versait un torrent de larmes.

— Comment pourrai-je venger l'ami bien cher à mon cœur, si les Turcs sont en si grand nombre? Cinq cents Français ne sont rien, et je suis absolument sans argent pour prendre des hommes à ma solde. J'ai tant guerroyé contre les païens, que si cette tour avait été pleine de deniers, ils auraient été dépensés depuis longtemps.

— Dieu! soupira Guibor, comme ce faible comte se laisse

abattre! Ne perdez pas courage, poursuivit-elle, envoyez vos brefs de tous côtés, et faites rassembler serviteurs, vassaux et soudoyés; mon trésor est bien garni, soixante-et-dix chevaux ne suffiraient pas à le porter, et je donnerai jusqu'au dernier denier pour secourir Vivian.

Guillaume accepta de grand cœur, et il se mit à rassembler des soldats de tous côtés. Il se trouva bientôt à la tête de dix mille combattants que dame Guibor fit héberger.

Guillaume appelle auprès de lui Hunaut de Saintes, Gautier de Toulouse et Bertrand, et leur ordonne de tenir leur troupes prêtes pour le lendemain au point du jour afin d'aller attaquer les gens d'Afrique.

Guichardet, le jeune frère de Vivian, un cadet de quinze ans, ayant entendu raconter dans quelle mauvaise passe se trouve son frère, pria Guillaume de lui donner des armes et de lui permettre de l'accompagner. Mais Guillaume refusa en lui disant:

— Tu es trop jeune pour courir sus aux Sarrasins. Si tu venais en Aleschant et que tu visses ces grands vaisseaux et ces païens tout couverts de leurs armures de fer, les prés inondés de sang et de cervelle, et ces païens coupés en deux entassés l'un sur l'autre, tes yeux ne pourraient regarder ce spectacle et ton courage ne le supporterait pas.

— N'ayez pas peur, lui répondit Guichardet; quand je fuirai, vous-même n'y demeurerez pas.

Guillaume sourit en entendant cette parole.

— Tu resteras ici avec Guibor, dit-il, et quand je serai revenu d'Aleschant, je t'armerai chevalier quand il te plaira.

Le jeune homme rongea son frein. Cependant les barons ayant soupé au château de Gloriette, s'en vont au bourg se coucher en leurs hôtels. Le lendemain de bonne heur on chanta la messe à Orange et tous les chevaliers y assistèrent. Cela fait, Guillaume donna l'ordre de se tenir prêts pour marcher sus aux Sarrasins et secourir Vivian.

On chargea les tentes sur les bêtes de somme avec les écus, les armures et les vivres, et tout ce dont une armée peut avoir besoin. Et lorsque Guillaume fut sur le point de monter à cheval, Guibor lui dit en prenant congé de lui :

— Monseigneur Guillaume, que Dieu vous garde! Secourez Vivian pour l'amour de Dieu et épargnez vos hommes.

Le comte l'embrassa tendrement et se mit en route. Hélas! Guillaume ne reverra pas son neveu vivant, et lui-même, avant quatre jours, sera dans un état pire qu'il ne fut jamais.

Il sortit d'Orange accompagné de sept comtes de sa famille, parmi lesquels le preux Bertrand, Gaudin-le-brun et le hardi Gautier de Blaives. Leur armée était composée de plusieurs milliers d'hommes.

Ils marchent sans se hâter, serrés les uns contre les autres. Bientôt Guillaume leur cria :

— Pour Dieu, marchez plus vite, car si Vivian est mort ou vaincu, je le regretterai pendant toute ma vie.

On hâta la marche.

V.

Guichardet.

Cependant Guichardet était resté à Orange, affligé du sort de son frère et encore plus de ce qu'on l'empêchait de partir. Il courut vers Guibor et se jetant à ses pieds, lui dit :

— Noble comtesse, au nom de Dieu, armez-moi chevalier, comme je l'ai désiré depuis longtemps, afin que je puisse aller secourir mon frère.

— Du tout, mon cher, tu n'iras pas ; mon bon seigneur l'a expressément défendu.

Et elle recommanda sur ses yeux à son gouverneur de veiller à ce que le jeune homme ne s'éloignât pas.

— Il y a bien de quoi enrager, se dit Guichardet ; je suis assez grand pour porter une armure ; on a le droit de me mépriser si je reste.

Il sortit de sa chambre sans avertir personne et se dirigea vers les écuries, où il prit un cheval fort et vif, qui n'avait pas son pareil. Il le sella, y monta et sortit de la ville le plus vite possible, pour rejoindre l'armée.

Bientôt la nouvelle en arriva à Guibor ; pleine de colère elle fit crier par la ville que chacun eût à courir après le jeune homme pour le ramener. Bon nombre d'écuyers légers se mirent à sa poursuite ; mais leurs cris n'y firent rien. Il n'y eut que la promesse de son gouverneur, que Guibor le fera chevalier, qui parvint à le faire revenir.

Dame Guibor fut obligée de lui donner des armes. Sous l'ombrage d'un grand arbre, elle lui fit vêtir le haubert et lacer le heaume ; puis elle lui ceignit elle-même l'épée au flanc gauche.

Lorsqu'il fut armé selon ses désirs, Guichardet retourna

sur ses pas au galop, les larmes aux yeux. Il n'avait pas fait beaucoup de chemin, lorsqu'en montant une hauteur, il fit la rencontre de quinze maraudeurs de l'armée sarrasine.

— Arrêtez, cavalier, lui cria-t-on. Vous ne porterez pas plus longtemps ces armes.

— Jamais je n'ai entendu pareille chose, repliqua Guichardet. Je regretterais fort de vous les laisser ; je veux être damné si vous les aurez, tant que je pourrai me défendre.

Il joue de l'éperon et attaque si vivement le chef qu'il lui met deux pieds de son gros épieu dans le corps et l'abat roide mort. Ensuite il passe sa lance dans le corps d'un second, qu'il tue aussi. Mais la lance vole en éclats, et ses adversaires veulent en profiter pour l'abattre, lorsque le jeune chevalier tire son épée et en coupe la tête à un troisième. En même temps il passe outre au grand galop. L'ennemi lance ses javelots après lui, dont quatre entrent dans son écu ; mais il plut à Dieu de ne pas permettre qu'il fût blessé.

Il courut aussi vite qu'il put, jusqu'à ce qu'enfin il atteignit l'armée en marche. Le comte Guillaume qui l'avait bientôt remarqué, dit à son neveu Bertrand :

— Regardez ce chevalier tout armé qui s'avance vers nous ; il paraît qu'il sort d'un combat, car je vois plusieurs dards fichés en son écu. Je suppose que c'est à moi qu'il veut parler.

Puis allant à la rencontre de l'étranger, il lui cria :

— Chevalier, répondez-moi : qui êtes-vous, qui marchez sur nos traces ?

— Comment, mon oncle, vous ne me reconnaissez pas ? Je suis Guichardet. Guibor m'a fait donner des armes ; je viens vous aider à délivrer mon frère.

Guillaume l'embrassa et lui permit de l'accompagner.

En approchant de l'armée ennemie, le comte fit sonner tous ses cors afin d'épouvanter les Sarrasins et de donner du cœur à Vivian. Mais les ennemis sont en trop grand nombre pour se laisser intimider; ils sont persuadés qu'il sont invincibles.

Quand Vivian entendit le son des cors, il dit à ses hommes :

— Aux armes! Tant que nous sommes en vie, il est de notre devoir de ne pas laisser les Sarrasins en repos, mais de les tuer et pourfendre à la plus grande gloire de Dieu. Je ne voudrais pas pour un muid plein d'or que Guillaume au court nez nous trouvât ici.

Obéissant à ces paroles, ses chevaliers ne tardèrent pas à attaquer le camp des païens avec fureur. Desramé voulant en finir avec eux, dit aux siens :

— Ce neveu de Guillaume semble nous mépriser, puisqu'il ose attaquer le camp; il est temps de l'en punir. Faites votre devoir, chevaliers, et enfermons-les dans un cercle de fer, que pas un seul ne puisse échapper. Amenez-moi Vivian; prenez-le vivant, s'il est possible, et nous ferons traîner son corps par tout l'Archant à la grande honte de Guillaume.

A cet ordre il ajouta la promesse d'une grande récompense pour celui qui l'exécuterait; et l'on pense bien que cela fit courir les mécréants. La montagne et la plaine disparaissent sous leurs bataillons.

Vivian, de son côté, pousse son cheval vers eux, en avant de tous les siens. Au premier Sarrasin qu'il trouve sur son chemin il porte un formidable coup de lance, qui lui perce l'armure et le corps; il le jette par terre baigné dans son sang.

Lorsqu'il eut terrassé son ennemi, aux armes étincelantes et à son heaume doré, Vivian le reconnut pour le roi Desramé lui-même. Il le saisit par le nasal du heaume et tirant son épée, il lui aurait coupé la tête, si tous les Sarrasins d'Espagne et d'Orient ne fussent accouru à la rescousse de leur chef, qu'ils tirèrent des mains de son adversaire.

— Desramé, où te caches-tu, lui cria Vivian, après avoir senti l'acier de ma lance entre tes côtes ?

Et le soudan dit aux siens:

— C'est Vivian qui vient de m'abattre; s'il nous échappe encore, malheur à vous.

Alors les païens assaillirent Vivian avec fureur. Ils lancent vers lui leurs épieux et leurs javelots, et abattent son cheval sous lui. Le jeune homme sauta à terre et courut sur eux l'épée haute. Celui qu'il en atteint tombe mort. Mais il semblait pleuvoir des ennemis. Par quatre fois il est blessé par leurs dards, et à trois reprises il est jeté par terre. Si Hunaut et Gautier de Termes n'étaient venus à son secours avec leurs gens et ne l'eussent relevé, il eût trouvé la mort; car la perte de sang l'avait rendu si faible, qu'il perdit plusieurs fois connaissance.

Le combat qui se livra autour de lui dura longtemps. Enfin Vivian reprit ses sens. On banda ses cinq blessures mortelles avec son bliaut, et on le remonta sur un cheval; la seule bonté de Dieu l'empêcha de mourir.

Vivian regarda de tous côtés; de ses cinq cents hommes il ne restait que trois cents.

— Mon Dieu, dit le jeune homme, l'heure de la mort est arrivée, puisque j'ai perdu mes hommes et mes chevaliers. Ah! Girard, pourquoi m'avez-vous oublié, vous qui deviez m'amener du secours? Mais non, si vous ne revenez pas, c'est que vous êtes mort. Oncle Guillaume, noble Guibor, vous ne me reverrez plus jamais! Ma vue se trouble, je n'y vois plus clair, et j'ai perdu tant de sang que je n'ai plus la force de diriger mon cheval. La mort n'est pas loin; il faut dire adieu à ce monde.

Cela dit, il laissa aller son cheval à l'aventure, et ayant rencontré Gautier sur son chemin, il le frappa de son épée. Heureusement il ne l'a pas blessé.

Lorsqu'il reconnut sa méprise il dit à Gautier:

— Ne m'en veuillez pas; Dieu sait que je ne puis vous voir. Je suis tellement blessé que le sang s'en est allé de toutes mes veines, voilà pourquoi je vois à peine la clarté du jour. Tâchez de me tirer de cette mêlée, afin que je puisse me reposer un instant; mes forces s'en vont, j'étouffe.

Gautier le conduisit hors de la presse en pleurant.

VI.

L'oncle et le neveu.

Cependant le comte Guillaume s'avance avec son armée; déjà ils entendent le son des cors des Sarrasins retentissant par Aleschant.

— Entendez-vous, dit Guillaume, c'est l'attaque contre Vivian qu'on sonne. Puisse le bon Dieu penser à lui, que je le trouve vivant!

De son côté Vivian entendit le bruit qui s'élevait du côté d'Orange.

— Tenons-nous ensemble, dit-il, je crois entendre Guillaume qui arrive à notre secours.

— Qui sait si ce ne sont des Sarrasins, répondirent les siens? Nous voyons briller des lances, nous entendons bien le tumulte qui se fait dans la direction d'Orange; mais ce sont des mécréants, c'est l'arrière-ban du roi Desramé. C'est la mort; nous n'en réchapperons pas.

Et ils se donnèrent le baiser d'adieu.

Vivian emboucha son cor et en tira trois notes, deux graves et une aiguë. Il sonna si fort, que le son retentit au loin; mais par cet effort suprême une artère se rompit. Il était si faible, qu'il désespérait de se voir secouru. Il s'était bien défendu; à force de frapper, il avait le poing tout enflé.

Guillaume entendit le son du cor et dit à Bertrand:

— Entendez-vous? C'est le signal de Vivian, il doit être exténué. Lacez votre heaume et prenez la moitié de nos hommes pour attaquer, je vous soutiendrai avec le reste.

Le soleil était resplendissant dans un ciel d'azur. Le comte Bertrand se hâte de s'armer; et avec lui Gautier de Blaives, Gaudin de Toulouse, Hunaut de Saintes et le jeune Guichardet lacent leurs heaumes luisants, ceignent leurs épées, et saisissant leurs écus et leurs lances, montent sur leurs chevaux de bataille. A la tête de dix mille hardis combattants ils s'avancent fièrement du côté de l'Archant. Le bruit de leurs trompettes est répercuté par les vagues de la mer.

Ce bruit fut entendu par le vieux Desramé ainsi que par Clariel et le géant Haucebier. Tous deux dans leur dédain pour leurs ennemis, n'avaient pas même endossé leur armure.

Desramé crut que c'était le roi Thibaut qui lui amenait des troupes fraîches. Mais voilà Corsuble, chevalier de la suite du roi Esméré, qui s'approche d'eux en courant; le sang lui coulait jusqu'aux éperons, car Bertrand lui avait planté son épieu dans le corps. Il leur cria de loin:

— Monseigneur Desramé, pourquoi tardes-tu? Ne t'occupe plus de Vivian, ce n'est pas un homme, mais un diable procréé par un serpent; nulle arme ne peut le mettre à mort. Mais rassemble tes gens, car par Mahomet! il en est temps. Voici Guillaume et Guichard et Bertrand, Hunaut de Saintes, Gautier-le-Toulousain, Girard et le jeune Guichardet, et tant d'autres que je ne saurais les compter. Maintenant il s'agit de se bien défendre.

Desramé crut devenir fou; il redoute fortement Guillaume, car jamais il ne l'a rencontré sur un champ de bataille qu'il n'ait été aussitôt défait. Il ordonne à ses guerriers de se concentrer, et ils cessent d'attaquer Vivian, qu'ils laissent au milieu du champ, entouré des siens. Ils étaient vingt ou quarante tout au plus, et tous étaient blessés. Vivian crut que les païens prenaient la fuite.

— Courons après eux, dit-il. Ne craignons pas la mort, puisque Dieu nous attend en paradis. J'entends les anges qui chantent au-dessus de nos têtes. Dieu! pourquoi ne pas expirer en ce moment de joie. Mon âme serait avec les innocents. Cependant je prie Dieu de ne pas me laisser partir de ce monde, avant d'avoir revu le noble Guillaume et d'avoir communié.

En ce moment Bertrand et ses dix mille, tous désireux de frapper, s'approchent. Leur cors et leur trompettes sonnent la charge. Enfin les principaux chefs sarrasins courent s'armer, Roart de Salerne, Margot le Saxon, même Haucebier et le roi Clariel, qui cependant ne voulut pas se couvrir d'un heaume.

Voilà Guillaume qui galope par la plaine à la tête de dix mille chevaliers de sa terre. Ils baissent les lances; le cri de „Monjoie!" rétentit et ils tombent sur l'ennemi.

Le comte Bertrand porte un tel coup à Joce de Rudele, le neveu et le conseiller de Desramé, qu'il lui perce l'écu et le haubert et l'abat mort. Ses compagnons suivent son exemple; sept mille Turcs mordent la poussière au premier choc.

Gautier-le-Toulousain abat Ayon, un roi d'Orient, tout noir et tout vélu. Du côté des païens, Macebrun, roi de Garesque, nous tue Guion de Melun; mais il fut bientôt vengé par Gaudin-le-Brun, qui pourfendit le Sarrasin de la tête aux éperons. Son cadavre tomba à terre et son âme fut emportée et jetée en enfer par des anges à figure de scorpion.

Le bruit et le tumulte allaient grandissant. Vivian est resté presque seul. Quand il entendit qu'on venait à son secours et qu'on lui nomma les chefs des Français, son ardeur guerrière se ranima.

Il fit rebander ses plaies béantes et cria à ses compagnons:

— Reprenez courage et empoignez vos épées. Ne voyez-vous pas les anges qui nous entourent pour nous attendre? Par ces grandes douleurs nous marchons vers la joie éternelle; l'archange saint Michel nous montrera le chemin du ciel. Frappons de toutes nos forces sur les païens, car c'est le dernier jour de notre vie.

A ces paroles les barons se rejettent dans la mêlée; ils frappent et tuent autant que possible. Vivian pourfend tous ceux qui se trouvent sur son chemin avec autant de facilité que si c'étaient des fleurs qu'il abattait.

— Les diables lui ont rendu ses forces, disent les païens ébahis, puisqu'il est en état de nous faire tant de mal.

Desramé rassemble autant de monde qu'il peut; il y en avait de tous les pays qui lui sont tributaires, et ils étaient bien cent contre un des nôtres. Bertrand n'aurait pas longtemps pu résister à cette masse, lorsque sur la hauteur parurent Guillaume et ses gens. A son approche les païens se le montrent et font un mouvement en arrière; car ils ont peur de Guillaume dont ils n'attendent aucune merci.

— Voilà le moment décisif, dit Desramé. Haucebier, le roi de Golienne, Clariel et Maucarré relevèrent son courage.

— Ne craignez pas cette canaille, firent-ils; bientôt vous serez maître de leur glouton de chef; c'est pour la dernière fois qu'il mènera ce grand bruit. Tous les siens mourront, à moins que Mahomet ne les dédaigne; et lui-même nous le ferons prisonnier, ce traître félon, qui tant de fois vous a causé du chagrin, qui enleva à Thibaut sa femme et qui tient encore en son pouvoir sa ville et sa terre. Quand vous l'aurez entre vos mains, vous le ferez mener à Palerme, dans vos états, et vous le ferez juger d'après nos lois.

Guillaume n'attendit pas qu'ils vinssent à lui. Il montait le vigoureux Baucent; son heaume bruni étincelait au soleil comme son haubert. A sa lance effilée un gonfanon était attaché par trois clous dorés. Il avait l'air d'un fier combattant. Et il avait tellement confiance en Dieu et en sa force prodigieuse, qu'il ne redoutait roi ni amirant.

Il se jeta sur l'ennemi, et dix païens avaient mordu la poussière avant que sa lance se brisât. Puis saisissant la bonne épée que l'empereur Charles lui avait donnée, lorsqu'il l'arma chevalier, il en porta un tel coup à un Sarrasin nommé Auquetin, qu'il le pourfendit jusqu'au milieu du dos; ensuite il tua Pinel le fils de Cador, et trente autres. A chaque coup il criait „Monjoie," le cri de guerre des Français. Ses compagnons ne firent pas de moindres prouesses. Si Guillaume tua beaucoup d'hommes, son neveu Bertrand montra quel homme il était, ainsi que Guibelin et Guichart; les coups portés par le Toulousain et par Gaudin ne furent pas moins admirables. Bientôt ils eurent tué cinq cents de leurs adversaires dont le sang empourpra la plaine. Les têtes et les bras volent par terre et les chevaux sans cavaliers courent à droite et à gauche. Assurément il fut bien hardi et à l'épreuve des émotions, l'homme qui, ce jour là, n'éprouva aucune frayeur.

Mais quoiqu'il y eût bien des morts et bien des blessés, celui qui méritait le plus de compassion, c'était Vivian. Aveuglé par la perte de son sang, il se démène parmi les combattants; il attaque en furieux, et chaque coup qu'il porte est un coup mortel. Mais il est fatigué et affaibli par le sang ruisselant de ses blessures, autant que par les coups répétés qu'il a portés. Ses quatre grandes blessures sont si mal bandées que le soleil joue à travers: ses vêtements sont déchirés et traînent dans la poussière. Il rassemble les boyaux qui lui pendent sur les arçons, et sachant que sa fin est proche, il les coupe avec son épée.

Un instant plus tard il rencontre Guillaume qu'il ne reconnaît pas, étant aveugle. Il lui donne un tel coup de son épée sur le sommet doré du heaume qu'il lui eût fendu la tête, si le comte ne se fût jeté de côté; toutefois le fer formidable tranche l'écu en deux, fait voler cent mailles du haubert, coupe l'éperon du pied gauche et va s'enfoncer dans la terre.

Guillaume, croyant qu'il avait affaire à un Sarrasin, retint son cheval et lui dit:

— Ah! païen maudit, que le père qui t'engendra et la mère qui te mit au monde soient honnis! Depuis que je fus armé chevalier par Charlemagne, jamais je ne vis un coup comme celui que tu viens de me porter, et que je te paierai, s'il plaît à Dieu.

Il leva son épée et l'eût tué, lorsque Vivian lui répondit:

— Arrêtez, chevalier. Je ne puis vous voir; mais puisque vous venez de nommer l'empereur Charles, je comprends que vous êtes de France. Je vous conjure par le baptême qui vous a racheté, de me dire votre nom.

— Païen, répondit Guillaume, jamais je ne l'ai caché; je me nomme Guillaume, le marquis au court nez. Aymeric à la barbe est mon père; j'ai sept frères, qui tous portent les armes, et Vivian est mon neveu, pour qui je suis entré en campagne.

Quand Vivian sut que c'était au comte Guillaume qu'il avait fait sentir le poids de son épée, il tomba pâmé de douleur.

Guillaume en fut tout étonné, et le soutenant dans ses bras, il lui demanda:

— Pour Dieu, qu'avez vous? Qui êtes-vous et de quel pays?

Vivian ne put lui répondre tout de suite; mais enfin ayant tout à fait repris ses sens, il dit:

— Vous ne me reconnaissez donc pas? Je suis le fils de Garin d'Anséune, votre neveu lui-même.

A ces mots tout le sang de Guillaume reflua vers son cœur; jamais, depuis le moment de sa naissance, il n'avait éprouvé une douleur pareille à celle qu'il éprouva en voyant Vivian dans un si triste état, couché par terre et perdant ses boyaux,

— Mon Dieu, dit-il, que ma perte est grande! Ce mien neveu est le plus hardi de toute ma famille.

— Laissez les plaintes. Sommes-nous des femmes pour nous lamenter? La douleur ne sert à rien du moment qu'on se sait perdu sans retour. Oncle Guillaume, vous voyez bien que je vais mourir. Pour l'amour de Dieu, donnez-moi mon cheval, serrez mes boyaux autour de moi, mettez-moi en selle, placez les rênes dans ma main gauche et mon épée dans la droite, tournez-moi du côté où il y a le plus de païens et laissez-moi le champ libre. Si je n'abats pas leurs meilleurs guerriers, pourvu que je les trouve sur mon chemin, je ne suis pas le neveu de Guillaume au court nez.

— Beau neveu, répondit-il, je n'en ferai rien. Vous resterez ici tranquille et vous vous reposerez; moi je retournerai au combat chercher mes ennemis mortels.

— Vous avez tort, monseigneur, dit le jeune homme. Si je meurs ici au milieu de l'ennemi, j'en serai bien sûrement récompensé; la couronne du martyre m'attend en paradis. Si vous me refusez ce que je vous demande, je me tuerai, soyez en persuadé.

Guillaume ne put résister, quand il se vit ainsi conjuré. Malgré lui il le conduisit au milieu des païens. Vivian frappa en vrai chevalier. Dieu le soutint en selle, et chaque coup qu'il portait était mortel. Guillaume de son côté fit de même, et à eux deux ils ont bien tué deux cents ennemis.

Au milieu du carnage le comte fut séparé de Vivian, qu'il ne retrouvera plus qu'au moment de sa mort. Alors il se mit à fuir, jusqu'à ce qu'il eût rencontré Bertrand, auquel il raconta tout ce qu'il avait vu.

— Tenez-vous près de moi, lui dit Guillaume. Vous voyez comme l'Archant est plein de ces Turcs que Dieu maudisse. Le Diable lui-même en a amassé tant.

— Vous avez tort de les craindre ainsi, dit Bertrand. Oncle Guillaume, ne perdez pas courage. Frappez à droite, je frapperai à gauche, afin qu'on ne puisse rien reprocher à notre famille ni au sang d'Aymeric et que notre gloire retentisse par toute la France.

Cela dit, ils poussent leur cri de guerre et se rejettent sur les ennemis. Ils leur percent les flancs et leur rompent les membres, ils les jettent morts par centaines. Le sang inonde la terre. Et les Sarrasins traqués à mort, crient et hurlent de douleur. Jamais on n'entendra parler d'une journée aussi terrible.

VI.
LA BATAILLE D'ALESCHANT.

I.

La Bataille.

En ce jour de douleur et d'anxiété extrême, lorsque la terrible bataille fut livrée en Aleschant, le comte Guillaume eut à supporter bien des fatigues. Bertrand y frappa de beaux coups, ainsi que Gaudin-le-brun, Guichart, Guinemant, Girard de Blaives, Gautier de Toulouse, Hunaut de Saintes et Hugue de Melan. Mais Vivian fit mieux que tous les autres. Son écu et son heaume étaient troués, sa cotte de maille, déchirée en trente endroits, traînait à terre; il avait sept grandes blessures mortelles.

Bien des Turcs et des Persans sont tombés sous ses coups, mais sans aucune chance de victoire, puisqu'ils descendent toujours en plus grand nombre de leurs vaisseaux. L'Archant était couvert d'écus et d'armes, le sang l'inondait à grands flots, le tumulte et le vacarme des combattants était effrayant.

Le comte Guillaume galope tout couvert de sang et de sueur au milieu du carnage, à la recherche de Vivian; à chaque Sarrasin qu'il trouve en son chemin il fend la tête. Mais les ennemis arrivent par masses toujours plus nombreuses; bientôt ils couvrent tout l'Aleschant. La terre tremble sous leurs pas. Desramé est à leur tête avec son neveu Tacon; ils animent leurs guerriers en criant:

— Ils mourront tous. Aujourd'hui Guillaume perdra son bien et son honneur; pas un seul de ses hommes ne sortira vivant d'ici.

A ces mots leur acharnement redouble; les lances volent en éclats, les écus tombent en pièces, les hauberts sont coupés et démaillés. Que de têtes, de pieds, de bras coupés! Que de morts entassés les uns sur les autres! Ils étaient couchés par terre par milliers. Et le bruit s'entendit à cinq lieues à la ronde.

Vivian était au milieu du champ de bataille, ses boyaux sortent par ses plaies; il les fait rentrer aussi bien qu'il peut, et s'entoure les reins de la banderolle de sa lance qu'il serre avec force. Puis se redressant sur son cheval, il se jette de nouveau dans la mêlée. Les ennemis sentent le poids de son épée d'acier; il met en fuite les plus hardis et les poursuit jusqu'au rivage. Mais voilà que s'avancent vers lui les escadrons du roi Gorant, gens de hideuse apparence, armés de pesantes masses d'armes, dont les bouts étaient garnis de fer. Ils sont dix mille et leurs cris rauques font reculer les vagues de la mer.

Lorsque Vivian vit cette troupe de si laide apparence, et qu'il entendit ce bruit formidable, il n'est pas étonnant qu'il s'en émût. Il revint sur ses pas; mais il n'avait pas fait en fuyant deux pas, quand, arrêté par la rivière, il se rappela le serment qu'il venait de violer.

Il retint son cheval, et se frappant la poitrine, il s'accusa devant Dieu d'avoir fui.

— C'est pour la première fois en toute ma vie que je tourne le dos à l'ennemi. Meâ culpâ! Les païens me paieront cette seule faute.

Il fait face à ses adversaires, et les attaque avec fureur. De leur côté ils lui font sentir la pesanteur de leurs masses ferrées; le sang lui sort de toutes parts de son haubert, et sous son heaume sa cervelle n'est pas en sûreté. Mais Dieu ne voulut pas qu'il mourût, avant d'avoir rencontré le comte Guillaume qui devait l'ensevelir.

De son côté Bertrand avait déjà soutenu maint choc, lorsqu'il vit venir à lui cette nuée de nouveaux combattants tout noirs, qui lui semblaient cornus, comme une légion de diables. Il n'osa les attendre, et lui aussi allait fuir. Il remarqua au milieu d'eux Vivian, frappant à droite et à gauche, et criant :

— Monjoie ! Oncle Guillaume, venez à mon secours ! Ah ! Bertrand, quel mortel embarras ! Guibor, vous ne me reverrez pas vivant, il n'y a pas moyen d'échapper à la mort.

En entendant ce cri, Bertrand sentit tout son sang bouillir dans ses veines, et il répondit en homme de cœur :

— Vivian, je serais un lâche, si je n'allais vous aider de ma bonne épée. Je veux au moins mourir, si je ne puis vous sauver.

Sur ce, il éperonne son destrier et se jette sur les païens. Il frappe de manière à rappeler les hauts faits de Roland et d'Olivier. Il parvient jusqu'à Vivian. Il le voit tout couvert de sang, et l'embrassant avec douleur, lui dit :

— Pour l'amour de Dieu, mon cousin, retirez-vous à l'écart et allez-vous coucher sur le bord de cet étang ; le sang ne cesse de couler de vos larges blessures. Moi je resterai, pour couvrir votre retraite.

Vivian le reconnaît à la voix, mais il lui est impossible de redresser la tête. Il se pâme sur le cou de son cheval, et sans les étriers il serait tombé à terre.

En ce moment le roi Haucebier s'avança vers eux à la tête d'une forte troupe.

— Dieu ! fit Bertrand en l'apercevant, Dieu tout-puissant, secours-moi ! Vivian, je ne pourrai empêcher ta mort et je ne pourrai pas me garantir moi-même.

A ces mots Vivian répondit en frémissant :

— Nous n'avons pas de temps à perdre ; frappons-les

tant que nous sommes vivants. Moi je ne survivrai pas à ce jour; mais vous, tâchez de vous sauver. Il ne me reste qu'à mourir; mais en attendant, attaquons les Sarrasins.

Ils se remirent à frapper; et ils coupèrent tant de bras et de têtes, brisèrent tant de crânes, que les païens n'osèrent pas se battre corps à corps. De loin ils leur lancent des javelots. Ils tuent le cheval de Bertrand sous lui, et plus de cinquante coururent pour le saisir. Mais Vivian le tira de leurs mains; il les repoussa en arrière et saisissant un bon cheval, dont il avait culbuté le cavalier, il le présenta à Bertrand, en lui disant:

— Tâchez de vous sauver. Vous voyez tout le pays couvert de Sarrasins; si à chaque coup nous en faisions mourir cent, il nous faudrait un mois avant de les tuer tous. Que Dieu les maudisse! Hélas! pourquoi ne vois-je pas venir mon oncle, que les Sarrasins n'ont jamais aimé! S'il est tué, nous n'avons qu'à mourir, puisqu'alors il n'y a personne qui puisse nous dégager, sauf Dieu le tout-puissant.

Quand Bertrand l'entendit, il soupira et ne put retenir ses larmes.

— Je ne vous laisserai pas ici, cousin Vivian, lui dit-il; si je prends la fuite, que la honte me suive partout.

— Vous ne l'aurez pas méritée, dit Vivian. Allez chercher mon oncle au milieu du carnage où il combat, et suppliez-le de venir me secourir.

— Je n'en ferai rien, dit le vaillant Bertrand; aussi longtemps que mon poing peut tenir une épée, je vous soutiendrai contre ces mécréants.

Alors tous les deux ils se mettent à frapper de plus belle sur l'ennemi. Bientôt voici quatre comtes de leurs amis et parents, arrivant au galop en criant leurs devises; c'étaient le preux Guichart, Gaudin-le-brun, Hugue de Melant, et Girard de Commarchis. Le combat devint plus acharné. Tous ces comtes qui venaient à leur aide, faisaient des prouesses; mais Vivian était le plus hardi de tous.

Au devant de sa troupe il reconnut l'émir qui lui avait fait la blessure la plus dangereuse; aussitôt il lui passa sa lance à travers le corps et le jeta mort de cheval. Un cri d'admiration s'éleva du côté des Français, pendant que les Arabes se disaient:

— Nous avons du malheur, puisque les diables ont soutenu celui-ci, qui aurait dû être mort dès avant midi. Les enfants d'Aymeric nous ont fait bien du mal. Guillaume a deshonoré le roi Thibaut en lui prenant sa femme, dame Orable, et en le chassant de son royaume; si ces gloutons s'échappent de nos mains, c'est que Mahomet nous délaisse. Nous les avons laissés s'enorgueillir trop longtemps; mais avant que le soleil se soit couché, il faudra bien que Guillaume s'avoue vaincu et sans valeur.

— Vous en avez menti, leur cria Bertrand; et le combat reprit avec une fureur nouvelle.

Encore une fois les Sarrasins furent repoussés, mais Aarofle vint à leur secours avec dix mille hommes de son pays. Les fuyards retournent avec lui au combat. Aarofle, une large hache à la main, vint droit à Guichart, et lui porta un tel coup, qu'il lui coupa en deux son bouclier et son cheval. La hache descendit jusqu'à terre et y pénétra une aune. Guichart tomba à terre et sa monture à côté de lui. Aarofle, qui était grand et merveilleusement fort, saisit Guichart par un pan de son haubert, et le soulevant aussi facilement qu'une branche de sureau, il le coucha sur le cou de son cheval et lui prit son épée.

Guichart cria:

— Cousin Bertrand, où es-tu? Oncle Guillaume, vous ne me reverrez plus.

Bertrand en éprouva une vive douleur; lui et ses cousins vinrent en aide à leur parent. Trois d'entr'eux frappent le païen sur son écu et sur son heaume, mais son armure résiste à leurs coups. Les trois autres tuent une cinquantaine de mécréants, mais cela ne leur sert à rien, puisqu'ils ne parviennent pas à délivrer Guichart, à cause du nombre des ennemis. Au contraire ils furent tous faits prisonniers. Le seul Vivian, quoique blessé de nouveau, resta libre.

— Hélas! s'écria-t-il, Bertrand, mon cousin, voilà que ces damnés gloutons vous emmènent ainsi que Girard et le jeune Guichart! Guillaume perdra aujourd'hui tout son lignage. Mon Dieu! pourquoi dois-je survivre à tant de malheurs, lorsque j'ai quinze blessures, dont la moindre suffirait pour tuer un cheval? Mais par l'apôtre saint Jacques! les gloutons ne s'en iront pas sans sentir ma bonne épée.

Il fit une prière fervente, et après cela il se sentit le courage d'un lion. L'épée haute, il se mit à courir après les païens et atteignit un jeune homme, neveu d'Aarofle, qu'il pourfendit jusqu'au menton, sans que son armure lui fût d'aucun secours. Il tomba mort, ainsi que bientôt après son frère Clarion et plusieurs autres. Les coups que porta Vivian le firent redouter plus que tigre ou lion. Il en tua tant que ce fut merveille; mais à quoi cela sert-il? Il y en a tant.

Voici Haucebier qui vient à lui, le plus redoutable païen de toute l'Espagne, dont la renommée remplissait tout l'Orient. Voulez-vous savoir comment il était fait? Le haut du corps était de la longueur d'une demi-lance; une toise était la mesure de sa taille. Il avait les épaules carrées, les bras gros et les poings larges; entre ses deux yeux il y avait l'espace d'un demi-pied. Il avait une grosse tête fort chevelue, avec des yeux rouges comme des charbons ardents. Il était plus fort que quatorze Esclavons, et aurait soulevé une charretée de plomb. Il dit aux siens:

— Laissez ce glouton; il est tout épuisé, et si je ne craignais pas que Mahomet me le reprochât, je l'aurais bientôt tué à coups de bâton.

Il avait à la main un tronçon de lance qu'il lança contre le chevalier avec tant de force qu'il traversa son haubert et la cotte rembourée qu'il portait dessous et lui entra dans le corps. Vivian tomba à terre, et Haucebier s'écria:

— Celui-là nous laissera en paix. Allons chercher Guillaume en Aleschant; nous l'emmènerons prisonnier à nos vaisseaux et nous le donnerons à Thibaut, pour qu'il s'en venge à plaisir.

Ils s'en allèrent au galop, laissant Vivian couché sur le sable.

II.

Guillaume et son coursier.

Lorsqu'il reprit connaissance, il se leva, et voyant près de lui un cheval gascon, il le saisit et monta à grand' peine en selle. Il parvint jusqu'à un étang dans un endroit ombragé par un bel arbre. Là ses forces l'abandonnèrent de nouveau; il devint tout pâle et un nuage descendit sur ses yeux, car son sang coulait toujours; il en était tout couvert. Il descendit de cheval et se mit en devoir d'implorer Dieu de lui pardonner ses péchés et de protéger son oncle Guillaume. Celui-ci cependant soutenait toujours un combat acharné contre les païens, dont il tue une grande quantité sans se fatiguer. Mais plus il en frappe, plus il y en a. Et des dix mille guerriers qu'il a conduit au combat, il ne lui en reste que quatorze; et encore sont-ils affaiblis par leurs blessures.

— Au nom de Dieu, seigneurs, leur dit-il, frappons tant que la vie nous durera. Une voix intérieure me dit que nous ne sortirons pas vivants d'ici. Déjà nos meilleurs chevaliers ont succombé, car je n'entends plus le cri de guerre des Français. Bertrand est mort, et avec lui j'ai perdu la fleur de mon lignage. Je vois bien que cette bataille me portera malheur. Mais par le saint Sauveur! tant que je vivrai, les païens sentiront mon bras. Je ne ferai pas honte à mes ancêtres et les jongleurs ne chanteront pas de moi une mauvaise chanson. On ne dira pas que j'ai cédé un pouce de terrain tant que j'ai été en vie.

Le comte Guillaume et les siens firent tant qu'ils mirent en déroute un escadron de Turcs. Alors ils pensèrent à se mettre en sûreté et prirent le chemin d'Orange. Mais un grand corps de troupes ennemies leur barra le chemin, le roi Bafumet en tête.

— Sainte Vierge, dit Guillaume, je vois bien que nos moments sont comptés. Guibor, douce sœur, nos amours finiront aujourd'hui! Mais avant de mourir je me défendrai de manière à ce qu'on ne puisse jamais dire que j'ai été lâche.

A ces mots il embrassa fortement son écu, et brandissant une lance qu'il avait arrachée des mains d'un païen, il dit à ses hommes:

— La couardise ne ferait pas notre affaire. Vous voyez la route obstruée de païens; nous n'y passerons pas sans un rude combat; mais si nous surmontons cet obstacle, nous sommes sauvés. Recommandons-nous au fils de la Vierge; je suis bien décidé à me frayer un chemin avec mon épée.

Il brandit sa lance et tous ses hommes crièrent: „Monjoie!" Les coups d'épée se succédèrent sans interruption, et bientôt la terre fût rouge de sang. Mais les païens maudits sont en trop grand nombre.

Le premier ennemi qui sentit l'épieu de Guillaume fut le roi d'Urgalie. Son écu et son haubert ne lui servirent pas à grand' chose; il mourut du coup, sans jeter un seul cri. Ensuite tirant l'épée à la poignée dorée — c'était Joyeuse, qui lui avait déjà rendu maint bon service, — le comte en fendit la tête au premier Turc qui se présenta et fit mordre la poussière à plusieurs autres. Guidé par sa colère il les malmène tant que les païens ne purent s'abstenir de dire:

— C'est un vrai diable, l'enragé qui nous mène si durement; celui qui ose l'attendre tombera sous ses coups.

Ils se mettent à fuir et laissent la place vide.

Lorsque le comte regarda autour de lui, il était seul; tous les siens étaient morts. Il n'y a que Dieu, le fils de la Vierge, qui puisse lui venir en aide.

Il se tourna du côté d'Orange dans l'espoir de se sauver; mais une nouvelle troupe, fraîchement débarquée, s'avance vers lui; parmi les chefs se trouve Aheuré, le fils de Thibaut.

— O mon Dieu, dit Guillaume, toi qui te laissas crucifier pour nous sauver, peux-tu permettre que les diables en rassemblent tant! Toute la terre semble submergée de païens; il n'y a pas une colline qui n'en soit couverte, et toute la plaine disparaît sous leurs bataillons. Malédiction sur les mères qui les ont mis au monde et malheur aux pères qui les ont engendrés! Seigneur Dieu! ayez pitié de moi, car jamais Guibor ne me reverra.

Puis s'adressant à son cheval, il lui dit:

— Tu es exténué de fatigue; si tu t'étais reposé depuis quatre jours, je n'hésiterais pas à me rejeter dans la mêlée, pour me venger de mes ennemis qui m'ont fait tant de blessures. Mais je sais bien qu'en ce moment tu ne peux pas m'y aider. Et de par Dieu! je ne puis te blâmer, car pendant tout ce jour tu m'as bien servi, et les instants n'ont pas été nombreux que tu n'étais pas au galop et pressé par mes éperons. Je te remercie des services que tu m'as rendus. Si je réussissais à gagner Orange, pendant vingt jours au moins tu ne porterais la selle, et tu ne mangerais que de l'orge passée plusieurs fois au crible; tu aurais pour fourrage le foin le plus exquis, et tu ne boirais que dans un vase doré. Quatre fois par jour tu serais soigné et couvert d'un drap précieux. Si tu dois mourir en Espagne, tué par les païens, Dieu sait que j'en éprouverai une grande douleur.

Baucent entendant ces paroles, fronça les narines; il

comprit, comme s'il eût été doué d'entendement humain. Il secoue la tête et frappe du pied; il reprend haleine et recouvre ses forces; le cœur lui revient et il est tout à fait remis. Il se met à hennir, comme s'il sortait fraîchement de l'écurie et qu'il vînt d'être ferré.

Lorsque Guillaume s'en aperçut, il fut plus content qu'il ne l'eût été pour quatorze cités qu'on lui eût données. Aussitôt il s'élança dans la direction d'Orange. Mais une troupe nombreuse se met à sa poursuite et lui coupe le chemin. Le comte est obligé de retourner du côté de l'Archant, poursuivi par l'ennemi poussant de grands cris.

— Mon Dieu! soupira le comte, toi qui naquis de la Vierge et te laissas crucifier, toi qui brisas les portes de l'enfer et en délivras ceux que tu destinais aux joies du paradis, viens en aide à ton vassal! Laisse-moi revoir la fidèle Guibor, l'empereur Louis et tous les miens, et je te jure, qu'une fois sauvé, avant le jour de Noël, j'aurai livré à cette race maudite une bataille plus formidable que celle de Roncevaux.

Il reprend le chemin du champ de bataille. Pas d'issue! D'un côté l'ennemi, de l'autre la mer. Mais il aime mieux mourir de la main des Sarrasins d'Espagne, que d'être englouti par les vagues. Quand il voit l'ennemi s'approcher, il dit:

— Par la foi que j'ai jurée à ma bien-aimée Guibor, je préfère mourir que de ne pas frapper un dernier coup.

En avant des autres galopait Tolomas sur son bon cheval Machepère.

— Tu ne te sauveras pas, Guillaume, cria-t-il: tu mourras de ma lance.

Mais le comte se plaça de manière que son adversaire fût ébloui par le soleil, et l'attaquant avec impétuosité, il lui porta un tel coup que son armure ne le défendit pas plus qu'une feuille d'olivier; il l'abattit et voulut se rendre maître de son cheval. Mais il en fut empêché par les nombreux ennemis, qui le lui arrachèrent des mains. Guillaume piqua des deux et les Sarrasins coururent après lui par la plaine sablonneuse. Les tourbillons de poussière soulevés par les chevaux le leur firent perdre de vue.

Le comte Guillaume avait un courage à toute épreuve, mais la sagesse lui conseillait de fuir. Selon lui, ce n'est pas une action honteuse que de se mettre à couvert; un combat inégal a causé la mort de maint homme.

— Bien fou celui qui voit qu'il ne peut avoir le dessus et qui sent ses forces s'en aller, s'il reste pour recueillir cent coups contre un qu'il donne.

Ainsi pensait-il, et tout le monde sait qu'il a fait ses preuves. Jamais homme qui vive n'aurait pu soutenir les combats que le brave comte a livrés. Que de peines s'est-il données pour le service de Dieu et l'honneur de la religion chrétienne! Il ne laissa pas un seul jour les païens en paix, et quand il en tenait un, il ne le faisait pas languir, mais le tuait de suite, sans jamais donner quartier. Aussi les Sarrasins ne l'aimaient-ils pas. Mais Dieu le protégeait, et à sa mort les anges porteront son âme en paradis.

Il s'éloigna toujours, et monta sur une hauteur, d'où il put voir que tout le pays était couvert de Sarrasins, et qu'il n'y avait pas d'issue où il n'eût été arrêté par mille cavaliers.

— Mon Dieu, fit le comte, jamais de ma vie je n'en vis tant ensemble. Que Dieu et la sainte Vierge prennent pitié de moi!

Il descend de son cheval baigné de sueur et lui frotte les flancs. Puis s'adressant à lui avec tendresse, il dit:

— Baucent, comment iras-tu plus loin? Il n'est pas étonnant que tu sois à bout de forces après tant de fatigues. Si je te perds, je suis perdu moi-même.

Baucent entendit ces paroles et les comprit: il **dressa**

l'oreille, fronça ses narines et secoua la tête, pour prouver à son maître qu'il avait repris toutes ses forces. Aussitôt le noble guerrier se remit en selle et descendit de la hauteur en marchant lentement vers l'Archant.

Il était dans un piteux état. Les lacets de son heaume étaient rompus; il les renoua. Son écu était troué en trente endroits, son haubert, jadis si luisant, souillé et déchiré. Il avait au moins quinze blessures et le sang suintait à travers les anneaux de sa cotte de maille. Son heaume était tout bossué et cassé, son épée ébrêchée et souillée de sang. Ses poings et ses bras étaient tout ensanglantés; tout en lui annonçait qu'il sortait d'un combat acharné.

III.

La mort de Vivian.

Un brouillard épais descendit sur la terre et le vent déchaîné souleva des tourbillons de poussière qui cachèrent Guillaume aux yeux des Sarrasins. Il s'avança toujours dans l'Archant parmi des monceaux de cadavres d'ennemis. Tout à coup il lui sembla voir à terre l'écu de Vivian; effectivement il le reconnut à sa grande douleur. Et regardant à droite, il aperçut Vivian lui-même, gisant à terre sous un arbre touffu à côté d'une flaque d'eau; il était criblé de blessures mortelles, et ses mains blanches étaient croisées sur sa poitrine.

A cette vue une sueur froide inonda le comte; il donna un furieux coup d'éperon à sa monture et se fraya un chemin parmi les morts. Arrivé près du jeune homme, la douleur l'empêcha de proférer une seule parole.

Il le vit pâle et défait, le corps et la figure inondés de sang et une partie de sa cervelle répandue sur ses yeux. Son épée était à côté de lui. Il avait la tête tournée vers l'Orient, et de temps en temps de sa main droite il frappait sa poitrine, en demandant pardon à Dieu de ses péchés. Les angoisses de la mort l'oppressaient, et son agonie avait commencé. C'était merveille qu'il n'eût succombé depuis longtemps.

— Mon Dieu! dit enfin le comte Guillaume, voici une perte irréparable, dont mon cœur saignera toute ma vie durant. Ah Vivian! depuis la création il n'exista pas d'homme aussi hardi que vous, et voilà que les Sarrasins vous ont tué! Un lion n'avait pas plus de courage. Et avec cela vous n'étiez ni orgueilleux, ni hâbleur: vous ne vous êtes jamais vanté de vos hauts faits; au contraire, vous étiez aussi doux et humble que brave. Vous ne redoutiez roi ni émir, et vous avez tué plus de Turcs et de Persans que nul autre homme. Jamais vous n'avez fui ou reculé d'un seul pied; vous étiez le plus valiant chevalier du monde, et vous voilà étendu mort. Ah! terre, entr'ouvre-toi pour engloutir l'homme le plus malheureux du monde. Jamais je ne reverrai Orange, et dame Guibor m'attendra en vain.

En disant cela, le comte sanglota et se tordit les mains; sa douleur était si grande qu'il en perdit connaissance et tomba de cheval.

Lorsqu'il fut revenu à lui, il se traîna vers le jeune homme et le soulevant dans ses bras, lui dit:

— Vivian, parlez, répondez-moi!

En pleurant il lui baise le front, la poitrine et la bouche à l'haleine parfumée. Puis plaçant ses deux mains sur sa poitrine, il cherche à reconnaître un battement de cœur. Comme il ne surprit pas le plus léger souffle de vie, il donna cours à ses regrets:

— A quoi vous ont servi beauté, noblesse et courage, mon Vivian! Je vous ai élevé par amour, et ma belle et noble femme vous aimait tant, que pendant sept ans sa couche fut votre berceau. Lorsque je vous armai chevalier, par amour pour vous je conférai la chevalerie à cent de vos compagnons, — et malgré mon amour vous voilà couché par terre, percé et blessé en trente endroits. Que le Dieu tout-puissant ait pitié de votre âme et de tous ceux qui sont morts pour vous et qui gisent de tous côtés en cette plaine! Ah! mon Dieu, mon cœur est navré de douleur! — Vous aviez juré de ne jamais fuir la longueur d'une lance par crainte des Sarrasins, et je vois bien que vous avez tenu votre serment. Voilà pourquoi je vous ai perdu si tôt. Dorénavant les Sarrasins auront toutes leurs aises, quand ils seront délivrés de vous, de moi, de mon brave neveu Bertrand, de mon bien-aimé Guichart, et de tous ces guerriers que j'avais amenés ici. Ils reprendront Orange et toute ma terre, et pas un homme ne sera là pour la défendre.

Subjugué par sa douleur, le comte tomba encore une fois sans connaissance. Lorsqu'il reprit ses sens, il regarda le jeune homme, et il lui sembla qu'il avait fait un léger mouvement de tête. Effectivement Vivian avait entendu ce que disait son oncle, et la pitié lui fit pousser un soupir.

— Dieu soit loué! dit Guillaume, mes vœux sont exaucés.

Il entoura Vivian de ses bras et lui dit:

— Pour l'amour de Dieu, beau neveu, dis-moi si tu vis.

— Oui, mon oncle, mais c'est à peine; mon cœur est brisé dans ma poitrine.

— Neveu, dit Guillaume, dis-moi la vérité, as-tu communié avec le pain sacré, bénit par le prêtre à l'autel?

— Je n'en ai pas goûté, répondit Vivian; mais je sais bien que Dieu m'a visité, quand vous êtes venu, et j'en remercie le Seigneur.

Guillaume mit la main à son aumônière et en retira

un morceau de pain bénit sur l'autel de saint Germain.

— Neveu, dit-il, confesse tes péchés. Je suis ton oncle, personne ne t'est plus proche, sinon Dieu; je te parlerai en son nom; à ce suprême baptême je serai ton parrain.

— Monseigneur, dit Vivian, j'ai grand'faim de ce pain bénit; mettez ma tête dans votre sein, et laissez-moi communier, puis je mourrai. Hâtez-vous, mon oncle, car je me sens défaillir.

— Hélas! soupira Guillaume, quelle triste demande! Hélas! j'ai perdu la fleur de mon lignage; tous mes chevaliers sont morts.

Il mit Vivian sur son séant et lui passa les bras autour du cou aussi doucement qu'il put. Et le jeune homme se mit à se confesser, sans rien omettre de ce qui lui vint en mémoire.

— Ce qui me pèse le plus, dit-il, c'est que, le jour que je fus armé, je fis serment à Dieu, en présence de mes pairs, que je ne fuirais jamais devant Turc ni Esclavon, même la longueur d'une lance. Cependant une troupe de gens hideux m'a fait reculer aujourd'hui je ne sais de combien; mais je crains qu'ils ne m'aient fait manquer à mon vœu.

— Neveu, répondit Guillaume, il ne faut pas t'effrayer.

En disant ces paroles il lui donna le pain qu'il mangea en commémoration du Seigneur. Et Vivian se frappa la poitrine, et ne prononça plus une parole, sauf pour prier son oncle de porter ses adieux à Guibor. Sa vue se trouble, il ne distingue plus les objets; cependant il regarde le comte comme pour le prier de le poser doucement à terre. Son âme s'envola, et Dieu la reçut en son paradis et lui montra sa place parmi les anges.

Guillaume se mit à pleurer, sachant bien que tout était fini.

Il vit bien qu'il lui serait impossible d'emporter le cadavre; voilà pourquoi il coucha le jeune homme dans son écu et le recouvrit d'un second bouclier.

Lorsqu'il voulut remonter à cheval, son cœur se brisa

et il tomba sans connaissance. Revenu à lui-même, il se mit à proférer ces plaintes:

— Vraiment, Guillaume, on avait l'habitude de te louer et partout on t'appelait Bras-de-fer; mais dès aujourd'hui on me traitera de lâche et de couard, puisque j'abandonne celui qu'il est de mon devoir d'emporter et d'enterrer à Orange. Plutôt que de ne pas lui rendre tous les honneurs possibles, je devrais me laisser torturer et blesser.

Il retira le jeune homme d'entre les écus, et il monta sur Baucent; il eut beaucoup de peine à relever le cadavre et il sua à grosses gouttes avant qu'il parvint à le poser devant lui sur sa selle. Il espérait le porter à Orange, et sans retard il en prit le chemin.

Mais toutes les routes étaient couvertes d'infidèles, qui aperçurent bientôt le vaillant marquis et se mirent à sa poursuite.

— Dieu tout-puissant, dit Guillaume, on ne pourra me blâmer, si je le laisse maintenant.

Et les païens de crier:

— Jetez-le à terre, misérable!

Le comte pique des deux et revient en grande hâte vers l'endroit où il avait trouvé Vivian; il le recouche au pied de l'arbre et le couvre de son grand bouclier. Puis il remonte à cheval en pleurant.

— Beau neveu, dit-il, je t'aimais bien; si je te laisse ici, c'est à mon grand regret; mais on ne doit pas m'en blâmer, car il n'y a homme qui vive qui osât t'emporter.

Il fit le signe de la croix et se mit en route avec toute la vitesse possible. Les païens le poursuivent en lui criant mille injures. Mais il ne pense qu'à fuir et non pas à répondre. Eux de galoper après lui. Le jour déclinait de plus en plus; il commençait à faire nuit. Les païens firent garder toutes les issues et tous les chemins. Dans l'impossibilité de franchir vivant leurs lignes pendant l'obscurité, le noble comte retourna près du cadavre de Vivian, qu'il veilla pendant toute la nuit. A l'aube il remonta sur son cheval, exténué de fatigue, mais non sans avoir baisé à plusieurs reprises le mort et l'avoir recommandé à la garde de Dieu. Il s'éloigna en pleurant et regarda bien souvent derrière lui.

IV.

Défense désespérée.

Il voulut profiter du crépuscule et marcha sans bruit. Mais bientôt le soleil brilla de tous ses feux, et les Sarrasins aperçurent le fuyard.

— Eh! glouton, lui crièrent-ils, maintenant nous allons voir comment ton Dieu, que tu invoques tant, t'aidera.

Ils l'attaquent de tous côtés; et Guillaume de fuir à grands coups d'éperons. En un clin d'œil Baucent les a laissés bien loin derrière lui. A l'extrémité d'un chemin creux, le comte rencontra quinze chevaliers païens, et voyant qu'ils étaient en si petit nombre, il sentit renaître son courage; il jura qu'ils ne l'arrêteraient pas. Il invoqua le Seigneur et le Saint Esprit lui renouvela ses forces.

— Seigneur, dit-il, qui souffris la mort sur la croix pour la rédemption de ton peuple, protége-moi aujourd'hui contre la mort, afin que je puisse revoir Orange et la comtesse qui m'attend avec anxiété. — Baucent, si tu réussis à me porter au-delà de cette montagne, avec la permission de Dieu, je parviendrai à m'échapper. Mais il faudra livrer bataille à ces quinze; j'aurai besoin de tout mon courage;

cependant j'ai confiance en ma bonne épée, et Dieu aidant, j'en viendrai à bout. Alors nous nous en irons, tout à notre aise. Si je te ramène à Orange, tu seras traité magnifiquement.

Baucent, qui comprit ce qu'il lui disait, hennit comme pour lui répondre.

Le comte devint tout joyeux quand il sentit son cheval si alerte.

Il raccourcit les rênes et éperonna Baucent, puis mettant en arrêt une forte lance au fer aigu, il s'élança sur l'ennemi. Maintenant que Dieu le protége; car il aura à soutenir un combat terrible, et s'il en sort vivant, il pourra dire que jamais homme n'eut tel bonheur.

Si l'on veut entendre chanter des hauts faits, qu'on fasse silence et qu'on se tienne tranquille; jamais personne n'entendra une chanson meilleure.

L'ennemi s'est divisé en deux groupes: sept cavaliers restent en place, et les huit autres s'avancent vers Guillaume. Ce sont Matemart et le roi Gasteblé, Ajax, Tempesté, Baufumé, le neveu de Desramé, Aenron et son fils Aenré, enfin le roi Cadroé. Ensemble ils frappent le comte et quoiqu'ils le blessent en maint endroit, ils ne parviennent pas à l'abattre de son cheval. C'était comme s'ils se fussent heurtés contre une tour..

De son côté Guillaume asséna à Matemart un tel coup, que son armure n'y résista pas; il lui perce le cœur et le jette mort. Puis retirant à lui sa lance, il la dirige sur un autre qu'il tue de même. A ce coup sa lance vola en éclats.

„Monjoie!" s'écrie le comte, et tirant Joyeuse à la poignée incrustée d'or, il en porte un coup furieux à Tempesté sur le sommet du heaume; il en abat les pierres précieuses et les fleurons, coupe en deux le cercle qui l'entourait, et lui fend le crâne. Du revers il coupe la tête au quatrième assaillant. Alors Aenron s'élance vers lui, l'écu devant la poitrine et l'épée haute; mais Guillaume ne lui laisse pas le temps de frapper et d'un coup adroit lui sépare la tête du tronc. Lorsqu'il eut tué le septième, il lui prit son écu, qu'il pendit à son cou, après avoir jeté le sien. Plein de fierté il galopa en rond en brandissant son épée sanglante. Le huitième roi, tout pâle, se met à fuir; il n'aurait pas attendu le comte pour un vallon plein d'or.

Guillaume croyait déjà la route libre, lorsque les sept autres cavaliers lui barrèrent le chemin. Ils avaient nom: Corsable, Corboclé, Orrible, Aristé, Ébron, Josué et Esmeré d'Odierne. Ce dernier était fils de Guibor et beau-fils du comte.

Ils entourent Guillaume de tous côtés; que Dieu le protége! S'il leur échappe, il aura du bonheur.

— Beau-père, lui cria Esmeré, pourquoi m'as-tu pris mon héritage en me chassant d'Orange et en épousant ma mère contre mon gré, après avoir tué mes frères? Tu les fis battre jusqu'au sang et puis tu les pendis à un arbre. Sire Guillaume, je ne l'ai pas oublié. Par Mahomet! tu m'as gravement insulté; que je sois deshonoré pour toujours si je n'en tire vengeance; ta tête me le paiera.

— Tu parles de vengeance; mais l'homme qui n'aime pas la religion chrétienne, qui hait Dieu et vit sans charité, n'a pas le droit de vivre; et celui qui le tue, débarrasse la terre d'un démon. J'ai tué les tiens en l'honneur de Dieu, et Il m'en sait bon gré. A bon droit on vous appelle des chiens, car vous n'avez ni foi ni loi.

A ces paroles Esmeré enragea de colère; il cria à ses compagnons:

— Nous avons tardé trop longtemps. Par Mahomet! il ne partira pas d'ici. Nous lui couperons tous les membres. Malheur à nous, s'il parvenait à s'échapper! on nous le reprocherait toute notre vie.

Tous ensemble éperonnent leurs chevaux, et baissant leurs lances aux bouts ferrés, ils vont donner contre l'écu du comte, qu'ils ont presque culbuté par terre. Mais Dieu le protégeait. Son cheval fut grièvement blessé à la croupe et au flanc; ses boyaux traînent à terre.

Guillaume leur fait faire connaissance avec son épée; celui qu'il atteint n'a pas besoin de médecin. Des quinze rois, trois seulement s'en échappent vivants.

Dans cette occasion le comte a fait preuve de force et de courage, en sortant vainqueur d'un combat contre tant d'ennemis; mais aussi on sait que jamais aucun homme ne put lui être comparé.

Il reprit le chemin d'Orange qu'il croyait libre; mais voici deux nouveaux ennemis sortant d'une embuscade; c'est Aarofle et Danebron.

En les apercevant Guillaume se dit:

— Voici encore une chance à courir. Cela ne me plait guère. Cependant je n'ai pas à me plaindre, après avoir triomphé des quinze rois que je viens de mettre en déroute. Il serait honteux de fuir devant ceux-ci, qui ne sont que deux; on le reprocherait toujours à mes descendants. J'aimerais mieux mourir que de ne pas éprouver leur valeur.

Puis s'adressant de nouveau à son cheval:

— Baucent, dit il, je te dois déjà beaucoup et tu es toujours désireux de me servir. Dieu merci, tu es encore fort et alerte. Voici deux nouveaux ennemis formidables qui viennent à nous; nous aurons un nouveau combat à soutenir.

Cependant les deux rois s'avançaient en criant:

— Glouton orgueilleux, ton dernier jour est venu. Nous avons longtemps couru après toi, enfin nous te tenons dans un endroit où nul homme ne viendra à ton secours. Ton Jésus n'empêchera pas que tu n'aies la tête coupée. Tu as tué et maltraité maint noble homme, aujourd'hui tu en seras payé. Pour tout l'or du monde nous ne te laisserions aller avant d'avoir pris ta tête.

— C'est une honte, répondit Guillaume, de m'attaquer

à deux ; vous n'aurez pas lieu de vanter votre courage auprès des vôtres.

— Non pas ensemble ; mais chacun séparément.

— Voilà une intention louable. Cependant, pourquoi vous battriez-vous contre moi ? Je ne vous ai jamais rien pris ; je n'ai jamais volé la moindre des choses à personne. Et si je vous ai causé quelque mal, je vous ferai droit, de ma main nue, dans un jugement de Dieu, en passant par le feu ou par l'eau, car j'ai pendu plus que vous en Aleschant.

Danebron lui répondit :

— Tout cela ne te sauvera pas. Tu as tué mon frère, le roi Marchepalu ; tu as causé la mort de plus de mille des miens. Ce dommage ne peut jamais être réparé. Mais aussi vrai que le salut de mon âme dépend de Mahomet, je ne prendrai pas d'aliment avant de te l'avoir chèrement fait payer, en te punissant de ma main et en te pendant au premier arbre venu.

— Bon, dit Guillaume, je te verserai à boire comme tu n'as jamais bu.

Le Sarrasin éperonne son cheval aux beaux crins, et va frapper de sa lance le milieu de l'écu du comte, qu'il transperce ainsi que son haubert ; le fer lui fait une égratignure au flanc.

— Seigneur Dieu ! dit Guillaume, quel coup ce mécréant m'a porté ! Son fer a été bien près de mon flanc. Mais s'il plaît à Dieu, je le lui rendrai avec usure.

Et brandissant son épée, il lui porta un tel coup sur son heaume doré qu'il le coupa en deux ainsi que la coiffe de mailles qu'il portait dessous et qui ne le protégea pas plus qu'un vieux gant décousu. Le païen tomba roide mort.

— Glouton, cria Guillaume, tu as mal tenu ton serment ; aussi avais-tu follement juré. Je t'ai bien payé le service que tu voulais me rendre, en t'envoyant dans le puits de l'enfer où résident Mahomet et tous tes autres Dieux.

Quand Aarofle vit tomber Danebron, il pensa s'évanouir de douleur. S'adressant à Guillaume il dit:

— Tu ne peux m'échapper. Par Mahomet, dont je suis le serviteur! tout l'or du monde ne pourrait te garantir de la mort que je te donnerai. Tu sentiras le fer de ma lance qui a terminé la carrière de maint chrétien. Tu ne rentreras pas à Orange auprès de la prostituée qui a couvert de honte mon cousin Thibaut, et l'a chassé d'Orange et du pays, jusqu'au delà de la mer. Que je perde ma couronne si je ne te fais repentir de tout cela.

Le comte Guillaume regarda le païen et le trouva démesurément grand et fort; il avait tout un pied de plus que lui; dans toute la chrétienté il n'y avait si grand homme.

Il était splendidement armé. Il portait un haubert resplendissant, dont les manches et le col étaient ornés d'une bordure de pierres précieuses qui jetaient un grand éclat. Sur sa tête il portait une cervelière de cuir bouilli, recouverte d'un heaume orné de pierres précieuses, attaché à sa cotte de mailles par trente lacets. Sur le nasal reluisait une escarboucle jetant plus de clarté qu'un cierge allumé. L'écu qu'il portait au cou était étincelant de couleurs; quatre lions y étaient figurés en relief avec un dragon au milieu. Le tout était entouré d'une bordure dorée et doublé de cuir de cerf, rembourré de coton. La courroie à laquelle il était suspendu, était recouverte d'une étoffe richement brochée d'or. Il tenait au poing un fort épieu, dont le fer pointu et affilé était large d'un empan, et enduit d'un poison mortel. L'épée à la poignée incrustée d'or, qu'il portait au côté, avait une toise de long; il n'y avait en France homme si grand, que l'eût-il passée dans son baudrier elle n'eût traîné à terre. Cette bonne épée avait passé de roi en roi, jusqu'à ce qu'enfin elle se trouvât entre les mains d'Aarofle, le frère de Desramé, le plus féroce des Turcs.

Le cheval qu'il montait était si fort, qu'il galoperait toute une journée avec deux chevaliers sur le dos armés de pied en cap, sans que les flancs lui battissent et sans avoir un poil mouillé de sueur. Et avec cela il était si beau que je ne parviendrais jamais à vous le dépeindre.

Le comte Guillaume, plein d'admiration pour un si noble animal, se dit :

— Père céleste, qui m'avez fait naître et qui jusqu'ici m'avez protégé, donnez-moi une nouvelle preuve de Votre bonté en mettant en ma possession ce noble coursier ! Si jamais je le tiens dans les murs d'Orange je ne le céderai pas pour la valeur de tout mon bien. Hélas ! le pauvre animal que j'ai sous moi perd tout son sang et est près de s'abattre. Moi-même que puis-je contre ce Sarrasin si bien armé, avec mon épée ébréchée ! Hélas ! je vois bien que je vais mourir !

Puis s'adressant à son adversaire, il lui dit :

— Sarrasin, mon ami, que t'ai-je fait pour mériter ta haine ? Si je t'ai jamais enlevé ou pris quelque chose, je ferai droit à tes réclames, et le tort qui t'a été fait sera pleinement réparé.

Aarofle lui répondit :

— Il n'y a qu'une seule manière d'échapper à la punition qui t'attend. Par Mahomet ! Je ne veux pas qu'on croie en la Trinité, qu'on soit baptisé et qu'on adore Jésus. Si tu veux abjurer ta croyance et adorer Mahomet, je te laisserai aller sain et sauf à Orange, à condition que tu rendes la ville à mon frère Desramé et ta femme au roi Thibaut. Voilà mes conditions de paix et de pardon.

— Tu m'en demandes trop, répartit Guillaume. Je ne ferais pas cela pour un val plein d'or. J'aimerais mieux qu'on me coupât la tête et démembrât mon corps que de renier Dieu, le roi du ciel et de la terre. Ton orgueil démesuré t'a rendu fou. Vil mécréant, je ne te prise pas la valeur d'une charogne de chien, et tous tes Dieux ensemble ne valent pas un denier monnayé.

— Tu te laisses tromper par des momeries, répondit

Aarofle. Dieu est là-haut, au-dessus du firmament; pas un seul arpent de terre ne lui appartient ici bas, où Mahomet commande. C'est lui qui déchaîne les vents et les orages, qui nous donne les fruits des arbres, le vin et le froment. C'est en lui qu'on doit croire, c'est à lui qu'il faut obéir.

— Glouton, dit Guillaume, en l'honneur de Dieu je prouverai que tout ce que tu viens de dire est mensonge.

Ce disant, il se baisse et saisit une lance qui gisait par terre. Et tous deux ils s'élancèrent l'un vers l'autre. Mais le cheval du comte ne se mouvait que péniblement, tandis que celui du païen volait comme un trait d'arbalète. Chacun fit tout ce qu'il put pour frapper son adversaire; les écus sont percés, les hauberts ne les garantissent pas, et tous deux sentent dans les chairs le fer de leur ennemi.

Du choc, les sangles et les poitrails de leur selles se rompirent; Guillaume tomba d'un côté, les jambes en l'air, et Aarofle fut renversé de l'autre. Les pointes des heaumes allèrent se ficher en terre et les nasels de fer se brisèrent. Le sang vermeil sortit à flots de leurs bouches.

Pas un des chevaux ne remua; mais celui du païen se mit à hennir, à froncer les naseaux et à gratter la terre du pied.

Le Sarrasin se leva le premier; il était grand et fort et avait les cheveux hérissés comme un sanglier en fureur. Il tira son épée qui flamboya au jour, et embrassa son écu par les enarmes. Puis, au moment où Guillaume voulut se lever, il lui donna sur le heaume un coup si formidable qu'il trancha tout ce qui fut atteint par le fer. Le comte était à deux doigts de la mort; mais Dieu, qui le protégait, fit dévier l'épée, qui descendit avec la rapidité de l'éclair et s'enfonça de plus d'un pied dans la terre.

— Dieu! s'écria Guillaume, quelle bonne épée que celle-ci! A l'exception de Durandal il n'y en a pas de meilleure sous le ciel.

Et Aarofle lui dit:

— Glouton, en ce moment nous verrons bien si ton Dieu te secourra.

Il allait lui porter un second coup, lorsque le comte le prévint et lui asséna un horion sur le heaume. Mais l'acier en était si dur, qu'il ne fut pas entamé. L'épée, glissant de côté, alla s'abattre sur l'écu qui fut mis en pièces.

Guillaume, plein de courroux, s'écria :

— Ah Joyeuse, on est en droit de dire du mal de toi. Lorsque à Aix, en présence de toute la cour, Charlemagne te donna à moi, il te loua grandement et dit qu'à l'exception de Durandal il n'y avait si bonne épée au monde. Au diable, qui te louera encore ou fera quelque cas de toi!

Peu s'en fallut qu'il ne la jetât par terre.

— Tu as du malheur, ricana le païen; on t'a forgé une mauvaise épée.

En disant ces mots il brandit la sienne pour lui porter un nouveau coup. Mais le comte était en garde, et préparait une nouvelle attaque; Joyeuse descendit comme un éclair, emporta un des pans du haubert du Sarrasin, et sans que les mailles qui couvraient ses jambes pussent l'en préserver, lui separa la cuisse entière du corps.

Le païen chancela et tomba bientôt à la renverse, à la grande joie de Guillaume, qui remercia intérieurement Dieu et la Sainte Vierge de l'honneur qu'ils lui faisaient. Puis s'adressant à Joyeuse, il s'écria :

— Sois bénie! A mon avis jamais meilleure épée n'exista.

Et se tournant du côté du Sarrasin, il lui dit :

— Glouton, tu as entrepris une œuvre folle. De mon épée j'ai abattu ton arrogance. Fais faire une béquille de frêne ou de sureau. Dorénavant on s'apercevra que tu as rencontré le marquis Guillaume.

Puis saisissant le bon cheval, il mit le pied dans l'étrier d'or pur et s'élança en selle. Il lui fit faire un temps de galop sur l'herbe et il s'assura que cerf ni chevreuil ne le dépasseraient à la course.

— Merci, mon Dieu, dit Guillaume, de Votre protection! Maintenant je ne crains aucun mécréant païen.

Là dessus il revint à l'endroit où le Turc était étendu, et Aarofle lui dit:

— Guillaume, où vas-tu? Par le salut de ton âme, réponds-moi. Je vois bien que je suis vilainement estropié, et que je ne sortirai-pas d'ici à moins d'être porté en litière. Mais par Mahom! rends-moi mon cheval. Je le rachèterai chèrement; je te donnerai deux fois son pesant d'or d'Arabie, et je ferai rendre la liberté à tes neveux qui sont prisonniers sur nos vaisseaux.

Guillaume crut qu'il voulait le tromper et trahir, et lui dit:

— Tu parles en vain; je ne te le rendrais pas pour quatorze cités. Je pars et tu resteras ici.

A ces mots Aarofle crut devenir fou; il se lamenta à haute voix:

— Ah! Guillaume, quel cheval avez-vous! Vous emmenez le meilleur qu'on ait jamais vu. Il a les allures si douces que le cavalier qui le monte ne peut se fatiguer. Il court par monts et par vaux sans se laisser arrêter par aucun obstacle et sans suer de fatigue. Il n'a jamais été saigné ni ferré; il a le sabot plus dur que l'acier. Ah! Folatise, je t'avais gardé si longtemps, et aujourd'hui je te perds à mon grand regret. La douleur et la honte m'accablent; mais par Mahomet! c'est ta perte surtout qui me rend malheureux. Rendez-le moi, Guillaume au court nez, et je ferai toutes vos volontés.

— Glouton, dit Guillaume, il me semble que tu te moques de moi. Par saint Denis! quand nous nous séparerons tu ne feras plus de mal ni à moi ni à autrui. Je serais un misérable si je te laissais la chance d'en réchapper.

La douleur fit perdre connaissance au païen, et ce n'est

pas merveille, puisqu'il était blessé à mort. Guillaume se tourna de son côté et se baissant sur son cheval, il lui prit son épée et lui en coupa la tête.

V.

Fuite à Orange.

Dès ce moment le comte se sentit en sûreté. Il descendit de cheval et ôta l'armure au païen sans foi. Il l'endossa prestement, laça sur sa tête le heaume luisant et ceignit l'épée du vaincu; enfin il suspendit Joyeuse à l'arçon de la selle.

Quand il eut pendu à son cou l'écu bardé de fer, il ressemblait comme deux gouttes d'eau à un Sarrasin.

Avant de se mettre en route, il ôta à Baucent le frein, la selle et le poitrail, afin qu'il pût mieux courir, car il était faible et fatigué, — et se tirer des mains des païens.

Ensuite, après s'être recommandé à Dieu, il se mit en marche, suivi par Baucent. Il ressemblait en tout point à un Sarrasin, non seulement par ses armes, mais encore par son langage; car il parlait bien plusieurs langues et entr'autres celle des Sarrasins.

Que Dieu le protége! Il en aura besoin, car déjà les païens l'ont remarqué, et s'il tombe entre leurs mains il passera un mauvais quart d'heure.

Guillaume chevaucha par la terre étrangère en se dirigeant vers la montagne, toujours suivi par Baucent qui perdait beaucoup de sang. Bientôt il rencontra un corps de Turcs commandé par Desréé d'Argolaine et par Bauduc, l'homme le plus méchant qu'on pût trouver jusqu'à la frontière d'Allemagne.

Tous deux, montés sur des chevaux excellents, étaient à la recherche de Guillaume. Lorsqu'ils le remarquèrent, ils se dirent:

— Quel est ce cavalier aux riches armes? Allons tout de suite à sa rencontre.

Et s'étant un peu rapproché, Desréé dit à Bauduc, le fils d'Aiquin:

— C'est singulier, ce cavalier suivi d'un cheval bai ressemble par son armure à mon cousin Aarofle. Je pense qu'il a tué le comte, celui au court nez, le vilain cruel, car je suis sûr de reconnaître son cheval bai.

— Cependant, répondit Bauduc, par Apollon mon Dieu! il ne se tient pas à cheval comme un Berbère.

Les deux Sarrasins éperonnent leurs montures et ont bientôt rejoint Guillaume. Bauduc, qui avait l'âme fière, porta la parole et lui demanda:

— D'où venez-vous si matin? Et où allez vous, mon cousin?

Le comte, sans sourciller, répondit dans leur langue:

— Par Mahomet! Bauduc, de l'Archant. Sous l'ombre d'un pin j'ai laissé Guillaume étendu mort; je l'ai tué de ma main. J'ai laissé le roi Alipantin pour le désarmer. Moi je m'en vais, et j'emmènerai avec moi Acarin et Danebur et son frère Cahin et Haucebier, car dès ce soir je veux être à Orange; je me rendrai maître de Guibor et du palais de marbre, qui demain s'ouvrira pour vous héberger.

Il passa son chemin en détournant la tête.

Les Sarrasins le suivaient des yeux, et remarquèrent le pan de la robe bordée d'ermine qui lui tombait jusqu'aux étriers; et comme le lacet de ses chausses de mailles s'était rompu, ils virent qu'il portait dessous des chausses couleur de sang. A cela, et à Baucent qui le suivait, ils reconnurent le comte au bras de fer; et tous deux s'écrièrent:

— Traître félon, tu ne nous échapperas pas.

Guillaume leur fit cette réponse, pleine de fierté:

— Mauvais gloutons, je ne vous crains pas plus qu'une vile chambrière. Je vois bien que pour me défendre, il ne suffira pas de prier Dieu; mais s'il Lui plaît, ainsi qu'à Monseigneur saint Pierre, l'un de vous sera bientôt couché dans sa bière.

Il fait sentir l'éperon à Folatise, qui s'élance plus vite qu'un lévrier; il va frapper Desréé, à qui la targe et la cotte de mailles ne furent d'aucun secours; il lui plante la lance au milieu du cœur et le jette roide mort sur l'herbe. Avant qu'il eût vidé les arçons, Guillaume lui arracha sa lance et continua sa route au grand galop.

Bauduc court après lui, à la tête de dix mille Sarrasins. Ils se rendent maîtres de Baucent, et le taillent en pièces, comme des misérables qu'ils étaient. Le marquis lui-même reçoit mainte blessure.

Si Folatise ne lui fait défaut, il ne court aucun danger.

Cependant les païens courent après lui et galopent par monts et par vaux; mais le noble marquis a tant éperonné son cheval qu'il les devance d'une grande lieue. Il se croit sauvé. Et tout en regrettant fortement Baucent, le comte s'arrête sous un arbre touffu pour laisser souffler sa monture. Mais avant qu'il eût repris haleine, il vit la colline couverte de païens, et Bauduc à leur tête, courant à bride abattue et la lance en arrêt.

— Eh! Guillaume, cria-t-il, on vous a tant loué; vous surpassez, dit-on, tout le monde en bravoure; retournez-vous donc et joûtez avec moi seul.

— Dieu! soupira Guillaume, ce méchant glouton m'a dit tant d'injures, et m'a fait tant de mal en me donnant la chasse; il est cause que les païens ont tué Baucent, que j'aimais tant; — par mon chef! j'en aurai vengeance.

Il pousse son cheval sur le païen qui, de son côté, ne l'évite pas. A leur rencontre leurs écus sont percés, mais les hauberts tiennent bon; pas une maille ne s'est détachée. Leurs lances se brisent et les éclats en volent au loin. Le comte Guillaume a si bien frappé le païen, qu'il le jette à terre, les jambes en l'air. Puis il saisit le cheval et l'aurait emmené, si plus de cinquante Sarrasins ne s'étaient pas avancés pour le frapper. Alors Guillaume furieux, tira son épée et coupa la tête au bon destrier qu'il ne voulut pas laisser aux Sarrasins. Du revers il tua deux Turcs, et sans plus attendre, il reprit sa course vers Orange.

Que Jésus le conduise et le sauve!

Les Sarrasins ont remonté Bauduc; d'autres se joignent à eux de toutes parts. Desramé lui-même y vient avec toute sa maison et les trente rois couronnés. Tous, d'un commun accord, ont juré qu'ils ne se laisseront retenir par aucune difficulté, qu'ils le poursuivront jusqu'à ce qu'ils l'auront enfermé à Orange; puis il le feront prisonnier et l'enverront à Thibaut, le neveu de Desramé, qu'il a dépouillé de son bien et qu'il a déshonoré en lui prenant sa femme. Mais, s'il plaît à Dieu, ils seront tous parjures, avant qu'un mois soit passé; car ils seront refoulés de manière que les plus courageux d'entr'eux pâliront de peur.

Cependant le marquis à l'air hardi, à coups d'éperons gagne du terrain sur ses ennemis. Ils courent après lui au nombre de plusieurs milliers; mais il monte un cheval si supérieur que, s'il ne s'abat pas sous lui, il ne les prise pas un denier.

A l'entrée d'un vallon il monta sur un rocher; la tour et le clocher d'Orange, le palais de Gloriette avec ses murs de pierre s'offrirent à ses yeux.

— Mon Dieu! dit le comte, que j'étais heureux lorsque je partis de là il y a quelques jours! Et depuis j'ai perdu tant de vaillants chevaliers dont l'assistance me manquera dorénavant. Ah! Guibor, belle et noble épouse, quand vous connaîtrez le malheur irréparable de la perte de mes neveux, que j'aimais tant, je crains bien que la douleur ne vous fasse perdre la raison.

Le comte se pâma sur le col de son cheval, et sans les étriers il serait tombé à terre. Revenu à lui, il piqua droit jusqu'à Orange.

Arrivé devant la porte il se mit à appeler à haute voix le portier :

— Ouvre la porte, abaisse le pont ! Hâte-toi, mon ami, j'en ai grand besoin.

Quand le portier s'entendit exciter de la sorte, il se mit à regarder par la fenêtre de la tourelle ; mais il ne reconnut pas le marquis au fier visage, ni le cheval qu'il montait, ni l'enseigne qui flottait au bout de sa lance, ni son écu, ni son heaume brillant. Il crut que c'était un Sarrasin qui venait pour le tromper et se rendre maître de la ville. Il lui cria :

— Retire-toi, ou par saint Jacques ! mon patron, si je te vois approcher d'un seul pas, je t'abattrai de ton cheval. Va-t-en, traître plein de fausseté. Le comte Guillaume doit bientôt revenir de l'Archant ; nous ne nous laisserons pas surprendre comme des imbéciles.

— Ami, dit le comte, ne t'emporte pas. Je suis le marquis Guillaume, qui alla venger en l'Archant le tort qu'on avait fait à Vivian. J'y ai fait une perte irréparable ; mes hommes sont morts, je ne les reverrai plus jamais ; et moi-même je suis blessé en plusieurs endroits. Ouvre-moi la porte et ne te méfie pas.

En entendant ces mots, le portier atterré se signa à plusieurs reprises.

— Seigneur, dit-il, ayez un peu de patience ; j'irai là-haut prendre des ordres, je serai de retour dans un instant.

Il descendit en grande hâte de la tourelle et monta les degrés qui conduisaient à la Gloriette, où se tenait Guibor. Du plus loin qu'il la vit, il lui cria :

— Noble comtesse, venez vite. Il y a devant le château un chevalier tout armé. Il monte un cheval comme je n'en ai jamais vu, et porte une belle armure sarrasine. Il a l'air fort redoutable et semble sortir d'un combat; car j'ai vu qu'il a les bras sanglants. Il me semble bien grand sur son cheval; et il dit qu'il est Guillaume au court nez. Venez, pour Dieu! madame, et jugez par vous-même.

Guibor, à ces paroles, pâlit. Elle descendit du palais seigneurial et alla se placer aux créneaux. Ayant jeté un coup d'œil au-delà du fossé, elle dit à Guillaume:

— Vassal, que veux-tu?

Le comte répondit:

— Dame, ouvrez-moi vite la porte et baissez le pont, car Bauduc et Desramé me suivent de près, avec vingt mille païens, le casque en tête. S'ils mettent la main sur moi, je suis un homme mort. Noble comtesse, pour Dieu! ouvrez vite la porte, hâtez-vous.

Guibor lui répondit:

— Vassal, tu n'entreras pas ici. Je suis toute seule, je n'ai pas un seul homme avec moi, sauf ce portier et un prêtre et un enfant qui n'a pas quinze ans. Il n'y a ici que des dames qui ont le cœur gros et sont en peine pour leurs maris, que mon seigneur a menés en Aleschant contre les païens sans foi. Je n'ouvrirai porte ni guichet, avant que Guillaume, mon bien-aimé, ne soit revenu. Que Dieu, qui mourut sur la croix, le protége!

Quand le comte entendit ces paroles, il baissa la tête et un torrent de larmes inonda son visage. Puis levant les yeux sur Guibor, il dit:

— C'est moi. Je m'étonne que vous ne me reconnaissiez pas. C'est mal. Je suis Guillaume; ne doutez pas de ma parole.

— Sarrasin, vous mentez, reprit Guibor. Par saint Denis! mon patron, on ne vous ouvrira pas avant que vous ayez désarmé votre tête.

Le comte avait le plus grand désir d'entrer au château, et cela ne doit étonner personne; ce n'est pas sans raison qu'il eut peur en entendant la terre trembler derrière lui sous les pas de ses ennemis.

— Noble comtesse, reprit-il, vous me faites attendre trop longtemps; voyez comme les hauteurs se couvrent de païens.

— Certes, répondit Guibor, ce que vous dites là me prouve combien vous ressemblez peu à Guillaume, qui jamais ne se laissa épouvanter par Turc au monde. Mais par le Dieu que j'adore! je ne ferai ouvrir porte ni guichet tant que vous n'aurez pas découvert votre tête et montré la bosse sur votre nez. J'avoue que par le son de la voix vous ressemblez à mon époux; mais on peut s'y tromper. Et l'on ne doit pas me blâmer d'être circonspecte, puisque je suis seule.

A ces mots le comte, plein de colère, délaça son heaume et rejeta la ventaille en arrière.

— Dame, fit-il, maintenant vous pouvez me regarder.

Au moment où Guibor allait le regarder, elle vit passer non loin de là cent païens, conduisant vers Desramé trente jeunes écuyers prisonniers, garottés de fortes cordes, qu'ils battaient et malmenaient à plaisir. Lorsque dame Guibor les entendit crier et invoquer Dieu, elle dit à Guillaume:

— Voici l'occasion de prouver que tu es bien le comte Guillaume. Si tu es réellement le brave Bras-de-fer, tu ne laisseras pas les païens emmener et battre et maltraiter nos gens en ta présence.

— Mon Dieu! fit le comte, combien demande-t-on de preuves! Mais par le Sauveur! dût-il m'en coûter la vie, j'irai à l'attaque sous ses yeux. Par amour pour elle et en l'honneur de Dieu je dois bien me résigner à cette nouvelle fatigue.

Il relaça son heaume et lança son cheval sur l'ennemi. Au premier qu'il atteignit il troua l'écu et la cotte de mailles, le perça de part en part avec sa lance et le jeta mort par terre. Puis tirant l'épée qu'il avait arrachée au Sarrasin, il fit voler la tête à un paien, fendit le crâne à un second, et renversa deux autres.

L'ennemi s'épouvanta et se dit :

— C'est Aarofle qui vient prendre et détruire Orange ; nous avons excité son courroux parce que nous n'avons pas combattu en Aleschant-sur-mer, et il paraît qu'il veut nous en punir.

Ils se mettent à fuir pour sauver leur vie, sans s'occuper de leurs prisonniers. Le comte Guillaume poursuit, l'épée haute, les fuyards, à qui la peur donne des ailes.

Alors Guibor se mit à pleurer et cria si haut qu'elle put :

— Venez, beau sire, maintenant vous pouvez entrer.

A ces mots Guillaume revient sur ses pas ; il galope vers les prisonniers, les délivre l'un après l'autre de leurs liens, et les dirige sur Orange. Ensuite il retourne à toute bride aux ennemis ; en quatre coups il en met six par terre, et les apostrophant en leur langue, il leur crie :

— Mauvais bâtards, vous me laisserez vos chevaux que je donnerai à mon oncle Desramé, qui vous jettera tous en prison pour lui avoir failli en la bataille.

— Comme vous l'ordonnez, monseigneur, dirent les païens, Et descendant de cheval ils se lièrent les poings entr'eux, de manière qu'il n'en resta que quatre de libres, qui sur l'ordre de Guillaume, dirigèrent les autres sur Orange.

— Seigneur ! dit Guibor, il faut que Guillaume soit protégé par une fée, pour faire prisonniers tant d'ennemis à lui seul. Mais Sainte Marie ! secourez-le, car je vois les hauteurs se couvrir de païens. Hélas ! malheureuse ! que faire ? S'il succombe sous le nombre, c'est par ma folie.

Elle se mit à crier de toutes ses forces :

— Hâtez-vous, monseigneur ! Ah ! Guillaume, noble marquis au court nez, par l'amour de Dieu, ne vous occupez plus de ces Turcs à qui vous avez fait assez de mal. Que le diable les emporte !

— Il sera fait selon vos désirs, dit Guillaume.

Cependant il est arrivé sur le bord du fossé, et s'arrêtant devant la porte avec le butin qu'il avait conquis, c'est-à-dire quinze chevaux de somme chargés de vivres, il range les païens entre le pont et le gué et les tue tous.

Ce fut une sage mesure de ne pas garder ceux qu'il aurait eu de la peine à nourrir.

Alors la porte lui fut ouverte et le grand pont-levis abaissé. Le comte entra au château, épuisé de douleur, et avec lui les prisonniers qu'il avait délivrés et les harnais des païens, ainsi que le vin et le blé qu'il leur avait pris. Ensuite on releva le pont et l'on barra bien les portes et ferma les avenues avec de grandes chaînes.

Avant que Guillaume fût désarmé, il vit les hauteurs environnantes couvertes de païens. Mais le château ne sera pas pris, à moins qu'ils n'en réduisent les défenseurs par la famine.

Le roi Desramé avec Corsolt, Aenré, le roi Fabur et Esmeré, Borrel, Mautriblé, l'émir Haucebier et plus de trente rois ont dressé leur camp devant les murs et ont juré d'assiéger Orange pendant un an; ni le vent ni les orages ne les chasseront et ne les empêcheront de prendre et de détruire la ville, disent-ils.

Mais ils seront tous parjures, et ils verront que c'est pour leur malheur qu'ils sont entrés dans le pays. Avant que le mois d'Août soit passé, le plus vaillant d'entre eux voudrait ne pas y être venu pour tout l'or du monde.

VI.

Désespoir.

Pendant que les païens arrivent devant Orange, brûlant et dévastant tout dans les environs, Guillaume se désarme. Dame Guibor lui déboucle son épée, et délace son heaume en pleurant. Ensuite elle lui ôte la lourde cotte de mailles. Sous l'armure il avait le corps tout noir des coups qu'il avait reçus; il était blessé en quinze endroits et toute sa poitrine était ensanglantée.

Il resta muet; mais l'eau du cœur lui monta aux yeux et se répandit en chaudes larmes sur sa figure.

A cette vue Guibor devint toute pâle et dit:

— Monseigneur, je suis votre épouse légitime et je vous ai juré fidélité; pour vous je me suis fait baptiser: vous ne devez donc pas refuser de me parler. Ce qui m'épouvante, c'est de vous voir seul; vous êtes parti d'ici, menant avec vous le brave comte Bertrand, le jeune Guichart, Guibelin, Gautier de Pierrelée et tous vos vassaux; et plusieurs jongleurs et joueurs de vielle vous suivaient.... J'ai grand peur que tu ne sois pas Guillaume.

— Dieu! fit le comte, Sainte Vierge honorée! ce qu'elle dit est la verité. Désormais ma vie se passera dans les pleurs. Noble comtesse, à quoi servirait de vous taire la vérité? Tous mes compagnons sont morts en Aleschant; tous ont succombé, et il n'y en a pas un seul à qui l'on n'ait coupé la tête. Et moi, voyant que je ne pouvais vaincre ni défendre ma vie, je me suis enfui, je ne veux pas vous le cacher. Et les Turcs m'ont donné la chasse pendant toute la journée.

A ces mots Guibor, pâle comme une morte, perdit connaissance. Et lorsqu'elle eut repris ses sens, elle se répandit en lamentations:

— Hélas! malheureuse, sanglota-t-elle, je puis bien dire que le sort m'accable. C'est à cause de moi que toute cette jeunesse est perdue. Mon Dieu, soutiens-moi! je ne suis qu'une pauvre femme. Sainte Marie, reine du ciel, que ne suis-je morte et enterrée! Mon désespoir ne finira qu'avec la vie.

Puis se tournant vers le comte Guillaume, elle lui dit:

— Ah! seigneur, qu'avez-vous fait de Bertrand, de Guibelin et du vaillant Guichart, de Gautier de Termes et du preux Vivian? de tous ces vaillants chevaliers? Ah! rendez-les moi sains et saufs et vivants!

— Dame, répondit-il, ils sont tous morts en Aleschant. Du côté de la mer nous trouvâmes Turcs, Sarrasins, Persans, ceux de Saragosse et de Palerne, et tous ceux d'Afrique. Borrel y était avec ses quatorze fils, et Desramé et le géant Haucebier et bien trente rois et émirs, conduisant plus de cent mille infidèles. Nous les attaquâmes et le comte Bertrand fit des prodiges de valeur ainsi que mon neveu Girard de Commarchis, Guichart et Gaudin; mais Vivian fit mieux qu'eux tous. Jamais il ne recula d'un seul pied pour homme qui vive, et jamais les Sarrasins ne le mirent en fuite. Mais il y avait tant de païens et il leur vint tant de renfort de leur flotte, que jamais, de mémoire d'homme, on n'en vit autant. L'Archant disparaissait sous les armures et les écus: contre un des nôtres il y avait bien cent ennemis. Mes hommes sont morts, pas un seul n'est échappé, et moi-même je suis blessé en plusieurs endroits. Je puis dire sans mentir que je leur ai tenu tête jusqu'à ce que ma cotte de mailles fût déchirée en trente endroits, et que mon heaume en pièces pendît sur mes épaules, retenu par ses lacets. Ne me blâmez pas, si enfin j'ai pris la fuite.

— Dieu m'en garde! répondit-elle.

Le château se remplit de deuil; les nobles dames pleurèrent leurs maris et les demoiselles leurs amis. Les sanglots et les cris allèrent croissant.

— Bertrand est donc tué! soupira Guibor; et Gaudin-le-brun et le gentil Guichart, Gautier de Termes, Girard de Commarchis et le brave et redouté Guibelin!

— Non, Dieu merci! Ils sont en vie; les païens les tiennent prisonniers sur leur flotte, mais le hardi Vivian y a trouvé la mort. J'ai recueilli son dernier soupir: il s'est confessé à moi, grâce à Dieu! et il a communié du pain bénit. Je le trouvai mourant sur les bords d'un étang, étendu à l'ombre d'un grand arbre. Il vous envoie ses adieux.

— Seigneur Dieu! dit Guibor, que Jésus-Christ reçoive son âme en paradis! C'est un bien grand malheur qu'il soit mort si jeune.

Les pleurs suffoquèrent sa voix. Mais bientôt relevant la tête avec un air d'impératrice, elle dit:

— Monseigneur Guillaume, ne vous laissez pas abattre comme un vilain et secouez la terreur des païens mécréants. Vous ne possédez pas un domaine entre Orléans et Paris, mais vos terres sont situées au milieu de celles des Arabes. Vous n'aurez paix à Orange que lorsque Thibaut s'en sera rendu maître. Mais cela n'arrivera qu'au jour du jugement dernier, puisque vos neveux sont en vie et que vous avez encore des parents et des amis. Allez chercher du secours en France, à Saint-Denis, auprès de votre beau-frère le puissant roi Louis. Et votre père Aymeric aussi viendra à votre aide avec tous ses fils et sa puissante famille. Avec eux allez secourir ceux que les Sarrasins tiennent prisonniers, afin qu'ils n'emmènent pas les malheureux au-delà des mers.

— Mon Dieu! fit Guillaume, jamais dame ne donna un plus sage avis. Que le Saint-Esprit me conseille!

— Seigneur Guillaume, reprit Guibor, ne vous laissez pas abattre et cherchez du secours en France. Quand Hermengard de Pavie, votre noble mère, que Dieu la bénisse! et Aymeric à la barbe blanche sauront combien vous en avez besoin, ils manderont les barons de leur terre et votre puissante et noble famille viendra vous secourir en la terre maudite.

— Ah! Sainte Vierge, murmura Guillaume, on a tant de fois fait appel à l'armée française et nous leur avons causé tant de mal et de peine qu'ils ne croiront pas le messager qui leur dira que j'ai si complétement perdu mes compagnons Ah! Guibor, douce amie, on n'aura pas confiance en notre messager et les chevaliers de France ne remueront pas. La seule ressource serait d'y aller moi-même; mais je n'irai pas. Pour tout l'or de Pavie je ne vous laisserais pas entourée de cette race odieuse. Par l'apôtre saint Pierre! je serais bien mauvais et plein de félonie si je vous laissais seule à Orange.

— Monseigneur Guillaume, reprit Guibor en pleurant, allez tout de suite. Je resterai à Orange avec toutes ces dames; chacune d'elles endossera la cotte de mailles et portera le heaume luisant, l'épée au côté, l'écu au col et la lance à la main. Ensuite il y a ici tous ces chevaliers que vous avez délivrés des mains des mécréants, ils défendront nos murs si les Turcs montent à l'assaut. Moi-même je porterai l'armure comme tout combattant, et par l'apôtre saint Jacques! le Sarrasin que j'atteindrai d'une pierre du haut des créneaux, je l'abattrai à terre.

A ces mots Guillaume, les yeux en pleurs, embrassa Guibor. Elle fit tant, qu'enfin il lui promit d'aller en France pour chercher le secours dont ils avaient grand besoin.

Cependant au moment du départ Guibor lui dit:

— Monseigneur Guillaume, tu vas en France et tu me laisses ici, triste et seule, enfermée dans Orange et entourée d'une race qui ne m'aime pas. En cette terre bénie tu verras mainte pucelle au teint frais et mainte noble dame richement atournée, qui t'inspireront de l'amour; et je sais bien que tu m'auras bientôt oubliée ainsi que cette contrée. Qu'est-ce qui vous y rappellerait? Vous n'y avez trouvé que de la peine, la faim, la soif et toutes sortes de privations.

A ces paroles Guillaume regarda la dame avec stupéfaction. Les larmes lui montèrent du cœur aux yeux et inondèrent son visage et sa poitrine. Il serra Guibor dans ses bras et l'ayant baisée à plusieurs reprises, il lui dit:

— Chassez ces mauvaises pensées. Je vous jure qu'avant d'être revenu ici, je ne changerai de chemise ni de chausses, que je ne me laverai la tête, ni ne mangerai de viande ni de gibier. Je ne boirai ni vin ni boisson épicée, l'eau seule mouillera mes lèvres; je ne mangerai de galette à la farine blutée, mais seulement du gros pain; je ne coucherai sur un lit de plumes et je ne me couvrirai de drap ni de courte-pointe brodée, mais de la couverture de mon cheval et de mes vêtements, et aucune bouche n'approchera de la mienne, si ce n'est la vôtre que je baiserai en ce palais.

Guillaume l'embrassa une dernière fois, et de part et d'autre il y eut bien des larmes répandues. On sella et on brida Folatise, on noua sa testière et on lui recouvrit de fer la croupe et le poitrail, on le sangla d'une double sangle et on le tint prêt à la porte du palais.

Le comte, sans plus attendre, endossa l'armure du païen Aarofle qu'il avait tué; elle était fort riche, les mailles en étaient dorées; puis il laça son heaume et noua la coiffe avec treize lacets de soie. Dame Guibor lui ceignit son épée et le clerc Étienne lui apporta son écu, qu'il pendit à son cou. Puis, suivi de tous les siens, il descendit de la grand' salle, au perron ombragé par un olivier il monta à cheval et prit en ses mains la lance à laquelle était attaché une banderolle.

Enfin il embrassa doucement Guibor, qui lui dit:

— Monseigneur, vous m'avez épousée après que pour vous je me fus faite Chrétienne, et je vous ai donné toute ma terre; aussi vrai que je vous ai tenu ma foi, souvenez-vous de la pauvre délaissée.

En disant ces mots elle tomba pâmée. Sans descendre de cheval le comte la releva, et lui donnant un dernier baiser, il la remit aux mains de ses suivantes et la recommanda à la garde de Dieu qu'il pria de même de protéger la cité contre les Sarrasins.

Alors on lui ouvrit la porte, et un peu avant le lever du soleil, le comte se mit en route. Derrière lui la porte fut refermée et bien assujettie avec de grandes chaînes.

VII.

Rentrée à la cour.

Le comte chevaucha tranquillement jusqu'au jour. Alors il aperçut une bande armée de païens à laquelle il voulut se soustraire, en tournant à droite pour se jeter dans une vallée. Mais ils lui crièrent de loin:

— Qui êtes-vous? Ne tentez pas de nous mentir.

Le comte, au lieu de se servir de sa langue habituelle, leur parla Grec et dit:

— Je suis Aarofle du mont de Valfondée; je fais bonne garde autour d'Orange, afin que Guillaume ne s'en échappe.

Sur cette réponse les païens s'inclinent devant lui et passent leur chemin. Le comte, de son côté, poursuit sa route. Que Dieu et la Sainte Vierge le protégent!

Il va, sans s'arrêter, nuit et jour. Il arrive à Orléans et passe la Loire dans un bâteau, puis il remonte sur son cheval arabe et traverse la ville. Les bourgeois se le montrent en disant:

— Où va-t-il ainsi armé et sans suite?

Le châtelain averti, courut après lui et l'apostropha avec hauteur:

— Qui êtes-vous, cavalier? Vous êtes entré armé dans notre cité, je ne sais si vous êtes un espion ou un voleur de grand chemin; mais par la foi que je dois à la Sainte

Vierge! si vous n'avez un protecteur puissant, vous ne sortirez pas d'ici; le tenter serait folie.

Ce disant, il se rue sur lui, et saisissant son écu, il le tire à lui avec tant de force, qu'il le lui arrache presque du cou.

— Glouton, s'écria Guillaume, que Dieu te maudisse! Tu as tort de me chercher querelle. Laisse mon écu et tu agiras en galant homme. Je suis chevalier et ce que tu fais est une vilenie. Par Dieu! je ne me soucie pas de pareilles plaisanteries.

Le châtelain, qui était un méchant homme, voyant que le comte le traitait avec douceur, ne s'en montra que plus hardi et plus orgueilleux, et tira de plus belle l'écu doré.

— Mon Dieu, fit Guillaume, tu m'as tiré des mains de cent mille Turcs, et un seul homme m'outragerait et me traiterait de la sorte! J'aimerais mieux mourir que de le souffrir.

Il tira l'épée à la poignée d'or et en porta un tel coup au châtelain qu'il l'abattit mort.

La ville fut en émoi; on courut aux armes et on sonna le tocsin. On décocha mainte flèche au cavalier, qui allèrent se ficher dans son haubert et son écu; heureusement que son cheval était garanti par sa couverture de mailles.

— Sainte Marie! pria Guillaume, aidez-moi en ce jour! Je vois bien que leur folie est à son comble; si je ne leur montre les dents, ils ne m'épargneront pas, car les bourgeois sont une race de furieux; quand une fois ils se sont soulevés, ils ne tiennent aucune mesure.

Après ces réflexions il les attaque et en tue plus de cinquante. Son audace fit son effet; les bourgeois fuient de toute leur vitesse en se dirigeant vers le pont. Il les laisse fuir et se hâte de sortir d'Orléans et de prendre le grand chemin d'Étampes.

Cependant les bourgeois trouvent le pont obstrué par une troupe de gens de guerre. C'était Hernaut de Gironde, le brave frère de Guillaume qui, avec plusieurs chevaliers, venait de convoyer le roi Louis. Lorsqu'il entra dans Orléans, les gens de la ville s'adressèrent à lui:

— Monseigneur, firent-ils, nous sommes fort malmenés. Un chevalier étranger nous a tué le châtelain et tant de bourgeois qu'on n'ose les compter; et cela seulement parce qu'on lui a demandé pourquoi il traversait la ville tout armé.

— Savez-vous de quel côté il est allé, demanda Hernaut?

— Oui, beau sire, du côté de Paris; il a pris le chemin d'Étampes avec son grand cheval tout bardé de fer.

Hernaut, à cette nouvelle, demanda ses armes: il endossa le haubert et laça son heaume, sauta sur son cheval, et avec dix chevaliers sortit d'Orléans au galop. Il eut bientôt atteint le comte Guillaume qui chevauchait doucement, ayant à la main une lance qu'il avait arrachée à un bourgeois.

Hernaut lui cria de loin:

— Par Dieu! vassal, on t'apprendra à vivre. Retourne à la cité, afin que les gens du roi t'y jugent.

— Bien fou, reprit Guillaume, qui suivra vos ordres.

Là dessus il piqua des deux et rendit la main à Folatise. Son frère Hernaut courut sur lui de toute la vitesse de son cheval. Leur choc fut épouvantable; leurs lances se brisèrent et Guillaume jeta son frère à bas de son cheval. Puis il lui dit en ricanant:

— Par Dieu! vassal, il n'est pas de vos amis, celui qui vous envoya jouter contre Guillaume d'Orange. Vous êtes assez puni; le marquis ne vous touchera plus.

A ces mots il lui ramena son cheval. Et Hernaut, tout ému, reconnut son frère autant à sa noble manière d'agir qu'à sa voix. Il sauta sur ses jambes et saisissant son étrier, il lui embrassa les genoux. Alors Guillaume se repentit de ce qu'il avait fait, quoiqu'il ne reconnût pas encore son frère; il lui présenta son cheval et le pria instamment d'y monter. Hernaut lui dit:

— Beau frère, d'où viens-tu? Je suis Hernaut. Je suis

bien aise d'avoir été abattu par toi; cela me prouve que tu as toujours un bras vaillant. Ton coup a été rude, mais Dieu merci! je ne suis pas blessé.

— Lorsque Guillaume le reconnut, il éprouva une grande joie. Il descendit de cheval, et tous deux ôtèrent leurs heaumes pointus. Hernaut baisa son frère sur les yeux, les joues et le cou; mais Guillaume mit son écu devant sa bouche, pour qu'il ne la touchât pas.

Cependant les chevaliers s'empressèrent autour d'eux. Quand ils eurent reconnu le comte, ils le saluèrent respectueusement. Ils descendirent de cheval et s'asseyant sur l'herbe, au pied d'un arbre touffu, ils prêtèrent l'oreille au récit que Guillaume leur fit de ses malheurs.

— Mes hommes sont morts, dit-il, et j'ai perdu mes neveux. Les mécréants ont pris Bertrand, Gaudin-le-brun, Guichart et cinq autres. Ils sont venus mettre le siége devant Orange, où je n'ai laissé vieux ni jeune, sauf le portier et un clerc, avec cent malheureux que j'ai délivrés de prison, mais qui sont trop faibles pour se défendre. Aussi toutes les dames ont-elles vêtu le haubert et ceint l'épée. Mais elles ont peu de vivres, le vin et le froment leur manquent. Si elles ne sont secourues à bref délai, Orange sera prise et brûlée.

En entendant ce récit, Hernaut fut profondément touché; il resta muet pendant plus d'une heure, tant il était ému.

Guillaume voyant que Hernaut ne lui répondait pas, lui dit à demi-voix et en tremblant:

— Eh bien, frère, viendras-tu à mon secours?

— Certes, monseigneur, je ne vous ferai pas défaut, tant que j'aurai vie.

— Alors, dit Guillaume, ne tardez pas. Faites savoir à notre mère chérie, Hermengard de Pavie, et à Aymeric à la barbe blanche que j'ai besoin de leur secours contre les Arabes. Moi, j'irai à Saint-Denis trouver Louis, pour le prier de lever son armée, afin de me venir en aide, ou de mettre à ma disposition les chevaliers de France; mais je crains qu'il ne rejette ma prière.

— Ne craignez rien, dit Hernaut; vous le trouverez à Laon, où il doit tenir une cour plénière. Il y aura grand nombre de chevaliers, car il doit disposer du fief de Vermandois. Mon père y sera avec une grande suite. Allez-y, monseigneur; je n'ai plus qu'à ajouter que vous pouvez disposer de mon or et de mon argent, de mes chevaux arabes et de mes chevaliers.

Le comte l'en remercia avec effusion, mais il ne voulut emmener personne avec lui. Il embrassa tendrement son frère et se mit en route. Il ne s'arrêta pas avant d'avoir atteint Étampes, où il arriva le soir et coucha. Le lendemain il remonta à cheval, mais sans endosser son armure qu'il chargea derrière lui. Il fit tant qu'un dimanche, à l'heure du dîner, lorsque les gens sortaient de l'église, il entra à Laon.

Il avait l'air de sortir d'un combat; lorsqu'il passa dans la rue, les manants, tout étonnés de la grandeur de son cheval, se mirent à ricaner:

— En voilà un qui ressemble à un oiseau de proie! A-t-on jamais vu pareil cheval! C'est le diable qui l'a rendu si gros.

Le comte passa sans mot dire: il ne voulait pas se disputer avec eux.

Devant la porte du château il y avait un olivier; c'est là qu'il descendit de son cheval qu'il attacha à l'arbre. Ses habits étaient en lambeaux; mais il portait au côté son épée dont la garde était d'or massif. On le regarde avec étonnement, mais personne n'ose lui parler, tant il leur fait peur.

Un homme du palais se hâte d'aller porter au roi la nouvelle qu'il y a un cavalier à la porte du palais.

— Je ne sais, dit-il, s'il est chevalier, mais dans toute la France il n'y a personne bâti comme lui. Il est grand et a le regard plus redoutable qu'un lion. Il porte une épée à la poignée d'or; il a un cheval d'Espagne dont la tête est fine et la croupe large, et qui est presque aussi haut que l'olivier. Son frein est fort riche et orné de boutons d'or, la selle est un chef-d'œuvre. Un heaume pend à l'arçon et derrière lui est attaché un haubert étincelant, dont les mailles, plus blanches que du coton, sont entremêlées de quelques rouges, parce qu'elles ne sont pas couvertes d'une housse. Ses deux éperons sont d'une grandeur démesurée, la broche a un empan de long. Mais il est vêtu d'un mauvais pourpoint et par dessus d'une pelisse d'hermine. Un gros nez surplombe sa moustache, ses bras sont longs et ses poings larges; il a la narine dilatée et une forêt de cheveux sur la tête. Il a tout l'air d'un voleur, et il semble qu'il vient pour vous disputer le trône de France, car il a l'air bien féroce.

Le roi tout étonné, fit le signe de la croix et tous les Français frémirent de peur. Louis courut à la fenêtre pour regarder l'étranger à la fière mine. Puis il dit:

— Allez y voir, Sanson, et revenez me faire votre rapport. Demandez-lui bien, d'où il est et comment il s'appelle; mais ne l'amenez pas ici, car il pourrait bien être un hôte dangereux.

Sanson se hâta d'obéir aux ordres de son souverain; il descendit les degrés de marbre, et s'adressant à Guillaume:

— Quel est votre nom, lui demande-t-il? De quel pays êtes-vous? Et dites-moi qui vous envoie?

— Je vais vous le dire, répond le comte. J'ai nom Guillaume au court nez. Je viens d'Orange et je suis extrêmement fatigué. Je vous prie de me tenir mon cheval, jusqu'à ce que j'aie parlé à Louis.

— Monseigneur, dit Sanson, attendez un instant. J'irai là-haut, en la salle seigneuriale, faire mon rapport au roi qui m'a envoyé vers vous; je reviendrai bientôt, n'en doutez pas, et je vous prie, pour Dieu! de ne pas vous courroucer.

— Ami, répondit Guillaume, hâtez-vous donc. Dites au roi, et ne lui cachez pas, que je viens ici pauvre et délaissé. Je verrai bien aujourd'hui s'il est mon ami. Qu'il vienne à ma rencontre avec sa noble suite, et je saurai qu'il m'aime. C'est dans le besoin qu'on éprouve un ami: si alors il vous fait défaut, il ne faut plus s'y fier.

— Monseigneur, répondit Sanson, j'obéirai à vos ordres. Sur l'honneur, je lui dirai tout, et si j'ai quelque crédit, le roi fera ce que vous désirez.

Il retourne au palais et dit au roi:

— Sire, vous ne savez pas ce qui vous arrive; c'est Guillaume d'Orange, le marquis redouté. Il attend que vous veniez à sa rencontre.

Louis laissa tomber sa tête sur sa poitrine et se recueillit. Puis il dit à Sanson:

— Venez vous asseoir, je ne le regarderai même pas. Que les diables l'emportent! Il nous a déjà bien causé assez de peine et de perte. Ce n'est pas un homme, mais un vrai démon. Malédiction sur quiconque se réjouit de son arrivée!

Le roi reprit sa place et demeura pensif et courroucé.

VIII.

Pauvre accueil.

Cependant maints damoiseaux et beaucoup de chevaliers descendent pour regarder le nouveau venu, et parmi eux plusieurs qui avaient jadis reçu du comte de belles robes aux fourrures de martre ou d'hermine, des hauberts, des heaumes et des armes précieuses, des chevaux et de l'or ; mais quand ils le virent si dénué de tout, pas un d'eux n'alla l'embrasser ou le saluer. Au contraire, on se moqua de lui et on le railla, car jamais un homme tombé en pauvreté ne sera aimé.

— Vous avez grand tort, leur dit Guillaume ; je vous ai chéris et comblés de bienfaits. Si je ne vous offre rien en ce moment, il ne faut pas m'en vouloir, car j'ai été complétement dépouillé en l'Archant. Mes hommes sont morts, pas un n'est réchappé ; mon neveu Bertrand y a été fait prisonnier ainsi que Girard, lui et les autres. Vivian a été tué, et moi-même j'ai reçu quinze blessures. Pourquoi ne pas l'avouer ? je me suis sauvé par la fuite. La perte que j'ai essuyée, me remplit de douleur. Ce n'est pas tout. Cent mille Turcs ont mis le siége devant Orange. Desramé et trente autres rois sont à leur tête, et ils ont juré de ne pas se retirer, le siége dût-il durer un an. Dame Guibor, qui vous a donné tant de preuves d'amitié, vous prie par ma bouche de la secourir. Par Dieu ! chevaliers, ayez pitié d'elle et venez moi en aide ! Dieu le vous rendra un jour.

Ceux à qu'il s'adressa ne répondirent pas un seul mot. Ils le quittèrent pour remonter au palais. Guillaume resta seul et eut tout le temps de méditer sur ce proverbe du vilain : celui qui perd son bien ne retrouve que du mépris.

— Ah ! Dieu, dit-il, si j'apportais de l'or et de l'argent, ils me témoigneraient du respect et de l'amitié ; mais puisqu'ils voient que j'ai besoin d'aide, ils me méprisent comme le premier misérable venu. Ils ne veulent même pas mettre mon cheval à l'écurie.

Le comte s'assit plein de colère et posa son épée d'acier sur ses genoux ; il pensa à sa femme qu'il regrettait d'avoir quittée.

Cependant les valets et les écuyers continuèrent à grand bruit leurs ricanements, après que les chevaliers les eurent quittés pour rentrer dans la salle. A ceux-ci le roi demanda :

— Que fait Guillaume, le rude guerrier qui nous donne tant de mal?

— Sire, répondirent-ils, il est là, au pied de l'escalier, sous l'olivier.

Louis s'armant d'un bâton de pommier, alla s'accouder à la fenêtre. Il vit Guillaume qui pleurait à chaudes larmes; il l'appela et lui adressa ces paroles:

— Sire Guillaume, allez donc trouver un hôtel, faites bien soigner votre cheval et revenez ensuite à la cour pour dîner. Vous venez me visiter dans un fort pauvre équipage: n'avez-vous donc ni valet ni écuyer pour vous aider à vous déchausser?

— Ah! Dieu, j'enrage, dit le comte, quand j'entends cet homme me railler, lui, qui par dessus tous les autres devrait m'honorer et m'aimer. Mais par Celui qui jugera le monde! si je puis entrer dans ce palais, avant que le soleil soit couché demain, je lui raserai la tête de cette épée, et maint des siens se baignera dans son sang. C'est pour leur malheur qu'ils se sont montrés plein d'orgueil et de mépris envers moi; avant de partir d'ici ils me le paieront.

En disant cela il roula les yeux et grinça les dents en secouant la tête avec fureur.

Louis fit bien garder la porte et ne laissa entrer ou sortir personne, par crainte de Guillaume, qui continuait à se consumer de rage. Enfin un franc bourgeois, du nom de Guimar, l'emmena avec lui et lui offrit l'hospitalité. Après avoir mis son cheval dans une étable richement pourvue, il voulut faire souper le comte. Mais celui-ci ne voulut ni goûter au vin, ni manger du pain blanc. Il se fit apporter du gros pain de seigle dont il soupa et il l'arrosa avec de l'eau, parce qu'il voulait tenir le serment qu'il avait fait à Guibor.

Le bourgeois, tout étonné, lui demanda:

— Comment, sire Guillaume, vous refusez un si beau souper? Dites m'en la raison. S'il y a quelque chose qui vous déplaise, j'y porterai remède.

— Non, beau sire, votre souper mérite tous les éloges. Mais avant de partir d'Orange je jurai à ma femme, Guibor au clair visage, que je n'en goûterais mie, et je veux tenir mon serment jusqu'à mon retour. Je vous prie de ne pas m'en vouloir.

Le bourgeois le laissa tranquille.

Après le souper on enleva les nappes et l'on fit dresser un lit au noble comte avec des coussins moelleux et des couvertures d'outre-mer; mais Guillaume ne voulut pas s'y coucher. Il fit apporter de l'herbe fraîche et des joncs; il étendit là-dessus la couverture de son cheval et s'y coucha. Il ne ferma l'œil de la nuit; les pensées qui l'obsédèrent jusqu'au jour, l'en empêchèrent.

Le lendemain de bonne heure il se fit apporter son haubert qu'il endossa, ensuite il ceignit son épée.

Son hôte lui demanda où il comptait aller?

— Je ne veux rien vous cacher, dit le comte. J'irai là-haut, parler à Louis, pour lui demander du secours. Mais par le Dieu qu'on adore! malheur à celui qui me le refuse et se permet de blâmer ma demande!

— Monseigneur, lui répondit l'hôte, que Dieu vous conduise! Vous trouverez une assemblée bien fastueuse; car le roi doit couronner Blanchefleur, votre sœur, et il va lui donner le Vermandois pour douaire. C'est bien la plus belle terre qu'on puisse nommer, mais qui sera l'occasion de guerres sans fin.

— Bon, dit Guillaume, j'aurai voix au chapitre et il faudra que tout passe par mes mains; car je suis de droit le gardien de la douce France et je porte son oriflamme; que s'ils me contestent quoi que ce soit, s'ils me mettent en colère, j'aurai bientôt déposé le roi de France et ôté la couronne de son chef.

Quand le bourgeois l'entendit parler de la sorte, il commença à trembler de peur. Sans plus attendre, le marquis quitta son hôtel et marcha droit à la cour. Il portait son haubert sous son pourpoint et tenait son épée cachée sous son manteau.

Arrivé au palais, il trouva les portes grandes ouvertes et entra dans la salle. Il y avait là plusieurs princes, ducs et comtes et des chevaliers de tout âge, ainsi que maintes dames vêtues de soie et de drap d'or. Le comte Guillaume fut bien reconnu, mais on le reçut mal, parce qu'il était pauvrement vêtu. Personne ne le salua, pas même la reine, sa sœur, quoiqu'elle l'eût bien vu. Tout le monde fit semblant de ne pas le connaître.

Le comte en fut fort irrité. Il alla s'asseoir à l'écart sur un banc et caressa l'épée nue sous son manteau; il avait de la peine à se contenir à ne pas leur courir sus.

A peine fut-il assis que le bruit se répandit qu'Aymeric venait d'arriver, accompagné de soixante chevaliers. Il y eut un grand tumulte; toute la cour se mit en mouvement pour aller à la rencontre d'Aymeric de Narbonne.

En effet le comte descendit de cheval au perron ainsi que Hermengard sa noble comtesse. Quatre de ses fils venaient avec lui: Bernard le preux, Buevon de Commarchis, Guichart et Hernaut. Le seul Aymer-le-chétif n'y était pas; il est en Espagne parmi les Sarrasins, où jour ni nuit il ne leur donne trève.

Avant qu'Aymeric fût entré dans la salle, son gendre Louis alla à sa rencontre avec la belle reine. On traita le comte avec tout l'honneur possible et non moins sa noble femme, Hermengard au teint blanc. On plaça Aymeric dans un fauteuil à côté du roi et la comtesse près de la reine, sa fille. Les chevaliers se placèrent à la ronde.

La salle était ornée de lis et de roses, dont le parfum se mêlait à celui de l'encens qu'on brûlait; les jongleurs chantèrent en s'accompagnant de la vielle. Toute la cour était fort joyeuse.

Mais avant la fin du jour tout cela changera, et le plus hardi d'entr'eux aura peur; l'empereur lui-même voudrait être à Paris et la reine en sa chambre à Senlis; car Guillaume, le marquis au court nez, est assis tout seul, la rage au cœur.

— Dieu! dit-il, pourquoi me tenir ainsi à l'écart, quand je vois ici mon père et mes amis et ma noble mère que je n'ai embrassée depuis plus de sept ans! J'ai trop longtemps souffert leur mépris; je deviendrai fou si je ne me venge.

A ces mots il sauta sur ses pieds, et sans que sa main quittât la poignée de son épée, il se plaça au milieu de la salle devant le roi Louis, et lui dit d'une voix forte, qui fut entendue de tout le monde:

— Que Jésus protége ma mère, mon père, mes frères et mes amis, et qu'il confonde ce mauvais roi sans honneur et ma sœur, la vile ribaude, qui m'ont fait si mauvais accueil et ont permis qu'à leur cour on se soit moqué de moi! Quand je descendis de cheval sous l'olivier touffu, nul de ses hommes, grand ou petit, ne daigna tenir mon coursier arabe. Mais par les saints que Dieu a bénis! si ce n'était pour mon père, qui est assis à ses côtés, je lui pourfendrais la tête de mon épée.

Le roi devint blême de frayeur, et la reine aurait voulu être à Senlis, à Étampes ou au bourg de Saint-Denis. Il n'y eut pas un Français qui ne fût épouvanté. Et ils se dirent l'un à l'autre:

— Guillaume est en colère, c'est pour notre malheur qu'il est venu en ce pays.

Lorsque Aymeric et Hermengard virent leur fils, ils s'élancèrent plein de joie de leurs fauteuils et embrassèrent Guillaume. Les quatre frères se jetèrent à son cou; mais il eut soin de détourner la bouche afin qu'ils ne pussent la baiser. Ce fut une joie générale.

Cependant Guillaume raconta à son père la défaite qu'il avait essuyée en l'Archant et comment il s'était enfui seul, après avoir perdu tous ses hommes; comment il laissa Vivian sans vie sur les bords de l'étang; et comme quoi les païens lui avaient donné la chasse après qu'ils eurent fait prisonniers le comte Bertrand, Guibelin et le brave Guichart, Girard de Blaives, Gautier de Toulouse, Hunaut de Saintes et Foulque de Melant. Il termina son récit de cette manière :

— J'ai laissé Guibor à Orange, assiégée par une armée de mécréants. La ville ne tiendra pas longtemps faute de vivres ; c'est à cause de cela que j'étais venu ici pour demander du secours à Louis, ce lâche roi. Mais j'ai bien vu qu'il n'a pas de cœur. Il m'a laissé insulter à sa cour ; mais par l'apôtre saint Jacques ! avant de partir, je l'en punirai ainsi que ma sœur, cette mauvaise fille perdue.

A ces mots Louis se jeta en arrière ; il aurait bien voulu être à Hui ou à Dinant. Et les Français n'osèrent proférer une parole ; pas un seul ne se vanta de vouloir défendre son seigneur. Ils se disaient en chuchotant :

— Il n'y a que les démons qui puissent suffire à cette tâche. Jamais chevalier qui est allé là-bas, quelque vaillant qu'il fût, n'est retourné en France. Nous avons fait une folie en prenant parti pour Guillaume et ses prétentions orgueilleuses. Qu'il laisse là Orange, le diable puisse l'emporter ! et qu'on lui donne le Vermandois jusqu'au port de Wissant.

Mais personne n'osa élever la voix, et nul ne fut assez audacieux pour dire au roi un mot en sa faveur ; grands et petits restèrent muets.

Pendant que Bernard de Brebant pleure son fils Bertrand, et que Beuvon se lamente sur le sort de Girart, dame Hermengard se lève et leur dit de sa voix claire :

— Par Dieu ! Français, vous êtes tous des lâches. Aymeric, sire, pourquoi ton cœur tremble-t-il ? Beau fils Guillaume, ne t'inquiète pas. Par l'apôtre saint Jacques ! j'ai un trésor si lourd que deux bœufs ne pourraient le traîner. Je le donnerai jusqu'au dernier besant aux soudards qui combattront pour toi. Et moi-même je chevaucherai au premier rang, le haubert au dos, le heaume lacé, l'écu au cou et la lance au poing. Car si j'ai les cheveux blancs, mon cœur est encore hardi. S'il plaît à Dieu, j'aiderai mon enfant. Et quand je serai à cheval, l'épée à la main, malheur au Sarrasin que je rencontrerai, quelque vaillant qu'il soit. C'est pour leur ruine que ces Turcs et ces Persans sont entrés dans le pays.

A ces mots un sourire vint se mêler aux larmes du comte Aymeric et de ses fils. Le cœur de Guillaume déborda ; il ne put s'empêcher de dire toute sa pensée à ceux de France.

IX.

Frère et Sœur.

Il était bien fait pour inspirer la crainte à cette cour. Ses vêtements étaient déchirés, ses chausses noires et son linge taché. Une forêt de cheveux se hérissait sur sa tête ; il avait le nez fort et les narines larges ; entre ses deux yeux il y avait la distance d'une paume ; il était de haute stature et avait la poitrine large, le pied cambré et la jambe bien faite. Il paraissait plus grand et plus fort qu'homme vivant, et sous son manteau il étreignait toujours son épée.

Il lança un regard furieux à sa sœur, qui était assise auprès du roi son époux, une couronne d'or sur la tête. Il la regarda avec colère ; tout pâle, les moustaches hérissées, la tête rejetée en arrière, il dit d'une voix forte :

— Louis, Sire, tu soldes mal mon compte. Quand la cour fut assemblée à Aix et que Charlemagne, au déclin de ses jours, voulut te déclarer son successeur, tous les Français assemblés te jugèrent indigne de la couronne. Tu l'aurais perdue, si je ne m'en étais mêlé; car malgré eux la grande couronne d'or fut posée sur ta tête. Ils me craignaient tant, que pas un n'osa résister. Tu t'en es montré peu reconnaissant en ce jour.

— C'est vrai, dit Louis; mais je saurai reconnaître ce que vous avez fait pour moi, en vous abandonnant la France entière.

Blanchefleur, entendant ces paroles, jeta de hauts cris:

— Comment, fit-elle, je perdrais tout mon bien! C'est le démon qui vous a suggéré cette promesse. Que la foudre écrase celui qui a prononcé cette parole!

Guillaume lui lança un regard foudroyant et dit:

— Tais-toi, chienne de mauvaise vie. Toi qui as été la maîtresse de Thibaut l'Arabe, tu ne dois pas être écoutée. Quand tu manges viande ou gibier et des gâteaux quatre fois blutés, quand tu bois ton vin pur ou mêlé d'aromes dans une coupe dorée, quand tu tiens la grande coupe à couvercle assise auprès du feu de la cheminée et que tu t'es grillé les jambes, quand tu te sens embrasée de luxure, quand la gloutonnerie t'a enflammé le visage, et que Louis t'a trois ou quatre fois tenue sous lui, quand tu es rassasiée de boire et de manger et bien soûle de luxure, tu ne penses guère à la neige et la gelée, aux grandes batailles et aux grandes privations que nous supportons à Orange, sur la terre étrangère, entourés que nous sommes d'une race sans foi. Tu t'inquiètes peu d'où viennent les blés, mauvaise fille de joie! Tu m'as insulté aujourd'hui; tu as voulu empêcher le roi de venir à mon secours,.... le diable lui-même t'a couronnée....

Et s'élançant sur elle, à la stupéfaction de tous, il lui arracha la couronne qu'il jeta à terre. Puis la saisissant par les cheveux, il tira son épée et lui eût coupé la tête, si sa mère ne fut intervenue. Hermengard se jette au cou de son fils et l'empêche de frapper en l'embrassant. La reine, folle de terreur, s'enfuit échevelée et se sauve dans sa chambre. Là elle tombe sans connaissance. Sa fille, la belle Aàlis, la relève, et après qu'elle l'eut rappelée à la vie, lui dit :

— Qu'est-il arrivé, madame ? D'où vous vient cette épouvante ?

— Par ma foi, mon enfant, il y a bien de quoi devenir folle. Le comte Guillaume est ici ainsi que mon père et ma noble mère, que Dieu a conduite en ces lieux, car sans elle c'eût été fait de moi. Le comte Guillaume me tuait. Il avait demandé du secours au roi, et pour la seule raison que je m'y suis opposée, il a voulu me couper la tête. Ayez soin, ma fille, de bien fermer la chambre ; mettez la barre à la porte, car s'il pénètre ici, je suis livrée à la mort.

Aalis lui répondit :

— Je vous trouve bien osée de dire des choses désagréables à mon oncle, le meilleur homme qui jamais portât une épée et par les soins duquel vous avez été couronnée reine et souveraine de France. C'est lui qui vous a élevée si haut ; et si vous lui avez dit quelque chose de désagréable, c'est le démon qui vous a inspirée.

— Tu es pleine de bon sens, reprit la reine ; je suis fière d'être ta mère. Tout ce que tu dis est vrai ; c'est par lui que j'ai été élevée à cet honneur et que je suis couronnée reine. Je prie Dieu qu'il m'accorde de faire la paix avec mon frère ; j'avouerai mes torts, afin qu'il me pardonne.

Blanchefleur se laissa cheoir éplorée sur un siége en versant un torrent de larmes. Aalis, surexcitée par ce qu'elle venait d'entendre, ne fit pas de longues réflexions, mais s'élança dans la grand' salle, au milieu du tumulte.

La comtesse Hermengard s'était jetée aux pieds de Guillaume et implorait sa merci pour la reine. Le comte releva sa mère et lui dit :

— Dame, il eût mieux valu que vous ne fussiez pas née,

Car par mon honneur! avant la fin du jour j'aurai abattu l'arrogance du roi.

Il se tenait au milieu de la salle voûtée, le visage enflammé par la fureur, et sa main pressait convulsivement la poignée de son épée nue.

Personne ne lui répondit et c'était sagesse de leur part, car celui qui l'eût poussé à bout aurait eu la tête fendue.

Louis lui-même pencha la tête sur sa poitrine. Toute la salle était silencieuse, comme si l'on avait commencé la messe.

Les Français qui s'étaient retirés d'un côté, se disaient entr'eux à voix basse:

— Guillaume a insulté la reine; si on l'eût laissé faire, il l'aurait tuée. Il l'a traitée d'une manière affreuse. Et cela à cause de cette misérable cité d'Orange, qui a été fondée pour notre nalheur. Il voudrait sacrifier toute notre jeunesse. Voyez comme il a une grosse tête, ce démon! Le diable lui est entré au corps; voyez comme il a le visage en feu! Je crains bien qu'avant que la cour ne se soit séparée, son épée ne soit souillée de notre sang. Plût à Dieu qu'il fût au delà des mers, ou en Egypte, ou même au fond des eaux, avec une grande pierre au cou! la France serait délivrée d'un démon.

En ce moment ils aperçurent Aalis, et si tous les regards se fixèrent sur elle, il n'y a là rien d'étonnant; car elle semblait une rose au mois de Mai. Elle avait le teint plus blanc que neige, ses joues étaint colorées et ses yeux étincelaient, si bien qu'en toute la France, qui cependant est si longue et si large, on n'eût trouvé si belle dame. Elle portait une robe de pourpre, brochée d'or, et ses cheveux ondoyants étaient retenus par un galon d'or.

Tous, d'un commun accord, la saluèrent. Le comte Aymeric la prit dans ses bras, et ses oncles l'embrassèrent. Mais elle s'arracha à leurs caresses, et courant vers Guillaume, elle s'agenouilla devant lui et embrassa ses genoux en lui disant:

— Grâce, bel oncle, au nom de Dieu, le fils de la Vierge! Voici mon corps, fais en ce que tu voudras. Fais-moi trancher la tête ou brûle-moi vive, exile-moi de France, si tu veux, je partirai comme une pauvre mendiante; — mais accordez-vous avec mon père et avec ma mère, qui sera malheureuse toute sa vie durant. Elle a eu grand tort de parler contre vous; pardonnez-lui cette folie, mon oncle; et si jamais elle voulait vous contrecarrer, faites moi bouillir dans de la poix fondue.

Ces paroles attendrirent le comte, qui lui dit:

— Ma chère enfant, ma belle nièce, que Jésus vous bénisse. Levez-vous, vous vous donnez trop de mal.

— Je n'en ferai rien, mon oncle; j'aimerais mieux être enterrée vive que de me lever, avant que vous m'ayez accordé ma demande, et que votre colère soit appaisée.

Hermengard se joignit à elle et dit à son fils de sa voix la plus douce:

— Beau fils Guillaume, au nom de Dieu, le fils de Marie! n'outrage pas le roi en sa cour, ne fût-ce que pour ta nièce désolée, la plus belle fille de toute ta famille.

Et son père ajouta:

— Mon fils, dépose ta rudesse. Ta volonté sera accomplie; vois comme le roi s'humilie devant toi et te promet aide et secours.

A ces mots Louis releva la tête et dit:

— Certes, monseigneur, tout ce qu'il désire.

Alors la colère de Guillaume se relâcha. Il se baissa pour embrasser la demoiselle à laquelle il accorda sa demande. Il mit l'épée dans le fourreau et la passa à Hernaut qui la mit de côté.

Aalis le remercia, et Hermengard de Pavie, dans sa joie, dépêcha deux chevaliers de sa suite vers la reine.

Le duc de Normandie y alla avec Garin de la Gastie, et ils la ramenèrent bientôt toute tremblante dans la salle.

Le comte Guillaume lui prit la main et lui dit:

— Belle sœur, je me repens de vous avoir maltraitée. Voilà ce que c'est de se laisser emporter par ses passions; on a bientôt fait une vilaine chose. A la face de toute la cour je t'en demanderai pardon.

— Monseigneur, répondit-elle, j'ai tout oublié et il ne m'en restera aucune honte. Mais de mon côté je me repens si j'ai dit quelque chose dont vous, mon frère, puissiez être courroucé contre moi. J'aimerais mieux quitter la France que de vous être désagréable. Si vous le désirez, je ferai pénitence pour ce qui est arrivé, et j'irai en chemise du palais jusqu'à l'église de saint Vincent.

En disant cela, elle s'agenouilla devant lui et lui baisa le pied. Mais le comte la releva et la baisa quatre fois en la face, à la grande joie de la belle Aalis.

La cour fêta cette réconciliation avec de grandes démonstrations de joie. Le roi ordonna qu'on dressât la table — celle qui est incrustée d'or — et l'on corna l'eau. Quand les barons se furent lavés, ils prirent place autour de la table au bas bout de la salle. Dans la partie élevée Aymeric se plaça à côté de sa femme, et de l'autre côté le roi et la reine; puis le marquis Guillaume et ses frères bien-aimés. Près de lui s'assit sa nièce, la noble Aalis, la plus belle fille de Paris à Montpellier. Le comte Guillaume avait aussi fait chercher son hôte Guimar avec sa femme, et les avait fait placer tout près de lui; car il tenait à leur faire honneur. Cent écuyers leur servirent tant de plats que je ne puis les nommer; cent autres servirent comme échansons. Les jongleurs jouèrent leurs airs les plus brillants, et l'on peut bien dire qu'il y eut grande fête.

VII.

RENOUARD AU TINEL.

I.

Le ban du roi.

La fête fut splendide en la salle à Laon; les tables furent richement servies, il y eut quantité de poisson, de volaille et de gibier. Seul Guillaume n'en mangea pas; au grand étonnement des barons du roi il se contenta d'eau claire et de pain sec.

Après dîner, quand les serviteurs et les écuyers eurent enlevé les nappes, Guillaume, s'adressant au fils de Charlemagne, lui dit:

— Avez-vous pris une résolution? Me secourrez-vous contre la race de Mahomet? L'armée devrait déjà être à Châlons.

— Nous en causerons, répondit Louis; et demain matin je vous ferai savoir si j'irai ou non.

A ces mots Guillaume devint rouge comme un charbon ardent; ses moustaches se hérissèrent de fureur.

— Comment diable, dit-il, notre querelle va-t-elle recommencer? Jouons-nous la fable du taureau et du mouton? Il est difficile de contraindre un félon à tenir sa parole.

Il se baissa pour ramasser un bâton qui gisait à ses pieds; puis le présentant au roi, il lui dit:

— Je vous rends votre fief, je ne veux tenir de vous la valeur d'un bouton ; dorénavant je ne suis ni votre vassal ni votre ami. De gré ou de force vous viendrez à mon secours.

Hernaut à la barbe rousse se dressant sur ses pieds, dit à Guillaume :

— Fais attention à ce que je vais te dire ; laisse le roi parler comme il l'entend ; ne rends pas ton fief, et nous t'aiderons tous. Mes frères et moi, nous irons avec toi, et nous mènerons vingt mille hommes en Aleschant ; et les païens que nous y trouverons, c'est comme s'ils étaient déjà morts.

Aymeric intervint et dit :

— C'est un faible secours que nous lui promettons, tandis que nous devrions l'aider de tout notre pouvoir ; la France entière devrait marcher avec lui, puisqu'il est sénéchal et gonfalonier de l'armée. Si l'on prenait cela en considération, on viendrait à son aide ; et il aurait droit de se venger de celui qui refuserait. Mon fils est trop haut placé pour qu'on se moque de lui ; et par l'apôtre saint Pierre ! si je ne craignais qu'on reprochât à mes héritiers que j'ai commis une trahison mortelle, je ferais jeter une centaine des plus hauts personnages dans ma prison ; et tel est en ce moment le maître, qui bientôt serait traité comme le dernier des serfs. C'est ainsi qu'on doit contraindre le félon orgueilleux.

Aalis se rengea de leur avis, et parla ainsi :

— Monseigneur Aymeric, vous avez pleinement raison. Que celui qui lui fausse parole soit damné en l'autre monde, et que dans celui-ci on le pende comme un larron.

Et la reine dit de sa manière la plus gracieuse :

— Aymeric, père, je vous jure par le corps de saint Simon, que Guillaume pourra disposer de tout ce que je possède en France jusqu'au dernier sou, à la honte de ceux qui le délaissent.

Louis n'osa pas contredire Aymeric et les siens : il le craignait. Puis il vit que Guillaume s'échauffait, et cela le rendit encore plus tremblant, car le comte était entouré de tout son lignage. Il baissa la tête et n'osa proférer une parole.

Guillaume, presque fou de colère, l'apostropha de la sorte :

— Louis, Sire, lorsqu'on voulut t'ôter ton héritage et te chasser hors de France, c'est moi qui t'y retins et qui te fis couronner. On me redouta tant qu'on n'osa s'y opposer. Puis je persuadai mon père de te donner ma sœur ; je ne pouvais la marier en plus haut lieu ; mais je ne sais aussi où tu aurais trouvé une plus noble femme. Et lorsque je t'avais fait monter si haut et réduit tous tes barons à l'obéissance, tu voulais me donner la moitié de la France ; mais je ne voulus pas profiter de ta faiblesse, j'aurais mieux aimé me laisser couper tous les membres que d'accepter ton offre. Alors tu me juras en présence de mes pairs que, si jamais j'étais attaqué dans Orange par les Arabes, tu te ferais plutôt couper en morceaux que de ne pas venir à mon secours. Cependant aujourd'hui tu es parjure envers moi.

En entendant ce reproche, les larmes vinrent aux yeux du roi, qui répondit d'une voix attendrie :

— Sire Guillaume, vous avez agi noblement. Par amour pour vous je ferai crier mon ban et rassembler mon armée. Je vous mettrai à la tête de cent mille hommes. Mais je ne puis entrer moi-même en campagne, la sûreté du royaume m'oblige à ne pas m'absenter. De grâce, ne m'en voulez-pas.

— Je vous remercie, Sire, lui répondit Guillaume ; je ne tiens pas à ce que vous veniez avec nous ; je saurai bien conduire l'armée.

Le roi de France, sans plus différer, fit crier son ban et rassembler son armée sous les murs de Laon. Bientôt on y vit dresser maint pavillon, et mainte tente ; on alluma les feux, les cuisines commencèrent à fumer, et de tous côtés on entendit le son des cors et des trompettes. C'était une rumeur bien agréable à l'oreille.

Il y avait bien cent mille hommes, tous capables de porter les armes ; c'était une armée redoutable.

Un matin que le comte Guillaume, du haut de la grand' salle, laissait errer ses yeux sur ce spectacle, il remarqua un jeune homme qui sortit des cuisines et entra au palais. Il était de haute stature et avait le regard d'un sanglier. Malgré ses habits enfumés et ses pieds nus, il n'y avait pas de plus beau garçon dans la France entière, et pas un qui fût de sa force pour lever un grand poids, ou pour jeter une pierre bien loin. Il était capable de porter un fardeau qu'une charrette aurait à peine porté ; avec cela il était admirablement vif et plein de courage. Mais on l'avait tellement abruti qu'il manquait complétement de mémoire ; s'il n'avait eu ce défaut, il n'aurait trouvé son pareil dans toute la chrétienté. Il avait à peine quinze ans, et un leger duvet lui couvrait la lèvre supérieure. Il s'appelait Renouard.

Les gens de la cuisine avaient l'habitude de le railler. Cette nuit le maître-queux lui avait fait raser la tête et noircir le visage. Les garçons de cuisine se moquaient de lui, lui jetaient de grands torchons à la tête et le poussaient de l'un à l'autre.

— Laissez-moi tranquille, leur dit Renouard, ou par la foi que j'ai en Dieu ! je le ferai payer cher au premier qui me tombe sous la main. Suis-je un fou avec lequel on peut jouer ? Cela m'ennuie, laissez-moi en paix ; je ne vous touche pas, moi.

— Renouard, mon ami, dit l'un d'eux, tu parles d'or. Vois comme je profite de tes leçons.

A ces mots il lui donna sur le derrière de la tête un coup qui rétentit par toute la salle.

— C'en est trop, dit Renouard. Il empoigne l'agresseur, le

fait tourner trois fois sur lui-même et le lâche au quatrième tour. La tête du malheureux va frapper contre un pilier avec tant de force, que les yeux lui volent de la tête et que la cervelle jaillit sur le parquet.

Les écuyers en fureur se ruent sur lui, au nombre de plus de cinquante; ils veulent le tuer à coups de bâton. Mais Aymeric les arrête en jurant par saint Nicolas, qu'il tuerait le premier qui oserait le toucher.

Et le roi cria à ses serviteurs:

— Or sus, chassez-moi cet enragé hors d'ici.

Renouard, qui craignait le roi, se sauve, hué par les Français. Il s'enferme dans la cuisine, et saisissant la perche avec laquelle il portait les sceaux d'eau, il jure par la Sainte Vierge qu'il en ferait sauter le crâne au premier qui oserait le suivre.

Mais ils n'eurent pas ce courage.

Le comte Guillaume demanda au roi:

— Quel est ce bachelier, Sire, qui vient de se battre avec vos écuyers et qui a fracassé la tête à l'un deux en le jetant contre ce pilier? Par saint Denis! c'est un garçon redoutable.

— Je l'ai acheté sur les bords de la mer, et je l'ai payé cent marcs d'argent. On me dit qu'il est d'origine arabe; il paraît même qu'il est de haute naissance. Je lui ai souvent demandé qui était son père, mais il n'a jamais voulu me le nommer.

Je ne sais pourquoi, mais je ne l'ai jamais aimé, parce qu'il est si démesurément grand; voilà pourquoi je l'ai relégué à la cuisine où il a vécu sept ans. Il m'a souvent prié de le faire baptiser, mais je le lui ai refusé. Il mange comme dix portefaix; mais aussi il surpasse tout le monde en force. Avec cela il est irascible et cruel, et je crains qu'un jour il ne me tue.

Guillaume sourit et dit au roi:

— Louis, Sire, je fais un appel à votre générosité; donnez-le-moi; je l'emmènerai dans ma terre, et je vous jure que je ne le laisserai pas mourir de faim.

— Comme vous voudrez, dit le roi. Je vous le donne comme un gage de mon amitié.

Le comte Guillaume lui en fut fort reconnaissant.

II.

Renouard.

Cependant Renouard entendit retentir les trompettes sous les murs de Laon, et en la salle il entendit les cris joyeux des chevaliers, qui, tout en jouant, parlaient entr'eux de la campagne future; et à tout moment il entendit prononcer le nom de Guillaume comme celui qui devait conduire l'armée de France en l'Archant. Il se mit à pleurer en se disant:

— Hélas! j'ai bien le droit de pleurer. Moi aussi je devais être à la tête d'une armée de cent mille hommes, et porter la couronne d'Espagne, et me voilà relégué dans la cuisine et condamné à faire le feu et à écumer les pots. Jamais fils de roi n'a été si avili. Mais par mon chef! le temps viendra où je me vengerai du roi Louis; je le chasserai hors de France et je lui ôterai sa couronne.

Il s'assit dans un coin en rongeant son frein. Puis, lorsqu'il entendit que l'armée allait se mettre en mouvement, il courut, à moitié nu comme il était, se prosterner devant le comte Guillaume, et lui dit:

— Monseigneur Guillaume, noble et vaillant chevalier, pour

l'amour de Dieu, laisse-moi aller avec toi. Je te serai utile en gardant les bagages. Puis, je sais très-bien faire un dîner, frire un poisson ou mettre une volaille à la broche. Pour cela je n'ai mon pareil en France, et je ne crains pas d'être surpassé par homme qui vive à écumer la soupe. Enfin si nous en venons à donner de bon coups, par la foi que je te dois! tu en pourrais bien commander qui ne me valent pas.

— Ne m'en parle pas, mon ami, lui répondit Guillaume. Tu ne pourrais endurer les grandes fatigues, veiller la nuit et travailler le jour. Dans la cuisine tu as appris à te chauffer et te rôtir les genoux, à manger souvent, à déguster le bouillon, à croquer une croute dérobée, puis à dîner de bonne heure, à boire du vin à toute heure et à dormir ou à ne rien faire de toute la journée. Il faudrait te corriger de tout cela, et avant qu'un mois se fût écoulé tu serais dégoûté de la vie que nous menons. Quand une fois un homme s'est mis à truander, il n'est plus bon à une vie active.

Renouard répondit:

— Sire Guillaume, laisse-moi m'essayer. On m'a trop longtemps traité en idiot; aussi vrai que j'ai besoin de la protection de Dieu! je ne puis plus l'endurer. Je ne veux plus végéter dans les cuisines; et s'il plaît à Dieu, j'amenderai ma vie. C'est un mauvais fruit que celui qui ne veut pas mûrir. Et si tu ne veux pas me permettre de t'accompagner, par saint Denis que je dois adorer! j'irai tout seul me battre en Aleschant-sur-mer, sans autres armes qu'une massue que je ferai ferrer; et vous me verrez tuer tant de Sarrasins que vous n'oserez les regarder.

Le comte lui octroya enfin la permission désirée, et Renouard, au comble de la joie, ne pensa plus qu'à accomplir de hauts faits. Il courut au parc et y choisit un magnifique sapin. Cent chevaliers pouvaient s'abriter sous son ombrage; et le roi de France, qui aimait à dîner en cet endroit avec sa cour, n'aurait pas permis de le couper pour cent marcs d'argent. Mais Renouard se dit:

— Seigneur Dieu! si l'on pouvait arracher ce bel arbre d'ici! Il serait bien bon à tuer les Sarrasins. Il sera à moi, malgré quiconque y trouverait à redire; j'en écraserai toute ma parenté, s'ils ne veulent adorer Jésus-Christ.

Il alla chercher un charpentier qui abattit l'arbre et en ôta les branches. Le forestier se rendit en courant à l'endroit où il entendait les coups et cria:

— Bâtard, tu te repentiras de ce que tu fais. Qui t'a donné la permission de dévaster ce bois? Je porterai plainte au roi, qui te fera traîner à la queue de ses chevaux.

Il prit un bâton et en frappa Renouard à la tête.

— Vous avez fait couler mon sang, dit celui-ci; par saint Omer! c'est pour votre malheur.

Il lui saisit le bras et le tire à lui avec tant de violence qu'il lui arrache l'épaule. Puis il le tourne trois fois autour de sa tête, et le laissant aller au quatrième tour, il le jette sur un chêne où le cadavre reste suspendu, les boyaux traînant à terre.

— Comment te portes-tu, messire, lui crie Renouard? Vas donc raconter au roi que Renouard défriche sa forêt.

Puis prenant la massue, il en ôta l'écorce et la plana en chantant. Enfin il la porta chez un forgeron, la fit ferrer par devant et entourer de larges bandes de métal.

Cela fait, il donna à l'ouvrier cinq sols, tout ce qu'il possédait; et la massue, longue de quinze pieds, sur l'épaule, il sortit de la forge. Tous ceux qui le rencontrèrent se signèrent d'épouvante et se mirent à fuir.

Renouard entra au palais et tout le monde le regarda avec étonnement. L'un dit à l'autre:

— C'est un démon, où va-t-il? C'est bien Renouard-au-tinel.

Depuis ce nom lui resta. Renouard les voyant si effrayés, leur dit:

— Ne vous épouvantez pas. Seulement ne vous moquez plus de moi et ne volez pas mon tinel, ou vous me le paieriez; car il n'y a si bonne arme sur terre, et je ne le céderais pas pour quatorze cités.

Puis s'adressant au comte, il lui dit:

— Sire Guillaume, je suis prêt à vous servir. Partons, car vous tardez trop longtemps; nous devrions déjà être de l'autre côté des gorges de la montagne. Par l'apôtre saint Pierre! je vous ferai rendre les clés de toute l'Espagne; ni Thibaut ni Desramé ne la défendront. Noble comte, hâtez-vous, pour Dieu! car on a grandement besoin de vous dans Orange.

— Vous dites vrai, répondit Guillaume. Que tout le monde soit prêt à marcher demain.

Cet ordre fut répété dans toute l'armée. Et de tous côtés on tira les hauberts de leurs étuis, on fourbit les heaumes et les épées, on répara les écus et on laça les pennons aux lances. Les chevaux furent soigneusement étrillés et largement pourvus de foin et d'avoine.

Au palais il y eut un grand banquet; on avait allumé cinquante cierges et plus de trente torches, et les tables étaient couvertes des mets les plus succulents. Après qu'on se fut lavé les mains, la fleur de la chevalerie s'assit aux tables principales. Et cette fois encore Guillaume agit comme un noble homme qu'il était, en faisant asseoir à ces côtés son hôte Guimar et son épouse.

Du reste il fut bien payé de son hospitalité; car cette nuit on lui donna deux cents marcs d'argent, deux beaux chevaux, deux mules bien dressées et de beaux pourpoints avec des manteaux fourrés.

On ne but pas mal de vin pur et épicé, et Renouard en eut largement sa part. Il s'endormit, ivre-mort, dans la cuisine, avec son tinel à ces côtés.

Quatre écuyers, voulant lui jouer un tour de leur façon, unirent leurs forces pour lui enlever sa massue et la cacher dans une écurie sous le fumier. Mais ils paieront cher leur plaisanterie.

Avant l'aube l'armée commence à s'ébranler. On met les selles, on y attache les casques et l'on monte à cheval. De toutes parts on ne voit qu'écus, heaumes et hauberts reluisants, que pennons flottant au bout des lances. Les trompettes, les trompes et les cors d'airain sonnent. On n'entend que bruit et vacarme sous les murs de Laon. L'armée se met en mouvement; la voilà en route à l'instant même où le soleil se lève radieux.

Aymeric, Hermengard, le roi, la reine, et la belle Aalis chevauchèrent à côté de Guillaume au court nez, qu'ils accompagnèrent pendant un certain temps.

Cependant Renouard dormait toujours et cuvait son vin. Le grand bruit l'arracha à son sommeil; il sauta sur pied tout effaré et courut presque nu après l'armée, sans même penser à son tinel. Il arriva bientôt à un gué et entra jusqu'au cou dans l'eau froide. La fraîcheur du bain le désenivra. Sa première pensée fut pour son tinel. Il se rappela l'avoir oublié et il retourna de suite sur ses pas pour le chercher.

Il trouva en son chemin un pressoir vide de vin; il en prit le gros pilon, et ainsi armé, il arriva sur les hauteurs aux environs de Laon.

Midi sonna, et il eut tellement faim qu'il n'en pouvait plus. Il vit à sa droite les clochers dorés de la noble abbaye de Saint-Vincent, et il se tourna de ce côté.

Il y avait dans cette abbaye soixante moines; l'abbé leur faisait donner un splendide repas, car on y célébrait ce jour même la fête de saint Vincent; ils avaient de la viande et des pâtés, des rissoles et des poissons étuvés. Dans la cuisine de grands feux étaient allumés et le maître-queux était en train de piler de l'ail dans un mortier.

Quand Renouard entendit les coups du pilon et flaira la bonne odeur, il se sentit tout à coup revivre.

— Dieu soit loué! dit-il, je suis arrivé à bon port. Si

je puis entrer dans ces murs, je mangerai du dîner qu'on apprête là, et je voudrais bien voir qui m'en empêcherait.

Il se dirigea tout droit vers la porte, devant laquelle se trouvait le portier. C'était un petit homme difforme; il était bossu et marchait avec des béquilles; sa barbe, blanche comme de la neige, lui descendait jusqu'à la ceinture. Lorsqu'il aperçut Renouard avec ses gros membres, les jambes nues et brûlées, et les vêtements en lambeaux, il crut voir un démon échappé de l'enfer, et il en fut si effrayé qu'il ne l'eût pas attendu pour mille marcs d'or. Il se mit à fuir vers la porte. Mais Renouard courut après lui, et avant que le moine eût atteint l'entrée, il fut à ses côtés et lui dit:

— Attendez que je vous parle, vous y trouverez profit.

— Je n'ose pas, répondit l'autre; je vous redoute plus que la foudre; j'ai grand' peur que vous ne m'étrangliez.

— Rassurez-vous, fit Renouard, vous n'avez rien à craindre.

— Que Dieu vous en récompense!

— Portier, mon ami, poursuivit le géant, si tu peux venir à mon aide je t'en saurai le meilleur gré du monde. J'a grand' faim, car depuis hier je n'ai pas mangé; fais-moi donc parler au maître-queux, au prieur ou au chef du réfectoire.

— Je ferai mieux que cela, répondit le portier. J'ai deux pains, et plus d'un quartier de fromage et un grand pot de vin vieux, que les gens du cloître m'ont envoyé hier soir; je vous les donnerai pour apaiser votre faim.

— Je te conseille de ne pas me tromper, dit Renouard, et m'est avis que tu ne cherches pas autre chose. Si tu peux te sauver là-dedans, et verrouiller la porte sur toi, tu me laisseras crier tant que je voudrai, et tu ne viendras pas me répondre de si tôt. Tu me conduiras au festin là-dedans, ou par la foi que je dois à saint Richer! je te briserai les os avec mon levier.

— Pour Dieu! cria le portier, ne me touchez pas; j'irai devant, suivez-moi.

Ils se dirigèrent vers la cuisine, et Renouard rit de bon cœur en voyant boiter le vieux. Ils allèrent tout droit aux fourneaux, et Renouard se mit à crier :

— Le Dieu de gloire qui jugera le monde, puisse-t-il sauver le maître-cuisinier ! Comme il manie bien ce pilon ! S'il voulait m'associer à lui, je le servirais du matin au soir; car je sais bien écorcher une anguille, tailler une bûche et faire le feu, ou encore hacher à deux couteaux le poireau, faire des rissoles, et ranger les plats; et si l'on en vient à distribuer de bons horions, je vous jure, j'en sais quelque chose. Je sais fort bien me venger d'un méchant homme.

Le cuisinier lui répondit :

— Je n'ai que faire d'un ribaut qui vient pour se moquer de nous; passez votre chemin, je n'ai pas besoin de vous. Quant au portier, il sera puni pour avoir oublié de verrouiller la porte.

Il prit une grande cuiller et en frappa le portier sur le crâne; en un moment le pauvre homme fut couvert de sang de la tête aux talons.

— Je ne puis souffrir cela, dit Renouard. Par saint Legier ! tu l'as frappé pour ton malheur.

Il saisit le cuisinier et le jette sur le brasier avec tant de force, que les tisons lui entrent dans le corps. Jamais il ne s'en releva. Puis il enlève deux volailles de la broche, et sans se donner le temps de les découper, il en arrache les membres, les trempe dans le mortier contenant l'ail pilé, et les mange incontinent. Il remarque non loin de lui un panier où il y avait bien un millier de rissoles; il se jette dessus et en mange, comme s'il ne voulait pas en laisser une seule pour l'abbé.

Quand il eut mangé son soûl de ces mets piquants, il eut tellement soif qu'il aurait bien vidé un setier de vin. Il demanda au portier :

— Où sont les moines ? Le service est-il terminé ?

— Je vous dirai la vérité, fit l'autre; ils sont au réfectoire et attendent leur dîner. Vous avez mal agi en tuant le cuisinier et en mangeant toutes les rissoles.

— Il t'avait si mal arrangé que le diable lui-même se serait emporté. Viens, conduis-moi vers le prieur ou l'abbé.

— Comme il vous plaira.

Et là-dessus ils entrent au réfectoire, et Renouard dit d'une voix tonnante :

— Que Dieu garde les moines réunis en ce lieu !

Et eux le regardent tout ébahis, sans lui répondre un seul mot.

La première chose qui frappa les yeux de Renouard fut un tonneau de vin nouvellement mis en perce. Il prit un pot, mesurant bien un setier, l'y plongea, le mit à sa bouche et le vida d'un seul trait.

Le sommelier s'en fâcha tout rouge, et d'un pain de froment qu'il tenait à la main, donna un si grand coup à l'intrus que son arme vola en pièces.

— Tu as levé la main sur moi, dit Renouard, par la foi que je dois à Dieu ! ce sera pour ton malheur.

Il tira à soi le moine et le heurta si furieusement contre un pilier que les deux yeux lui sortirent de la tête.

Tous les moines prirent la fuite, et Renouard revint au tonneau et but tout son soûl. Puis il dit au portier :

— En voilà assez ; j'ai fait ce que j'ai voulu, allons-nous-en.

En sortant ils trouvèrent à la porte les pauvres qui attendaient la charité et qui crièrent au portier :

— Pour Dieu ! vos moines auront-ils bientôt fini de dîner ? Qu'on nous donne tout de suite l'aumône commandée par Dieu.

Quand Renouard entendit ces pauvres gens demandant du pain au nom de Dieu, il en eut grand'pitié, et leur dit :

— Soyez tranquilles, mes enfants ; vous en aurez, si Dieu me permet de vous aider.

Il retourna au réfectoire en courant, et dans une corbeille merveilleusement grande il mit plus de cent pains et tous les restes qu'il trouva sur la table. Il distribua tout cela largement parmi les affamés, et rendit le reste au portier.

Les mendiants crièrent d'une seule voix:

— Que le Dieu qui naquit à Bethléem bénisse cet aumônier! Jamais nous n'avons rencontré d'aussi brave homme.

III.

Entrée en campagne.

Cependant Renouard continue sa route pour aller chercher son tinel à Laon. Ne le trouvant pas dans la cuisine, il se lamente, déchire ses habits et s'arrache les cheveux, au grand amusement des écuyers.

— Tu me l'as volé, dit Renouard à l'un d'eux. Rends-le moi, ou tu me le paieras cher.

Mais celui-ci lui jure par saint Paul et saint Thomas qu'il ne sait ce qu'il veut dire. Puis il se met à rire sous cape, et les autres recommencent à jeter des torchons à la tête de Renouard, qui leur dit:

— Vous riez, mes maîtres! Allons, il ne s'agit pas de se moquer de moi. Mauvais larrons, vous êtes des misérables! Par saint Nicolas! Il vaudrait mieux pour vous que vous fussiez en ce moment à Bagdad ou en Arabie, dans la prison de Corsolt!

Il les saisit tous quatre par les bras et les traite comme le chat fait des souris. Il jette trois d'entr'eux en un tas, si durement, que peu s'en faut qu'ils n'aient les bras cassés. Le quatrième lui crie :

— Sire Renouard, ayez merci de moi! Par saint Thomas! votre tinel vous sera rendu. Restez ici, j'irai le chercher.

— Tais-toi, glouton, tu ne pourrais le soulever. Et par mon chef! tu n'iras pas sans moi, ni toi ni les autres; je ne veux pas être trompé. Mais tu me mèneras tout de suite à l'endroit où il est, ou sinon, par mon chef! tu mourras d'une mort plus cruelle que celle de Cajafas.

Il le charge sur ses épaules comme il aurait fait d'une bûche, et tout en lui donnant force coups de poing, il se fait conduire à l'étable, où ils écartent le fumier et découvrent le tinel.

— Allons canailles, leur dit Renouard, hâtez-vous et apportez-moi ma massue, ou sinon, vous me le paierez cher. Par le Seigneur! si vous me faites attendre un seul instant, vous ne raillerez plus entre vous, car je vous étranglerai de mes deux mains.

A ces paroles ils commencèrent à trembler de tous leurs membres. Ils firent tout au monde pour soulever le tinel; mais à eux tous ils ne parvinrent pas à le remuer. Alors ils s'adressèrent à Renouard :

— Nous ne pouvons le lever, messire, venez y vous-même.

Et en même temps ils murmurèrent entre leurs dents :

— Malédiction sur celui qui doit porter cet arbre!

Renouard accourt et le soulève comme un rameau d'olivier; et tout joyeux il sort de l'étable en chantant. Il rencontre le maître-queux, qui l'arrête et lui dit avec hauteur :

— Paresseux, où vas-tu? Tu ferais bien mieux d'entretenir le feu, de tourner la broche et d'écumer la soupe. Ici tu pouvais dîner quand tu en avais envie; tu ferais bien mieux d'y rester que d'aller endurer des privations sur la terre étrangère.

— Qui te demande ton avis? En quoi cela te regarde-t-il, que je parte ou que je reste? Crois-tu que j'irai encore écumer tes viandes? J'aimerais mieux te crever les deux yeux.

— Tu te repentiras de ces paroles, dit le chef. Je t'ordonne sur ta tête d'aller faire couper en morceaux ton tinel pour en nourrir notre feu; et le fer dont il est virolé, servira à raccommoder nos chaudières et nos crocs. Fils de putain, on devrait te mettre à mort.

Quand Renouard s'entendit appeler bâtard, et gronder comme le dernier des goujats, et qu'il vit le sort qu'on réservait à son tinel, une sueur froide lui sortit de tous les pores. Il brandit son arme et du gros bout frappa si furieusement le cuisinier qu'il lui fit sauter les yeux et la cervelle de la tête et l'étendit mort à ses pieds.

— Tais-toi, misérable, et laisse tes injures. Je ne me soucie pas de garder la cuisine; je veux au contraire aider Orable au teint blanc et le seigneur Guillaume dans la défense de leur terre. Tu aurais mieux fait de te taire.

Là-dessus il s'en alla et se remit en route pour l'armée.

Les écuyers qui le redoutent plus que lion ou sanglier, l'ont devancé à cheval et vont se plaindre au comte Guillaume de ce qu'il avait voulu les tuer, comme il avait fait le maître-cuisinier. Mais Guillaume leur dit:

— Laissez-le, et abstinez-vous de le railler ou de lui dire des injures; on doit se garder d'un homme ivre et d'un fou. N'allez plus vous frotter à ce garçon, il vous arriverait malheur et vous ne le feriez pas retourner à Laon.

Puis il galopa vers Renouard, qui lui cria de loin:

— Sire Guillaume, voulez-vous bohorder? Voulez-vous essayer comment je sais jouter?

— Pas du tout, mon ami, ne pensez qu'à marcher. Je crains bien que vous n'avanciez guère, car cette massue doit vous peser. Je la ferai mener après vous.

— Nenni, monseigneur, je puis très-bien la porter.

Et là-dessus il commença à trotter devant l'armée, à sauter et à gambader en baisant et en brandissant son tinel, au grand étonnement de tous.

Comme le tinel était sali par le fumier, Renouard le lava dans le premier ruisseau qu'ils rencontrèrent et l'essuya avec sa casaque, que dès lors il ne voulut plus endosser et qu'il jeta dans le plus profond de l'eau. En le voyant presque nu, toute l'armée se mit à le huer, au grand déplaisir du comte Guillaume, qui dit aux siens:

— Prenez garde, il vous châtiera; gare à celui sur qui sa main s'appesantira, car je jure bien que je n'interviendrai pas.

— Quelle mauvaise idée, firent les Français, de nous abandonner au caprice d'un fou, d'un démon qui nous tuera tous!

Malédiction sur le roi qui vous le donna, et sur celui qui lui permet de venir avec nous!

Cependant la fille du roi se prit à regarder le jeune homme; elle le trouva fort à son gré et dit à sa mère:

— Voyez comme ce bachelier est beau; je ne crois pas qu'on trouve son pareil dans toute l'armée. Comme il porte bien sa massue. Que Dieu le protège! Je suis toute triste de ce que je ne le verrai plus, et je trouve que mon père ne fait pas bien de le laisser partir.

— Taisez-vous, ma fille, répondit la reine. J'espère bien qu'il ne reviendra jamais dans ces lieux.

Cependant il y revint depuis, et le comte Guillaume lui fit épouser la fille du roi; et plus tard il la couronna reine d'Espagne dans son palais de Cordoue, comme vous m'entendrez raconter, si du moins vos largesses me déterminent à vous chanter cette histoire véritable.

En ce moment le comte appela Renouard et lui fit donner une robe de gros drap gris, bien large et longue d'une toise. Ensuite il lui enjoignit de ne pas se laisser insulter, et de punir les agresseurs, s'il tenait à sa bienveillance.

Et Renouard jura qu'il les dompterait tous et qu'il amènerait le plus osé d'entr'eux à lui obéir.

Quand il fut vêtu, la belle Aalis l'appela près d'elle et lui dit :

— Renouard, mon ami, tu as vécu longtemps parmi nous, mais aujourd'hui mon oncle t'emmène de la cour. Or si je t'ai jamais causé quelque déplaisir, je t'en demande pardon.

Et là-dessus elle l'embrassa, et Renouard lui pardonna tous les torts qu'elle pouvait avoir eus envers lui.

Enfin les trompettes sonnèrent et mirent fin à cette scène. L'armée s'ébranla. Après plusieurs journées de marche on arriva à Orléans et ceux qui ne trouvèrent pas de place dans la ville campèrent sous les murs.

Le comte Guillaume paya aux bourgeois l'amende pour avoir tué leur châtelain et plusieurs d'entr' eux; et le lendemain au point du jour il put les quitter en ami.

Le roi Louis ne convoya pas plus loin le comte; il prit congé de lui sous les murs d'Orléans; la reine pleura amèrement au départ et sa fille se trouva mal. Le comte Aymeric de Narbonne aussi quitta l'armée avec dame Hermengard ainsi que ses quatre fils.

En prenant congé d'eux, Guillaume leur baisa la face, mais il eut soin que leur bouche ne touchât pas la sienne. Chacun des frères lui promit de lui amener à Orange autant d'hommes qu'il pourrait en rassembler, et ils tinrent parole.

Après leur départ le comte Guillaume hâta sa marche vers Orange. On fit tous les jours autant de chemin que possible, sans se laisser arrêter par rien. Enfin ils virent, s'élevant au-dessus de la vallée d'Orange, une fumée qui leur apprit que les païens avaient dévasté la contrée et brûlé la ville. Le matin de ce jour même ils avaient livré un assaut au château.

IV.

L'armée entre dans Orange.

Dame Guibor avait endossé la cuirasse et ceint l'épée, et avec toutes les dames, armées de même, elle était montée aux fenêtres de la grande tour carrée pendant que les chevaliers gardaient la porte.

L'assaut avait été opiniâtre et le combat sanglant. Les dames jetèrent de grosses pierres sur la tête des assaillants, dont beaucoup gisaient à terre tout sanglants. Heureusement la tour d'Orange était si forte qu'elle n'avait rien à craindre d'un assaut.

Enfin les Sarrasins, de guerre lasse, avaient sonné la retraite. En quittant la ville ils y avaient mis le feu ; puis ils s'étaient dirigés en grande partie vers l'Archant, afin d'y construire des engins pour réduire la tour; car Desramé a juré par sa barbe, qu'il rasera le château et que Guibor sera traînée par des chevaux, ou noyée dans la mer.

Lorsque le comte Guillaume vit la fumée, il dit à ses hommes:

— Orange est en flammes! Sainte Marie, reine du ciel! ces mécréants emmènent Guibor. Vite aux armes, nobles compagnons!

Les trompettes sonnent et l'armée est prête à combattre.

Le comte Guillaume ferme la ventaille de son capuchon de mailles, et l'épée au flanc gauche, il saute sur son cheval de bataille à la selle dorée. L'écu au cou et l'oriflamme levée, il galope vers Orange. Renouard le suit à grands pas en brandissant sa grosse perche. Toute l'armée descend des hauteurs et se répand autour de la ville.

Cependant dame Guibor monte au faîte de la tour; et

regardant de tous côtés, elle aperçoit à sa gauche tant de cottes de mailles et de heaumes resplendissants, tant de lances aux gonfanons brillants, que l'horizon semble en feu. Elle entend les sons des cors et le hennissement des chevaux de bataille. Des troupes s'avancent en bataillons serrés. Elle est saisie d'épouvante, croyant que c'étaient les Sarrasins qui revenaient déjà à l'assaut.

— Sainte Marie, protégez-moi! s'écria-t-elle. Ah! Guillaume, comme tu m'as oubliée. Noble comte, tu tardes trop longtemps, et tu commets un grand péché en me laissant exposée aux attaques de ces païens. Je sais bien que je vais mourir. Tu ne reverras plus jamais ton épouse; par amour pour toi j'aurai la tête coupée, je serai brûlée et mes cendres dispersées aux vents; ou on me jettera à la mer, avec une grande pierre attachée au cou. Quoi qu'il arrive, je n'en réchapperai pas.

A ces mots elle perdit connaissance. Le clerc Étienne l'ayant fait revenir à elle, la dame fondit en larmes. Pour regarder encore, elle essuya ses yeux avec son bliaut, et elle vit Guillaume venant au galop, et Renouard derrière lui, jouant avec son tinel. Elle les vit s'arrêter devant la porte, et s'épouvanta surtout en voyant Renouard si démesurément grand:

— Par ma foi! dit-elle, il n'y a aucune chance de salut, car voilà un démon avec sa grosse perche.

Le comte Guillaume, jetant les yeux autour de lui, vit la ville d'Orange encore en feu, et de l'autre côté Guibor tout éplorée. Les larmes lui vinrent aux yeux et il se hâta de rassurer la comtesse:

— Dame Guibor, cria-t-il, n'ayez pas peur; je suis ce Guillaume si ardemment attendu. C'est l'armée de France que vous voyez arriver; faites donc ouvrir la porte et recevez vos défenseurs.

La comtesse lui répondit incontinent:

— Monseigneur, ôtez votre heaume luisant; je crains trop

les infidèles, voilà pourquoi je veux voir vos traits; car un homme ressemble souvent à un autre par la stature et par la voix.

— Comme vous voudrez, dit Guillaume; vous agissez sagement.

Il délace son heaume et retire la coiffe de mailles qui lui couvre la tête. Alors Guibor peut le regarder en face, et voir sur son nez la bosse, reste de la blessure qu'autrefois Corsolt lui fit devant Rome.

— Dieu! dit la dame, je vois que j'ai trop tardé à vous laisser entrer.

Elle court aussi vite que possible vers la porte, qu'elle ouvre toute grande, puis elle abaisse le pont. Et le comte y entre les larmes aux yeux. Il descend de cheval et embrasse Guibor; il lui donne dix baisers, qu'elle lui rend en pleurant tendrement.

Puis le comte donna des ordres pour loger ses troupes. Les uns se casèrent tant bien que mal dans la ville, les autres dehors. On dressa les tentes et les pavillons de couleur et l'on distribua les vivres qu'ils avaient apportés.

Le comte Guillaume fit mettre son cheval à l'écurie et monta au palais de Gloriette. Il s'assit à côté de Guibor en attendant le dîner. Cependant Renouard entra dans les cuisines pour y déposer son tinel. Dame Guibor remarqua ce grand jeune homme qui ne paraissait pas avoir quinze ans.

— Monseigneur, dit-elle à son mari, quel est ce bachelier qui porte sur son épaule cette énorme perche, qu'un cheval aurait de la peine à traîner? Sainte Marie! où a-t-il pris une telle massue? Jamais on n'en vit de pareille, et celui qui la manie doit être d'une force extraordinaire. Dieu! qu'il est grand et beau! Où l'avez-vous déterré? D'où vous l'a-t-on amené?

— C'est le roi de France qui me l'a donné.

— Pour Dieu! traitez-le bien; il m'a tout l'air d'être

de haute extraction et d'appartenir à une famille noble et puissante. Est-il chrétien?

— Non, madame, il n'a pas été baptisé. On l'amena tout jeune d'Espagne à Laon, où il a passé sept ans dans les cuisines. Cela l'a hébété. Mais chargez-vous de lui et tout ira bien.

— Monseigneur, répondit-elle, je suivrai vos ordres.

Comme le dîner tardait, Guillaume alla s'accouder à la fenêtre et Guibor sa bien-aimée à côté de lui. Le temps était beau et l'air pur. Regardant à sa droite, il vit s'approcher un corps de quatre mille cavaliers bien armés, tout resplendissants d'or et d'acier. Guillaume les reconnut tout de suite à leurs bannières pour les gens de Hernaut de Gironde. Il les montra à la comtesse et dit:

— Voilà Hernaut et sa vaillante troupe; Thibaut et Desramé auront beau faire, demain Bertrand sera hors de prison.

— Nous vous verrons à l'œuvre, répondit-elle, comment vous vengerez votre neveu.

Pendant que ceux-ci dressent leurs tentes sous les murs d'Orange, voici que d'un autre côté arrive Beuve de Commarchis, à la tête de deux mille hommes bardés de fer; puis Aymeric avec quatre mille hommes de Narbonne aux heaumes brunis.

— Ah! Guibor, fit le comte, tout va bien; voyez-vous là-bas, en cette lande, cette troupe aux bannières éclatantes? C'est mon père, Aymeric à la barbe blanche. Et à côté de lui Beuve de Commarchis, dont les païens retiennent deux fils prisonniers. Bientôt ils seront en liberté.

Guibor se jeta dans les bras de son mari et lui baisa la bouche et les joues, tout en rendant grâces à Dieu.

Presque en même temps arrivèrent Bernard de Brebant, le père du comte Bertrand, Guibert d'Andernas et enfin Aymer-le-chétif, tous à la tête d'une forte troupe armée.

Lorsque Guillaume vit venir son plus jeune frère, l'ennemi le plus redoutable des Sarrasins, il se jeta sur Folatise et vola à la rencontre d'Aymer. Il le serra dans ses bras et voulut le mener avec lui dans Orange. Mais Aymer refusa et alla camper auprès des autres. Alors Guillaume invita son père et tous ses frères à venir souper avec lui, ce qu'ils firent.

On corna l'eau en Gloriette, et les chevaliers allèrent se laver les mains. Dame Guibor, en femme bien apprise, offrit à Aymeric et à ses fils la serviette pour s'essuyer. Le souper fut servi à l'heure de vêpres.

Renouard entra dans la salle et alla s'adosser contre un pilier en s'appuyant sur son tinel, pour jouir du spectacle de la fête. En l'apercevant Aymer demanda à Guillaume :

— Monseigneur, quel est cet homme avec ce tronçon d'arbre que cinq vilains auraient de la peine à porter ? Est-ce un démon qui vient pour nous tuer ? Est-ce un tour de Guibor, la magicienne, dites-le moi ?

— C'est, répondit le comte, un jeune homme qui m'a été donné par le roi Louis. Jamais on n'a vu homme de sa force ; mais il aime trop à se chauffer dans la cuisine et à lécher les marmites. Cela me chagrine de lui voir ce goût ; il est le jouet des cuisiniers, qui le traitent comme un idiot.

Là-dessus Aymer le fit appeler près de lui, et Renouard alla s'asseoir au souper à côté du chevalier, en posant son tinel derrière lui.

Les pages se donnaient toutes les peines du monde pour le lui enlever. Quand il s'en aperçut, il leur dit :

— Laissez mon bâton ; car par la foi que je dois à Dieu ! si l'un de vous y touche, quelle que soit sa noblesse, il me le paiera ; je lui ferai sauter les yeux de la tête.

Cela amusa les chevaliers, qui lui versèrent souvent du vin fort. Après souper, quand les nappes furent enlevées, ils commencèrent à se moquer du sauvage ; et les écuyers, encouragés par cet exemple, recommencèrent à lui jeter toutes choses à la tête. Mais Renouard saisissant son tinel et le brandissant à deux mains, leur cria :

— Gloutons, je vous ai déjà soufferts trop longtemps!

Tous se sauvèrent, et Renouard ne pouvant les suivre, donna un tel coup contre une colonne de marbre, qu'il la brisa et en fit voler les éclats au milieu de la salle.

— Ah! il vous fait fuir, s'écria Aymer, je le crois bien; car qui Diable pourrait parer un tel coup? Frère Guillaume, appréciez-le bien, et amenez-le avec nous en Aleschant; s'il s'attaque aux païens, il n'en fera pas mal mourir avec cette massue.

— Je ne demande pas mieux, répondit Renouard, mettez-nous vite en présence, et vous verrez.

Aymer et le marquis Guillaume rirent beaucoup de cette saillie. Dans quelques jours ils ne le mépriseront plus; il sera un des personnages les plus honorés entre tous.

Le souper fini, la société se dispersa. Les chevaliers français descendirent de la salle et allèrent se coucher, qui dans sa tente, qui dans le bourg où il avait trouvé un logement.

Renouard rentra dans la cuisine et se coucha près du feu. Après avoir embrassé son tinel, il le posa sous sa tête et bientôt l'ivresse le plongea dans un profond sommeil.

Quand le cuisinier en chef le vit étendu sur le dos, il eut la mauvaise idée de prendre un tison allumé et de lui brûler ses moustaches naissantes. Renouard réveillé par la douleur, sauta sur ses pieds, et donnant cours à sa colère, il saisit le cuisinier par les flancs et le soulevant comme si c'eût été un enfant nouveau-né, il le jeta dans les flammes, qui en peu de temps le réduisirent en cendres.

— Voilà la place qui vous convient, cria Renouard. Pourquoi me maltraiter? Infâme bâtard, pensiez-vous que je n'oserais vous toucher par crainte de Guillaume au court nez? Fussiez-vous un émir, je vous eusse fait subir le même sort. Ah! l'on me tient pour fou! Eh bien! j'agirai comme un enragé. Beau sire cuisinier, goûtez bien votre propre saveur! Par saint Denis! c'était de la folie de toucher à ma barbe.

Là-dessus il se recoucha, chauffa ses grandes jambes au feu et se rendormit.

Le lendemain, avant l'aube, plusieurs cuisiniers entrèrent dans la cuisine; quand ils virent leur chef gisant dans le feu, à moitié consumé, tous, sans exception, se mirent à fuir. Ils coururent droit à Guillaume pour se plaindre. Celui-ci en les apercevant leur cria de hâter le déjeuner; mais les cuisiniers lui répondirent:

— Il sera mal apprêté; car cette nuit notre chef a été jeté au feu. C'est ce fou sauvage qui l'a fait, et tant qu'il sera là, nous ne nous occuperons pas du manger. Puisse le diable l'emporter! Il ne tardera pas à nous casser la tête avec son tinel garni de fer, qui est si lourd qu'un cheval le porterait à peine. Plût à Dieu qu'il fût coupé en morceaux et son maître noyé dans la mer! S'il vit, il fera assez de mal, car jamais on ne vit un tel démon. Que Dieu nous en garde!

Guillaume ne fit qu'en rire, et leur dit:

— Vous n'avez qu'à vous abstenir de le railler, sinon, il vous le fera payer. Comment diable, je ne suis pas assez osé pour le contredire, et vous vous permettez de l'insulter!

Puis s'adressant à Guibor, il lui dit:

— Dame, allez-y, et amenez-le avec vous dans cette chambre.

— Vos ordres seront exécutés, répondit la comtesse.

Elle se hâta de descendre à la cuisine, où elle trouva Renouard couché sur le dos, avec son tinel sous la tête. Dame Guibor était une femme de grand sens; elle s'assit à côté de lui, et lui parla avec douceur:

— Venez avec moi, mon ami, dans ma chambre dallée; je vous donnerai ma pelisse d'hermine et un manteau fourré de martre zibeline, et puis vous me conterez vos affaires.

— Volontiers, noble comtesse. Quant à ces lâches coquins, ils ne perdront pas pour attendre leur punition.

Il suivit la comtesse, sans oublier son tinel. Les Français qui le virent passer par la grand' salle, chuchotèrent entr'eux :

— Par sainte Marie! vois donc comme ce Renouard a l'air d'un sauvage; il avalerait bien deux paons et un cygne.

— Tais-toi, dit un autre, ne l'agace pas, il nous aurait bien vite couchés dans notre cercueil.

V.

Encore Renouard.

Quand Renouard fut entré avec la comtesse dans sa chambre, ils s'assirent ensemble sous le dais. La chambre était riche, bien peinte, pavée de marbre, et le soleil n'y pénétrait qu'à travers des vitraux.

Guibor lui adressant la parole en langue sarrasine, dit:

— Renouard, mon ami, tâche de te rappeler si tu as un frère ou une sœur.

— Oui, fit Renouard, de l'autre côté de la mer; mon père était roi, et j'avais une sœur surpassant en sagesse et en beauté les fées mêmes.

Il n'en dit pas d'avantage et baissa la tête sur sa poitrine. Guibor, dont le cœur devinait en lui son frère, ôta son manteau de pourpre et le lui mit sur les épaules. Puis elle continua:

— Mon ami, ne me cachez pas le nom de vos parents.

— Dame, je ne pourrai vous confier cela que lorsque je serai revenu de la bataille, où, s'il plaît à Dieu, j'aiderai Guillaume de tout mon pouvoir.

La comtesse ne put lui refuser cela. Sans dire un mot, elle ouvrit un écrin, dont elle tira une brillante cotte de mailles, qui avait appartenu à son oncle, l'émir Tornefier. Les mailles étaient d'or et d'argent et si bien forgées qu'un coup d'épée ne pouvait les entamer. Celui qui porte cette armure est invulnérable. A la cotte de mailles elle joignit un heaume de l'acier le plus dur. Enfin elle prit une épée à poignée d'or pur; elle était longue d'une toise et large d'une grande paume, et si affilée qu'elle tranchait plus facilement le fer que la faux ne fait l'herbe. Nulle armure n'est un obstacle pour son tranchant. Elle provenait de Corsuble, le neveu de Haucebier, qui l'avait donnée au brave Thibaut, auquel Orable l'avait prise le jour de ses noces. Elle la destinait à Renouard comme un gage d'amitié.

— Mon ami, lui dit-elle, sais-tu manier les armes? Ceins cette épée à ton flanc gauche; elle te sera d'un grand secours, si tu sais la manier.

Renouard prit l'arme et tira la lame brillante du fourreau. Quand il la sentit si légère, il la jeta à terre en disant:

— Dame, je n'ai que faire de cela, par saint Denis! je ne donnerais pas un denier pour quarante de ces lames. Du moment que je soulèverai à deux mains mon levier, il n'y a païen si fier que je n'abatte d'un seul coup, lui et son destrier. Guillaume ne me nourrira pas pour rien.

Les larmes vinrent aux yeux de la comtesse, à qui les battements de son cœur disaient que ce grand et beau jeune homme pouvait bien être son frère. Renouard, qui se méprit sur la cause de ces larmes, lui dit:

— Ne pleurez pas, madame, car par la foi que je vous dois! vous n'avez pas à craindre pour Guillaume, tant que mon tinel restera entier.

— Que Jésus te protège! lui répondit-elle. Mais crois-moi, un homme sans armure ne peut vivre longtemps, du moment qu'on en vient à se battre; il peut être tué par toutes sortes d'armes. Je te prie donc de souffrir par amitié que je t'arme.

— Je ne veux pas vous refuser, fit-il.

Alors Guibor lui fait endosser le haubert, qui était long et si large que deux hommes auraient pu y entrer. Elle lui lace la coiffe de mailles et y attache le heaume avec quinze lacets, mais sans lui nouer la ventaille, afin qu'il pût mieux respirer. Enfin elle lui ceint l'épée dont elle attache la poignée à l'épaulière avec un lacet de soie, afin d'empêcher la lame de tomber. Puis elle se met à l'endoctriner et lui enjoint d'avoir recours à son épée, si jamais son tinel venait à se briser.

Quand Renouard fut armé, il se sentit plus hardi que lion ou sanglier. Il sortit, son tinel à la main, et alla se pavaner dans la grand' salle. En ce moment on corna l'eau; les chevaliers lavèrent leurs mains et chacun vint s'asseoir selon son rang pour dîner. Renouard alla manger à la cuisine, d'où les cuisiniers se sauvèrent à son approche. Il y trouva quantité d'aliments; grues, malarts, venaison, poisson, comme saumons et barbeaux. Il en mangea les meilleurs morceaux et finit par se délecter d'un col de cygne farci de viande hachée, d'œufs et de poivre. Quand il fut rassasié, il mit son tinel sous son bras droit et sortit de la cuisine en se léchant les moustaches comme un chat. Il vint dans la salle du festin et alla s'asseoir par terre, non loin de Guillaume, après avoir posé son tinel au milieu de la salle.

Cela amusa les Français, qui de toutes parts lui tendirent leurs hanaps pour le faire boire. Aymer se leva de table avec Bernard, Hernaut-le-roux et Guichart d'Andernas, pour essayer leur force au tinel. Mais leur eût-on promis Damas, ils ne seraient jamais parvenus à le soulever.

Il n'y avait que Renouard qui en fût capable. Et les chevaliers de s'écrier :

— Tu es un démon ; si tu le veux bien, tu conquerras le monde entier.

— Messeigneurs, répondit le géant, je ne sais si vous êtes de Paris ou d'Arras ; mais par la foi que je dois à saint Thomas! si Dieu me laisse mon tinel et mes bras, vous n'avez pas à vous inquiéter des Sarrasins.

On se leva de table parce que l'armée devait bientôt se mettre en mouvement. Plusieurs chevaliers coururent au tinel, mais aucun ne parvint à le soulever. Guillaume lui-même alla s'y essayer ; mais quoique la sueur lui ruisselât du front, il ne le leva pas plus haut qu'à un pied du sol.

— Je vous aiderai, dit Renouard ; et maniant le levier comme si c'était une branche d'olivier, il le fit tournoyer autour de sa tête et le jeta en l'air en jouant.

— Bienheureux le bras qui porte une telle massue, dit le comte. Si tu manges beaucoup, tu en as bien le droit.

— Allons, dit Renouard, nous tardons trop ; les païens auront tout le temps de fuir. Allons, à cheval! Tout ce que je crains, c'est de ne pas les retrouver. Si je puis essayer mon tinel sur les Turcs, je ne donnerais pas un denier de leur armée, fût-elle de cent mille hommes. Je les aurai bien vite chassés.

Le comte le serra dans ses bras et donna l'ordre de sonner le boute-selle. L'armée s'ébranla presque aussitôt. Les chevaux de somme, portant les bagages, défilèrent dans la campagne. Le comte Guillaume fit amener son cheval de bataille, Renouard lui tint l'étrier. Ses écuyers portent ses armes. Il embrasse Guibor et prie Dieu, le grand justicier, de la protéger pour qu'il la retrouve saine et sauve. Enfin le voilà parti, suivi de Renouard et Guibor monta dans la tour de Gloriette et alla s'accouder à une fenêtre. Toute la campagne était couverte de troupes marchant en bon ordre ; ici les bannières ondulaient au vent, là les heaumes et les écus luisaient au soleil et les coursiers hennissaient sous leurs cavaliers. Elle fit sur eux le signe de la croix et les recommanda à Dieu.

L'armée marcha jusqu'au soir. On campa dans un verger; bientôt les tentes furent dressées et après avoir soupé, tout le monde se coucha. Le comte Hernaut et sa troupe furent de garde cette nuit.

Avant l'aube on sonna à cheval; les armures furent endossées, les heaumes lacés, les épées ceintes; au point du jour on se mit en marche en rangs serrés et au son des trompettes.

Renouard dormait toujours dans sa baraque; quand il s'éveilla, l'armée était déjà loin. Pendant qu'il court après elle, les soldats de Guillaume gravissent les hauteurs d'où ils aperçoivent la plaine d'Aleschant et toute la contrée environnante. Jusqu'à cinq lieues à la ronde, la terre était couverte de païens, dont la grande armée s'était concentrée là au grand effroi des chrétiens.

Lorsque Guillaume vit l'épouvante de son armée, il s'adressa à ses soldats:

— Vous voilà près de l'ennemi; bientôt la bataille va commencer, elle sera sanglante, plus horrible qu'aucune précédente; que celui qui a peur retourne en arrière, sans plus attendre, je lui permets de rentrer dans son pays.

Cette permission agrée aux couards; ils se séparent des hommes de cœur et rebroussent chemin au nombre de dix mille. Maudite soit l'heure qui vit naître de telles gens! Mais bientôt ils auront ce qu'ils méritent.

Au milieu d'un vallon étroit, un petit pont était jeté sur un ruisseau. C'est là qu'ils rencontrèrent Renouard. Quand il vit cette troupe, il crut que c'étaient des Sarrasins en fuite. Cela lui mit la joie au cœur, comme s'il avait trouvé une bourse. Mais en regardant de plus près leurs armures, il vit bien que c'étaient des chrétiens, qui n'osaient affronter l'ennemi et qui se sauvaient de l'armée. Il leur barre le passage en brandissant le tinel. Il eût été préférable pour eux de rencontrer le diable.

— Où allez-vous? leur demanda-t-il.

— En France, lui répondit-on. Le comte nous a permis de nous retirer. Si nous parvenons à regagner la Bourgogne, nous nous ferons saigner et ventouser. Nous aurons du bon vin, de la viande et du poisson, et de ces bons gâteaux blancs. Jamais Guillaume ne fit autre chose que de rendre les gens malheureux; il a fait mourir maint homme dans les plus grandes douleurs. Viens donc avec nous, et tu agiras sagement. Nous ferons porter pour toi cette lourde massue.

— Parlez-moi d'autre chose, répondit Renouard. Le comte Guillaume m'a commandé la garde de l'armée, je dois donc faire mon devoir. Vous allez me payer le péage du pont. Ah! vous pensiez vous sauver comme des malfaiteurs! Par saint Denis! vous n'irez pas plus loin, avant que je n'aie mis par terre quelques centaines d'entre vous. Fils de putains, résistez-moi si vous l'osez.

Il les attaqua hardiment avec son tinel: au premier coup il en culbuta cinq et du revers en tua six. On ne peut résister à ses coups. Bientôt une cinquantaine sont morts ou hors de combat. Les plus vaillants d'entr'eux tremblent de peur; ils fuient, car ils le redoutent plus qu'un lion ou un sanglier. Ils lui crient de loin:

— Monseigneur Renouard, nous irons nous battre avec toi en Aleschant, mène-nous où tu voudras, nous ne te ferons pas défaut, dût-on nous tailler en pièces.

— Voilà qui est parler, dit Renouard. Ma naissance me donne droit au commandement.

Il les force à rejoindre l'armée. Arrivé près de Guillaume il le prie de lui laisser le commandement des couards.

— Je les rendrai hardis comme des sangliers, protesta-t-il; et qu'ils le veuillent ou non, chacun d'eux fera des prouesses.

— Je n'ai rien à te refuser, répondit le comte.

Les Français commencèrent à se moquer des héros sans courage, mais Renouard s'interposa en disant :

— Laissez mes gens tranquilles, ou par la foi que je dois à madame Guibor! je me fâcherai et vous ferez connaissance avec mon tinel. Or je châtierai si bien même le plus huppé d'entre vous, que vous perdrez l'envie de chanter. Je suis fils de roi, je ne me laisserai plus avilir; dès aujourd'hui je montrerai mes cornes. Il y a trop longtemps que je me suis laissé insulter. Malheur au fruit qui ne veut pas mûrir, et honte à l'homme qui ne se soucie pas de devenir meilleur! Je suis fils de roi, je dois m'en souvenir. Le proverbe dit vrai : qui est bon le prouve.

Quand les Français entendirent Renouard parler de la sorte, pas un n'osa sonner un mot.

VI.

Bataille.

Cependant Guillaume fit ranger ses gens en bataille, et les Sarrasins en firent de même. Les deux armées purent se mirer dans les armures resplendissantes. On resangla les chevaux, on déroula les enseignes de toutes couleurs, et les cors et les trompettes sonnèrent, tandis que les païens et les Bédoüins hurlèrent et crièrent sur le bord de la mer.

Quand il eut rangé son armée, le comte Guillaume, monté sur Folatise, chevaucha devant eux, après qu'il leur eut dit :

— Barons, aujourd'hui nous verrons bien qui vengera Vivian et frappera hardiment sur les païens. Heureux celui qui fera mieux que les autres! je pense que ce sera Renouard qui nous surpassera tous.

Le soleil était radieux. Desramé sortit de sa tente, entouré de quinze rois couronnés. Il regarda du côté d'Orange et aperçut les Francais rangés en bataille. Il ne vit que heaumes et hauberts luisants au soleil, et enseignes de soie déployées au vent. Il fut tout étonné et se demanda quels pouvaient être ces gens-là. Mais voilà qu'un messager lui arrive ; il est blessé et couvert de sang et accourt au galop. Arrivé près du roi, il lui crie :

— Sire Desramé, hâtez-vous donc. Vous vous croyez en sûreté, et voilà Guillaume, le marquis au court nez, qui tombe sur vous, accompagné de son père, de ses frères et de tout son lignage. Il amène avec lui tant de guerriers de France, qu'on ne saurait compter combien de milliers ils sont.

Desramé, à cette nouvelle, devient pourpre de colère. Il roule les yeux et grince des dents ; sa fureur est extrême, et ceux qui le regardent, sont effrayés. Il fait de suite sonner à l'étendart. Les païens accourent effarés, et bientôt il y en a tant d'armés qu'aucun clerc, quelque lettré qu'il fût, ne pourrait vous le dire. Jamais homme ne vit une armée si formidable.

Desramé se fait armer. Ses chausses de mailles sont merveilleusement ouvragées du plus fin or d'Espagne. Putefragne lui chausse les éperons. Puis il endosse le haubert qui jadis avait appartenu au roi Aufaigne ; celui qui en est armé n'a rien à craindre. On lui lace le heaume avec trente lacets. Maradoc lui apporte son épée ; le roi la ceint lui-même, n'estimant personne digne de cet honneur. Puis il monte sur le meilleur cheval de France ou d'Allemagne. Un des rois lui tend l'écu et l'émir d'Espagne, son arc. Enfin il prend une forte lance avec une large banderolle. Il s'élance en avant en disant :

— Marchons ! si je rencontre aujourd'hui Guillaume dans la plaine, que je perde mon nom, si je ne le tue pas du premier coup.

Tant de cors sonnèrent l'attaque que les notes aiguës

en retentirent cinq lieues à la ronde. Les païens s'ébranlent; l'herbe est foulée, la poussière se lève. Les deux armées s'entrechoquent. La terre tremble. Bientôt on ne voit que lances brisées, heaumes bossués, cuirasses faussées, écus troués, et des têtes, des pieds, des poings coupés. Maint Sarrasin est couché par terre, bouche béante et les boyaux lui sortant du corps. Par tout l'Aleschant l'herbe est ensanglantée.

Le comte Aymeric crie: *Narbonne*, son fils Guillaume: *Monjoie*, Bernard: *Brebant*, Aymer: *Venise*, Hernaut: *Gironde*, Guibert: *Andernas*, et Beuvon: *Barbastre*.

Le premier corps sarrasin, commandé par Aiquin, fut refoulé vers la mer et aurait été taillé en pièces si Balent n'était venu au secours de son père. Alors les cris recommencent et les grands coups pleuvent dru. La terre est abreuvée de sang.

Vous allez entendre une fière chanson; jamais jongleur n'en chanta de meilleure; faites bien attention!

Voici Bauduc qui s'élance à la tête de dix mille Sarrasins. Il galope devant les siens. Il rencontre Guy d'Auvergne, et lui donne un formidable coup de lance dans son écu du Beauvoisis; il le perce ainsi que le haubert à doubles mailles; il lui plante l'épieu de frêne dans le corps, et l'abat roide mort. Il retire de la blessure l'épieu avec le pennon ensanglanté et en tue un second chevalier, puis un troisième; et avant que son arme se brise, cinq hommes sont tombés sous ses coups.

Aymer le voit, et piquant son cheval Florentin des éperons d'or, tire son épée et s'élance vers lui. Bauduc, de son côté, dirige son cheval sur ce nouvel ennemi. Ils ne s'épargnent pas, et bientôt leurs écus portent la trace de leurs coups furieux.

Aymer était un chevalier accompli, qui maniait l'épée avec une grande dextérité. Il porta à Bauduc un coup sur le heaume, et en fit voler de tous côtés les pierreries et les fleurons; sans la coiffe du haubert Bauduc n'aurait plus eu besoin de médecin. Le fer, glissant de côté, tranche la courroie d'étoffe précieuse qui suspend l'écu à son cou, et l'abat par terre avec le bras gauche.

En se sentant si grièvement blessé, le païen prit la fuite et alla se cacher au plus épais de sa troupe. Mais Aymer le poursuivit, jusqu'à ce qu'il l'eût atteint devant la tente de Gofier, où il lui coupa la tête encore couverte du heaume pointu. Il ne peut se rendre maître du bon cheval, car il est entouré d'un millier de païens. Que Dieu le protége! car je ne vois pas comment il pourra se tirer de là.

Les Sarrasins tuèrent son cheval sous lui; il sauta sur ses pieds, l'épée à la main, et embrassant son écu, il leur porta des coups furieux au visage, sur la poitrine, sur les bras. Il se défendit bravement comme un chevalier d'élite qu'il était. Il jeta en même temps son cri de guerre; cela lui sauva la vie. Son père l'entendit et cria de son côté: *Narbonne!* A ce cri ses quatre fils Hernaut, Bernard, Guibert et Beuve de Commarchis, s'élancent à l'envi l'un de l'autre. Sans eux, Aymer était perdu; car les coups d'épée tombaient dru. Mais lorsque le père et les cinq fils furent réunis, ils firent une boucherie des Sarrasins comme des loups affamés des brebis. Cependant le nombre des mécréants est trop grand; il y en a trente-six contre un chrétien. Aymeric et les siens étaient en grand danger, lorsque accourt Guillaume, le marquis au court nez. Il vient à la rescousse d'Aymeric et de ses frères qui succombaient sous le nombre. Celui qu'il atteint de son épée est un homme mort. Il fait une telle trouée parmi les Turcs que le plus hardi n'ose l'attendre. Il les chasse jusqu'à leurs tentes. Un cheval vide se trouve sous sa main; il le prend par les rênes, et sans qu'un ennemi ose s'y opposer, l'amène à son frère bien-aimé. Aymer saute en elle et est sauvé.

Une nouvelle troupe s'avance; ce sont ceux de Palerne, commandés par Sinagon et Escaiman-le-gris. Ils sont dix mille et foulent aux pieds tout ce qu'ils rencontrent. Les coups pleuvent de toutes parts; le combat devient furieux.

Renouard se dit à soi-même:

— J'ai mal fait, j'ai trop longtemps tardé; la bataille est perdue et le déshonneur en tombera sur moi. Sainte Marie, mère de Dieu, ne laissez pas finir le combat, avant que j'aie fait sentir aux Sarrasins la pesanteur de mon tinel! Si je ne tue pas ces païens par dizaines, honte à moi et à mon bâton! Monjoie! Si je ne venge le brave Vivian, vrai Dieu, j'enragerai.

Puis s'adressant aux couards, il leur dit:

— Écoutez ce que je vais vous dire. Vous me suivrez tous; et par le Seigneur qui fut mis en croix! le premier qui s'avisera de fuir, je lui casserai les bras et les côtes avec ce tinel que vous voyez.

— Monseigneur, ne doutez pas de nous; nous irons où vous voudrez et nous frapperons si bien de nos lances, que pas un n'encourra de blâme.

Là-dessus il attaque les Turcs. Du premier coup de son tinel il en assomme dix, et autant du second. Il les abat comme le faucheur l'herbe. Et les couards se sont bien comportés; suivant l'exemple de leur chef, ils en tuent un millier. Les monceaux de morts les empêchent d'avancer.

— Barons, dit Renouard, frappez! Par saint Denis! vous avez tort de les épargner. En ce jour le noble Vivian sera vengé. Le roi Desramé est venu ici pour son malheur; si je le rencontre c'est un homme mort.

Les ennemis prennent la fuite; pas un n'ose l'attendre. Un des fuyards est allé trouver Desramé et lui crie de loin:

— Seigneur Desramé, nous avons mauvaise chance. Guillaume a amené un vassal d'une telle force qu'homme qui vive n'a jamais vu son pareil. On l'appelle Renouard au tinel; il est armé d'une massue si formidable que, sur mon honneur! un cheval la porterait à peine. Déjà il a occis vingt mille des nôtres; à chaque coup il fait tomber dix hommes d'armes. Par Mahomet! Sire, sauvez-vous et gardez-vous de le rencontrer.

— Tais-toi, lâche poltron, répartit Bauduc. Par Mahomet à qui je me suis voué! si je puis l'atteindre, lui ou Guillaume au court nez, je les présenterai à Desramé, morts ou prisonniers, pour qu'il en fasse son bon plaisir. Je ne donnerais pas deux deniers de quatorze de leurs pareils, aussi longtemps que je tiendrai mon maillet de fer; je les tuerais tous d'un seul coup.

En ce moment encore Bauduc peut dire tout ce qui lui passe par la tête; mais avant que le soleil soit couché, Renouard lui aura prouvé quel homme il est.

Cependant le géant a traversé les bataillons épais de l'ennemi, en semant la mort dans leurs rangs, il ne s'arrête qu'au bord de la mer, auprès de leurs navires.

Le combat s'y poursuit avec une ardeur incomparable. Renouard veut détruire leurs vaisseaux. Plongeant sa perche dans les flots, il s'en sert comme d'un brin d'estoc pour sauter à bord d'un vaisseau éloigné de plus de vingt cinq pieds du rivage. C'était là qu'on retenait prisonniers Bertrand, Guibelin, Guichard-le-renommé, Guadin-le-brun, Hunaut, Gautier de Termes et Girard.

Il s'y trouvait cinquante Turcs que Renouard confessa de son tinel; il leur broya les membres à tous, tant qu'ils étaient. Puis descendant sous le pont, il y trouva Bertrand, les yeux bandés, les mains et les pieds chargés de chaînes. Peu s'en fallut qu'il ne l'eût tué aussi; mais il se dit qu'il ne devait pas s'attaquer à un prisonnier. Il s'arrêta donc devant Bertrand et lui demanda:

— Ami, de quel pays êtes-vous?

Bertrand, tout effrayé de son apparition, lui répondit:

— Je suis Français, seigneur, et neveu de Guillaume au court nez. Il y a quatre mois que les païens me firent prisonnier; depuis ce moment il me traitèrent avec la dernière dureté; je suis complètement affamé. Enfin on doit me conduire dans le pays arabe, et une fois là, je n'en sortirai plus jamais; personne ne me secourra, et j'y mourrai de douleur, à force de mauvais traitements. Si le corps est perdu, que Dieu sauve au moins l'âme!,... Ah! noble homme, ayez pitié de moi!

— Tu seras libre à l'instant, répondit Renouard, et cela parce que tu as invoqué le nom de Guillaume. Quand tu le verras, tu le remercieras.

Ce disant, il lui ôta les fers des pieds et des mains et détacha le bandeau qui lui couvrait les yeux, après quoi le paladin sauta sur ses pieds. Ayant aperçu des armes à son gré, il endossa aussitôt une cotte de mailles, s'affubla d'un heaume luisant et saisit une bonne épée, qui pendait à un poteau.

— On voit bien, lui dit Renouard, que vous êtes d'une race vaillante.

— Seigneur, répondit Bertrand, je remercie Dieu et vous... Ma grande joie m'empêche de m'exprimer comme je voudrais, pardonnez-moi. Je vous dois l'honneur et la vie. Si mes cousins, que les païens mécréants tiennent captifs, étaient en liberté, je ne vous quitterais plus de mon vivant, je resterais votre serviteur à tout jamais.

A ces mots, Renouard se mit à chercher, et il eut bientôt trouvé les jeunes gens qui se lamentaient et pleuraient, battus qu'ils étaient jusqu'au sang par les Nubiens maudits qui les gardaient. A ceux-ci Renouard ne daigna pas même adresser la parole; il les tua tous, sans désemparer, et jeta leurs cadavres à la mer.

— Voilà un bain convenable pour vous, dit Renouard. Je voudrais y voir tous ceux du lignage de Tervagant!

Il débarrassa les six jeunes gens de leurs liens et les fit sortir du navire. Mais sur le rivage ils trouvèrent tant de païens, qu'ils en virent couverts les monts et les vallées; tout l'Archant en était rempli.

Aussitôt les Sarrasins et les Persans se ruèrent sur les nouveaux venus; mais Renouard en tua tant avec sa pesante massue qu'aucun jongleur ne pourrait vous le dire. Il y eut bientôt tant d'Arabes couchés par terre qu'on pouvait à peine se frayer un passage à travers les cadavres.

Alors Renouard cria aux jeunes gens:

— Armez-vous, mes enfants; voici assez d'armes, choisissez à votre gré.

Ils furent bientôt armés, après quoi Bertrand dit:

— Seigneur, il ne me manque plus qu'un cheval. J'ai fortement à cœur d'aller secourir mon oncle.

— Un peu de patience, dit Renouard, bientôt vous en aurez un qui sache marcher, et tous vos cousins chevaucheront après vous.

En ce moment un païen s'avança vers lui, armé de pied en cap. Renouard leva son pesant tinel et lui en porta un coup sur le heaume. Dorénavant heaume ni cuirasse ne lui serviront plus à sa défense, car la massue le broie sur la selle et fracasse en même temps l'échine du cheval. Cavalier et coursier ne font plus qu'un monceau de chair sanglante.

Quatre autres ennemis ont le même sort ainsi que leurs chevaux.

— Vraiment, dit Bertrand, si vous continuez à frapper ainsi, je n'aurai pas de cheval ma vie durant.

— Vous n'avez pas de patience, repliqua Renouard. Je vous jure que c'est bien malgré moi; mais mon tinel est pesant, et quand il descend, le coup est formidable. Vous aurez un cheval, ne vous impatientez pas. En voici venir un, léger comme le vent, sous ce Turc bruyant.

La lance du cavalier arabe transperça un des chrétiens.

— Arrête! lui crie Renouard, tu as tué mon homme, je t'en punirai.

Il lève le tinel, et avant que le païen puisse tourner bride pour fuir, l'arme descend avec la célérité de la foudre et écrase le cavalier avec le cheval.

— Mon Dieu! dit Bertrand, à quoi bon attendre? Jamais je n'aurai de cheval, car à de tels coups rien ne résiste.

Voyant l'air contrit du géant, il lui conseille de ne se servir de son arme qu'en poussant du bout, afin d'amoindrir ses coups.

Renouard, pour se conformer à ce désir, plaça l'extrémité amincie sous son aisselle, le gros bout tourné du côté de l'ennemi.

L'émir Estelé s'avance, bien armé, sur un cheval noir. Il tue un des hommes de Renouard; mais au même instant celui-ci l'atteint du bout de sa perche. Il lui brise l'écu, met sa cotte de mailles en pièces, lui enfonce les côtes et le jette mort par terre. Puis saisissant le bon cheval par le frein, il le présente à Bertrand en lui disant:

— Celui-ci vous agrée-t-il?

— Certes, messire, il vaut mieux que toute une cité.

Bertrand voit ses vœux exaucés: il saute en selle et s'arme de l'écu et de la lance du Sarrasin. Sans plus attendre, il va attaquer un païen qu'il transperce de part en outre, et saisissant son cheval, il l'amène à son cousin Girard, qui monte en selle en se servant de l'étrier niellé. Bientôt lui aussi est armé d'un écu et d'un épieu.

Et Renouard donne tellement la chasse aux Arabes, qu'en un clin d'œil il se rend maître de trois chevaux. Il y fait monter trois des cousins. Il n'en reste plus que deux à pied; mais enfin à ceux-là aussi il fournit des montures.

Voilà les sept cousins alignés. Ils remercient chaudement Renouard de les avoir tirés de prison. Bientôt Arabes et Sarrasins connaîtront leur force et leur bravoure. Déjà à leur vue ils reculent à une portée d'arbalète.

. . . .

. . . .

[La bataille continue. Ce sont surtout les prouesses de Renouard qui en décident le sort; aussi sont-elles chantées à plaisir par le trouvère. Cependant nous croyons devoir consulter le goût du lecteur moderne et retrancher la déscription de tous ces combats singuliers dans lesquels Renouard reste vainqueur.

Voici en deux mots le sommaire du récit.

Margot au „flael" d'or, qui allait accabler Guillaume lui-même, succombe sous les coups du géant, ainsi qu'Aeuré au „mail d'acier." Desramé et le marquis au court nez se rencontrent. Guillaume abat l'émir de cheval; déjà il l'avait saisi par le nasal du heaume et allait lui couper la tête, lorsqu'ils furent séparés par un flot de païens, parmi lesquels Borel et ses quatorze fils. Ils sont sur le point de mettre à mort Guillaume, lorsque Renouard le sauve encore en tuant Borel. Plusieurs autres chefs ennemis tombent sous ses coups, lorsqu'enfin il trouve sur son chemin l'émir Desramé lui-même. Le chef arabe est blessé et se voit obligé de fuir pour sauver sa vie. Il se jette dans un bateau et gagne le large avec quelques hommes seulement. Ils ne s'arrêtent qu'à Cordoue.

Le reste de l'armée est dispersé. Dans leur fuite ils rencontrent Bauduc, le plus formidable guerrier de l'armée sarrasine. Il prétend changer la face des choses; mais il a compté sans Renouard, qui se jette à sa rencontre. Après un combat acharné, Bauduc, blessé à mort, rend les armes et promet à son vainqueur de se faire baptiser aussitôt qu'il sera guéri de ses blessures.

Par cet exploit la bataille est terminée et la victoire assurée aux Français. Maintenant rendons la parole au poëte.]

VII.

Renouard oublié.

Les Francs de France retirèrent des vaisseaux le grand butin qui y était amassé. Dieu! que de richesses y conquit-on! Chacun fut content de sa part.

A la tombée de la nuit les tentes furent dressées en Aleschant et les Français allèrent s'y reposer, fatigués qu'ils étaient du combat. La garde du camp fut confiée pour cette nuit au comte Hernaut.

Le lendemain matin, Bauduc, qui était grièvement blessé, s'adressa à Renouard et lui dit:

— Messire, permettez que je me retire en mon pays. Aussitôt que je serai guéri de mes blessures, je viendrai vous trouver dans le palais seigneurial d'Orange, et je me tiendrai à votre disposition, je vous en donne ma parole.

— J'y consens, répondit Renouard; mais gardez-vous de me tromper, car par Celui qui fut cloué sur la croix! n'importe dans quel pays vous vous cacheriez, on vous trouverait, et votre trahison serait punie.

— Ne vous méfiez pas de lui, dit Guillaume; je suis certain qu'il ne manquera pas à sa parole.

— Certes, monseigneur, jamais par moi serment ne sera faussé.

On lui octroya sa prière et l'émir quitta la France sur un petit bâtiment dirigé par un pilote habile. En levant l'ancre ils recommandèrent à Dieu les Français en général et Renouard et Guillaume au court nez en particulier.

L'armée resta au camp ce jour là qu'on passa à emballer le butin. Puis on dîna à la fin de la journée, et chacun se coucha bien aise de se reposer encore.

Mais il fut impossible à Renouard de jouir longtemps de ce repos; les grands coups qu'il avait donnés et reçus lui avaient laissé la fièvre; il lui fut impossible de dormir. Dès minuit il parcourut les rangs, l'épée à la main, criant:

— ›Debout! debout! Le soleil se lève. Allons, Français, hâtez-vous. Par la foi que j'ai promise à Guibor! si vous ne vous armez pas tout de suite, vous me le paierez cher; je trancherai la tête même au plus huppé.

Quand les Français entendirent Renouard parler ainsi, pas un n'osa lui résister.

— Que Dieu le punisse, se dirent-ils, de ne pas nous laisser dormir. Qu'il soit maudit, pour nous faire lever et marcher à cette heure indue!

— Allons, hâtez-vous, cria Renouard; je suis fils de roi et j'ai droit de commander.

L'armée se mit en mouvement; on sonna les cors et on sella les chevaux. Les tentes furent pliées et l'on se mit en route.

Avant de partir, le comte Guillaume se rendit à l'endroit où le cadavre de Vivian gisait auprès de l'étang; il le fit placer entre deux écus et l'enterra à l'ombre de l'arbre sous lequel il l'avait trouvé. Il pleura à chaudes larmes et maint de ses compagnons se trouva mal. Enfin le signal du départ fut donné, et l'armée se mit en route, ayant Renouard en tête, qui marchait l'épée au poing et d'un air farouche comme un sanglier.

Voici qu'un pauvre diable vient se plaindre à lui que les Sarrasins ont dévasté son champ de fèves et l'ont réduit à la mendicité, lui et ses enfants.

— Par saint Denis! dit Renouard, je leur ferai réparer le dommage; ils paieront chaque cosse un denier.

Il courut vers le comte Guillaume et lui dit:

— Souffrirez-vous que les Sarrasins viennent voler les vivres à vos hommes?

— Comment cela s'est-il fait, demanda le comte?

— Je vous le dirai. Des milliers de Sarrasins ont pris les fèves de ce vilain et se sont établis dans son champ. Je vous prie, laissez-moi y aller, si vous ne voulez pas me faire enrager.

— N'y allez pas seul, mon ami, répondit Guillaume. J'ai peur que vous ne succombiez; je ferai aller mille chevaliers avec vous.

— Vous n'en ferez rien, monseigneur. Ne craignez rien, je ne me laisserai accompagner par personne. Si je ne parviens pas à les punir moi seul, vous ne me donnerez pas à souper.

— Laisse-l'y aller, frère, dit Aymer; les païens ne tiendront pas contre lui.

— Eh bien! dit Guillaume, qu'il défende les fèves et punisse le forfait!

Renouard le remercia de cette permission et courut avec le pauvre homme vers son champ. Il y vit beaucoup de païens armés de toutes pièces et leur cria:

— Fils de putains, c'est pour votre malheur que vous avez pillé ce champ. La garde m'en est commise et j'en percevrai le péage. Vous me donnerez mille marcs d'or, ou vous serez pendus par la gueule. Canailles, vous aviez trop bu, quand vous avez volé ce pauvre homme; mais je vais vous confondre.

Quand les Sarrasins reconnurent Renouard, ils se dirent:

— C'est fait de nous! Voici celui qui a décidé la victoire en Aleschant. C'est le diable lui-même qui nous l'envoie. Nous sommes morts du moment qu'il nous a aperçus.

Ils se mettent à fuir, sans penser à leurs chevaux; mais c'est en vain qu'ils implorent Mahomet et Cahu; ils tombent aux mains de Renouard, qui court après eux en criant:

— Fils de putains, c'est pour votre malheur que vous êtes entrés dans ces fèves; ce n'est pas vous qui les aviez semées ni cultivées, mais le pauvre homme qui devait les vendre pour vivre. Par le nom de Dieu! vous serez punis pour avoir dévasté son champ.

— Nous ne les avons pas volées, sire chevalier, vous faites trop de bruit pour si peu de chose.

— Vous les avez prises sans permission; je vais solder votre compte avec mon épée.

Il se jette sur eux et les met tous à mort; ils ont payé cher ces fèves vertes. Le vilain ne fit qu'y gagner, puisque Renouard lui fit don des armes et des chevaux des Sarrasins.

Cependant l'armée française s'était mise en marche vers Orange, au son des clairons et des cors. On se presse pour arriver et l'on passe la porte en tumulte. Aussitôt on corna l'eau dans le palais de Gloriette et les chevaliers, ayant fait leurs ablutions, se mirent à table, où ils furent servis par quelque cents bacheliers choisis parmi les plus nobles du pays.

Personne, pas même le comte Guillaume, ne songea à Renouard, et l'on soupa sans lui.

Cependant Renouard était revenu à Orange, furieux que Guillaume fût parti sans lui et qu'il n'eût pas songé à l'inviter à sa table. La menace à la bouche et les yeux en pleurs, il rebrousse chemin. Des cavaliers attardés qui le rencontrent s'étonnent de son courroux et lui demandent ce qu'il a?

— Il y a bien de quoi être furieux, leur répond Renouard. Le comte Guillaume me traite comme le dernier des hommes; il m'a laissé en route et ne m'invite pas à souper; il me laisse dans le fossé comme le premier ribaud venu. Et cependant je suis de meilleure famille qu'il n'est lui-même; Desramé, à qui trente rois couronnés obéissent, est mon père. Et c'est mon bras seul qui a décidé du sort de la bataille; j'ai combattu et tué mes parents et mes amis, j'ai délivré ses neveux, et j'en suis bien mal récompensé par Guillaume au court nez. Je vois bien que le proverbe dit vrai: quand un larron est racheté de la potence, il n'aime pas son libérateur. Je dis ceci pour le comte Guillaume au court nez, à qui je suis venu en aide. Mais je le regrette bien en ce moment.

Je renie Dieu et je croirai en Mahomet, dont la statue est d'or. Ah! Guillaume, je te ferai enrager. Par Mahomet! tu as eu tort de m'oublier; que je sois damné si je ne m'en venge!

J'irai dans mon pays natal, je réunirai cinquante mille Sarrasins bien armés que je conduirai vers ces lieux; Orange sera prise, le pays dévasté, le château détruit et lui-même chargé de chaînes et traîné prisonnier en Egypte, pendant que je ferai couper la tête à tous ses frères. Puis je me ferai couronner roi d'Aix-la-Chapelle et Louis sera pendu en mémoire de la cuisine où il m'a laissé si longtemps. Et je ferai toutes mes volontés de la belle Aalis; je l'épouserai et elle n'aura pas à se plaindre d'être ma femme, car elle aura pour douaire toute l'Espagne, la Pouille, la Calabre et Venise.

Seigneurs barons, quand vous viendrez à Orange, saluez dame Guibor de ma part, et défiez pour moi le marquis Guillaume. Dites-lui bien, afin qu'il ne puisse l'ignorer, que je lui retire mon amitié et que je ferai tout ce qui est en mon pouvoir pour que la honte tombe sur lui, avant la fin de l'année.

— Vous avez tort, répondirent les chevaliers; vous ne devez pas vous courroucer si vite. Retournez avec nous, frère, dès aujourd'hui vous ferez votre paix avec Guillaume; vous mangerez tout à votre aise et vous boirez nobles vins, piment et claret. Ce serait folie de vous en aller, et Dieu nous est témoin que vous vous en repentiriez.

— Ne m'en parlez plus, dit Renouard, ou par Mahom! vous me le paierez. Je ne me laisse pas prendre à vos paroles. Par l'apôtre saint Pierre! Si ce n'était que vous n'en pouvez mais, et que j'ai besoin de vous pour porter mon message, vous sentiriez cette épée dans vos chairs. Allons! en route! gardez-vous de demeurer plus longtemps!

A ces mots ils prirent la fuite et coururent à bride abattue en se disant:

— Renouard est fou; c'est grand dommage, car jamais pareil homme ne fut né de mère. Il ne se gênerait pas pour nous tuer; que cent diables l'emportent!

Et ils éperonnèrent leurs chevaux de plus belle et ne s'arrêtèrent qu'à Orange.

Ils montèrent l'escalier de marbre de la grand' salle, où ils trouvèrent le comte Guillaume. Ils lui racontèrent comment Renouard les avait épouvantés dans sa colère d'avoir été oublié au souper.

— Il ne fait que menacer et nous a commandé de vous avertir qu'il est votre ennemi. Il n'y a que dame Guibor à laquelle il envoie ses saluts. Il dit qu'il ira dans le pays où il est né, qu'il y rassemblera cent mille païens armés, avec lesquels il prendra Orange et dévastera le pays.

A cette nouvelle le front de Guillaume se rembrunit.

— Il ne faut pas le blâmer, dit-il; c'est moi qui ai agi en fou, et non pas lui.

Il appela vingt chevaliers et leur ordonna de ramener le fugitif; mais sans le traiter durement. Ils devront lui demander pardon de ce que le comte ne l'a pas invité à son soupé; et Guillaume lui fera ses excuses en présence de sa femme et des Français; car il voudrait bien pour mille livres d'or pur ne pas l'avoir oublié.

Les chevaliers montèrent à cheval et coururent après Renouard qu'ils atteignirent à la montée d'un tertre. Bien qu'il eût l'épée au fourreau, ils n'osèrent pas s'approcher de lui et lui crièrent de loin:

— Seigneur Renouard, nous venons de la part du marquis Guillaume au fier visage, pour vous dire que dans son palais il fera droit à toutes vos plaintes.

— Cessez votre plaidoirie, répondit Renouard; car par Mahom! il n'y a réparation qui vaille. Je n'ai que faire d'or ou d'argent. Fils de putains, je ne vous estime pas plus qu'une branche d'olivier. Jamais je n'aimerai les méchants et les traîtres. Il en coûterait trop à Guillaume pour m'embaucher de nouveau. Je ne suis nullement à ses ordres, et son message ne me fera pas retourner en arrière. Je ne reviendrai que pour démolir Orange, dévaster le pays, brûler le palais de Gloriette et couper la tête au marquis.

Quand les chevaliers entendirent les vociférations de Renouard, ses menaces contre Guillaume et les injures adressées à eux-mêmes, la honte leur monta au cœur, et ils se dirent:

— Nous ne valons pas grand' chose, si à nous vingt nous n'amenons pas ce ribaud.

Ils s'élancèrent sur lui, pour le lier; mais ils auraient tout aussi bien pu se ruer contre une tour.

Lorsque Renouard sentit qu'ils mettaient la main sur lui, il enragea de colère. Il ne pensa pas à son épée — son tinel avait été brisé dans son combat contre Bauduc; — mais il y avait près de là une cabane qu'un hermite avait fait construire; Renouard y courut et en arracha un poteau que deux chevaux de somme auraient eu de la peine à porter; il le mania comme si c'eût été une branche d'olivier. Alors commença la chasse aux chevaliers. Il en jeta cinq par terre, avec tant de force, que le sang leur sortit par la bouche. Puis s'appuyant sur sa grande perche, il leur dit:

— Laissez donc vos menaces, lâches poltrons! M'avez-vous pris pour un pauvre pâtre qui n'oserait vous toucher par crainte de Guillaume? Je ne suis pas un lièvre auquel on fait peur; n'est-ce pas moi qui ai tué le fort roi Haucebier?

Cela dit, il s'élance vers les quinze autres, qui s'enfuient par crainte de la grande perche qu'ils lui voyaient manier avec tant de facilité. Ils ne cessent d'éperonner leurs montures que lorsqu'ils arrivent à Orange, croyant toujours avoir Renouard à leurs trousses. Et celui-ci leur crie:

— Envoyez-moi donc Guillaume, pour que je puisse me battre avec lui!

Les chevaliers descendent au perron du palais et se hâtent de monter en Gloriette, pâles de peur. Depuis une heure ils n'avaient sonné mot.

— Eh bien! barons, avez-vous réussi? M'avez-vous amené Renouard?

— Pas du tout, monseigneur. Que cent diables l'emportent! Peu s'en faut qu'il ne nous ait massacrés. Quand nous lui eûmes délivré votre message, il n'en fit pas plus de cas que d'un denier; au contraire, il vous a menacé et injurié. Cela nous a mis en colère, et nous nous sommes jetés sur lui, pour le ramener de force; mais il a arraché un poteau à une masure, avec laquelle il a couché par terre cinq d'entre nous; nous ne savons s'ils sont morts ou blessés, car nous nous sommes sauvés. Il nous a crié qu'il voulait se battre avec vous.

A ces mots Guillaume sourit et demanda son cheval. Il se mit en route, suivi de cent chevaliers. Aymeric et tous ses fils montèrent à cheval avec lui et Guibor le suivit sur une mule splendidement caparaçonnée, — la selle était richement dorée, et le mors à lui seul valait une cité.

Ils firent tant qu'ils rejoignirent Renouard au moment où il entrait dans un barque. Mais ne sachant dresser le mât ni manier le gouvernail, il prit une perche qu'il enfonça dans l'eau avec tant d'impétuosité qu'il fit chavirer la barque. S'il n'avait su nager, il se serait noyé infailliblement. Quand il fut hors de l'eau, il dit:

— Du moment qu'un homme ne peut venir à bout d'une chose, c'est que les diables s'en mêlent. Si je ne puis aller par mer, j'irai par terre.

Il mit sa perche sur son épaule et s'achemina le long du rivage. Alors Guillaume s'adressa à lui en ces termes:

— Renouard, mon ami, laissez-moi vous parler. Si je vous ai mis en colère, je réparerai mes torts de la façon que vous exigerez.

— Laissez de côté vos sermons, répondit Renouard. Par

Dieu! je n'ai que faire de vos grands mots. Je passerai la mer et j'assemblerai mon lignage et les Sarrasins; il y aura plus de cent mille hommes, je leur ferai passer la mer et je reviendrai dévaster Orange et raser Gloriette. Je me ferai couronner à Laon et je t'emmènerai prisonnier; je t'abreuverai de honte et je reduirai les tiens à la mendicité. Ôte-toi d'ici, je n'ai que faire de tes paroles.

Et là-dessus il brandit sa perche. Le comte n'osa s'approcher de lui, mais il pria Guibor d'intervenir; et la comtesse alla se jeter aux genoux de Renouard, implorant sa merci.

— Renouard, mon ami, lui dit-elle, pardonne-nous ce méfait en souvenance de ce que je t'ai armé dans ma chambre. Si tu me refuses, jamais je ne me lèverai d'ici.

Les larmes vinrent aux yeux de Renouard, qui lui répondit:

— Dame, j'ai lieu de vous aimer; je dois donc vous accorder votre demande, et par amour pour vous je pardonne à Guillaume ses méfaits. De toute ma vie vous ne m'en entendrez plus parler.

Le comte Guillaume et toute sa suite l'en remercièrent avec effusion; mais il ne voulut plus en entendre parler.

VIII.

L'incognito levé.

On s'en retourna. Dans Orange on sonna les cloches en l'honneur de Renouard et un festin fut bientôt organisé. A table le preux Renouard fut placé à côté du noble

Guillaume, et vers la fin du dîner, à la face de plus de soixante chevaliers, Guibor le baisa sur la bouche.

— Par le Seigneur qui créa le monde! dit Renouard, si les païens d'outre-mer osent venir dans les environs d'Orange, je ferai faire une massue à laquelle ils ne pourront pas résister. J'en ai déjà tué tant de ma famille que la terre en est toute sanglante.

— Mais qui donc êtes-vous, et qui était votre père? lui demanda Guibor en s'asseyant à ses côtés. Je désire fortement le savoir.

— Je vous dirai la vérité, répondit Renouard, et même pour Guillaume je ne vous mentirai pas. Je suis fils d'un des plus nobles rois, de Desramé qui règne à Cordoue et à Tyr, quoique hier j'aie voulu lui ôter la vie et que je l'aie contraint à fuir par mer.

A ces mots Guibor eut un frisson; elle vit bien qu'il était son frère; elle soupira et ne put retenir les larmes, qui du cœur lui montèrent aux yeux.

— Renouard, mon ami, dit-elle, expliquez-vous en toute franchise.

— C'est la vérité, madame; je suis fils du roi Desramé. Je vous dirai comment je fus séparé de mon père. Nous allâmes un jour, mon frère Guiboué et moi, jouer sur la plage. Nous avions assez longtemps joué à la balle, lorsque mon frère, pour me tourmenter, m'enleva la mienne. Cela me mit en colère; je trouvai un bâton sous ma main, je l'en frappai si fort qu'il tomba assommé. Quand je le vis mort, je m'enfuis, par crainte de mon père. Des marchands ancrés dans une petite anse de la côte, en me voyant courir si effaré, m'appelèrent et me mirent dans leur vaisseau. Il levèrent l'ancre et un vent propice les fit bientôt aborder à la côte de France. Le roi de France m'acheta aux marchands et m'emmena en sa ville de Laon. Je restai longtemps dans les cuisines, jusqu'à ce que Guillaume m'emmena avec lui en Aleschant. Là, c'est mon bras qui a terminé la bataille; c'est moi qui ai délivré ses sept neveux, et c'est pour lui que j'ai mis à mort mes parents. Je vous jure, madame, par le saint nom de Dieu, que je vous ai dit la vérité entière. Laissez-moi vous dire encore que j'avais une sœur; je ne sais dans quel pays elle se trouve; elle s'appelait Orable et était renommée pour sa beauté. Thibaut d'Arabie, celui qui jadis règnait sur Orange, que j'ai souvent entendu louer, l'avait épousée. Voilà tout ce que je sais. Mais souvent mon cœur a parlé, et malgré l'idiotisme dans lequel j'étais tombé, j'ai bien des fois pensé que vous êtes ma sœur.

En l'entendant Guibor pleura de plus belle; enfin elle lui jeta les bras autour du cou en s'écriant:

— Embrasse-moi, frère, après qui j'ai soupiré si longtemps. Je suis ta sœur et j'aime à le proclamer hautement.

Quand Guillaume entendit cette nouvelle, il en fut plus content que si on lui avait donné tout l'or d'une cité.

Dame Guibor présenta son frère au comte Guillaume et à tous les barons assemblés. Puis elle lui dit:

— Ne me cache rien, frère; dis-moi si le roi Louis t'a fait régénérer par le baptême?

— Non, madame, il me l'a au contraire refusé.

A cette réponse Guibor commença à pleurer; mais le comte Guillaume la consola en donnant l'ordre d'apprêter le plus tôt possible pour la cérémonie une cuve de marbre blanc, qui avait été apportée d'Arabie.

On plongea Renouard dans les fonts et un saint évêque le baptisa. Guillaume et Bertrand, ses parrains, le retirèrent des fonts et le firent habiller richement; on lui couvrit les épaules d'un manteau fourré de gris, dont l'agraffe était de la plus grande richesse. Ses chausses étaient d'une étoffe d'outre-mer et ses souliers avaient des entailles de drap d'or.

Renouard lui-même était un bien beau jeune homme, élancé de taille et avec un regard de sanglier. Pas un baron ne pouvait atteindre à sa tête, et tous semblaient des enfants auprès de lui. Chacun le regarda comme une grande merveille.

Après la cérémonie on apporta l'or, l'argent et les choses précieuses dont il y avait assez, enfin tout ce qu'on avait conquis sur les païens en l'Archant. On mit tout en un monceau au milieu de la salle.

Alors Guillaume au court nez se leva et dit:

— Noble Renouard, approchez-vous de moi et soyez, je vous en prie, mon sénéchal; je désire que vous donniez riche solde à ceux que j'ai amenés de France.

— Il sera fait comme vous l'ordonnez, dit Renouard; et il prit un boisseau et s'avança vers le trésor. Alors, élevant la voix, il dit:

— Que celui qui veut gagner du bien s'avance!

Alors on vit les chevaliers et les écuyers s'avancer en masse; pas un ne resta en arrière. Et Renouard monta sur les monceaux d'or, dont on aurait bien pu charger jusqu'à quatorze vaisseaux; et le boisseau fut rempli et vidé tour à tour, et chacun eut sa mesure. Tout le monde reçut ce qu'il désirait, et le plus pauvre y devint riche.

— Il nous a bien rémunérés, se dirent-ils; bénie soit l'heure où il vint en ce pays. Il n'a pas son pareil en libéralité; certes, à bon droit il serait couronné roi.

— Seigneur Renouard, dit le comte Guillaume, je veux vous conférer la chevalerie, avant que mes nobles parents me quittent pour aller conter vos hauts faits au roi Louis.

— Monseigneur, répondit Renouard, le plus tôt sera le mieux.

A ces paroles on sonna les cors, pour appeler les Français qui étaient dispersés dans le palais. Ils se rassemblèrent devant la grand' salle. Renouard, accompagné de Guibor, d'Aymeric et de tous ses parents, descendit du perron.

Devant la salle se trouvaient deux arbres; on étendit un tapis sous leur ombrage et Renouard s'y assit.

Guillaume et Beuve, Aymeric et le fort Guibert l'armèrent

de leurs mains, et le comte Bernard ne resta point en arrière.

On lui mit les chausses de fer, blanches comme les fleurs des prés; puis Bertrand lui attacha les éperons. Ensuite il endossa le haubert tout ouvragé en mailles dorées; un anneau est rivé à l'autre, ce qui fait que l'armure est en mailles doubles. Il n'y a homme si grand d'ici jusqu'à Balegué pour lequel cette cotte ne fût trop longue de trois pieds et trop large d'une toise; mais elle alla parfaitement à la taille de Renouard.

On lui laça sur le chef un heaume étincelant, orné de pierres précieuses; au sommet il y avait une escarboucle et une topaze sur le nasel; le cercle qui l'entourait était orné de pierres non moins précieuses. Le heaume lui-même est d'une bonne trempe; un coup de n'importe quelle arme ne l'entamerait pas. On le lui fixa sur la tête au moyen de trente lacets.

Le comte Guillaume lui ceignit l'épée au côté; elle était longue, large et trempée d'un acier excellent: jamais roi ou émir n'en eut de meilleure.

Puis il lui donna un coup sur le cou en lui disant:

— Tiens, Renouard, que Dieu te donne bonté, valeur et prouesse!

— Amen! répondit Renouard.

Alors on lui amena un destrier, noir comme une mûre, mais avec des côtés blancs et les pieds de devant de même; il avait la jambe fine, le sabot rond, la croupe large et portait la queue haute; aucune fatigue ne pouvait couvrir ses flancs de sueur. Il avait nom le Margari et était né dans un pays étranger qu'on apelle l'Arcagne.

Il portait une selle d'ivoire et le frein, ainsi que le poitrail, était couvert d'or. Le cheval était admirablement bien harnaché.

Renouard y monta par l'étrier gauche, pendant que le renommé Bertrand lui tenait l'autre; il pendit à son cou un écu où étaient figurés quatre lions d'or. On lui apporta une lance niellée; le bois en était de frêne et la pointe d'un acier finement trempé; la banderolle y était attachée par cinq clous d'or niellés.

Cependant le comte Guillaume avait fait dresser une quintaine dans le pré et dit à haute voix :

— Chevalier Renouard, faites vos preuves! Je vous prie de jouter à la quintaine par amour pour moi, et d'y frapper un seul coup, pour voir comment vous vous en tirerez.

Renouard lui répondit:

— Ce serait une honte. Monseigneur Guillaume, si vous perdez un de mes coups, par saint Denis! vous y aurez grand dommage. Attendons les Sarrasins et les Esclavons, et alors je vous ferai voir comment je sais jouter.

Les Français en l'entendant rirent de bon cœur. Alors Guibor au fier visage lui dit:

— Sire Renouard, c'est pour toi que j'ai fait dresser la quintaine; sur cinq poteaux il y a cinq forts hauberts et cinq écus intacts. Or je te prie et te requiers de l'attaquer par amour pour moi; je t'en aimerai d'avantage. Je verrai comment tu sais manier tes armes et conduire et diriger ton cheval. J'aimerais tant à te voir baisser cette lance!

— Je ne puis rien vous refuser, répondit Renouard. Je ne croyais pas avoir à donner un coup ici; j'aurais beaucoup mieux aimé m'exercer sur les mécréants: l'emploi de mon bras eût été meilleur. Mais, belle sœur, je ne veux pas vous courroucer: je jouterai pour vous faire plaisir, d'autant plus que vous m'en aimerez mieux, si je fais bien.

Les Français se retirent en arrière et s'alignent, et Renouard enfonce les éperons dans les flancs de son cheval en embrassant l'écu, comme font les chevaliers, et en brandissant la lance au fer tranchant. Il frappe un grand coup à la quintaine dont il perce les écus, démaille les hauberts et met les cinq pieux en pièces; en un mot il jette le tout par terre. Puis il revient en arrière et faisant le tour français, il tire l'épée comme un chevalier consommé.

Les Français se mirent à crier:

— Voilà un bon chevalier; il surpasse Roland et Olivier et pourra bien reconquérir l'Espagne.

Madame Guibor alla l'embrasser tout armé comme il était.

On se réjouit beaucoup sur le gravier (l'arène) devant Orange. Pour honorer Renouard, chevaliers et écuyers joutèrent. On y essaya maints destriers en leur faisant faire maintes évolutions, et on brisa mainte forte lance, pendant que le soleil dardait ses feux sur les écus dorés et flamboyants. Enfin Guillaume fit cesser les jeux, de peur que les chevaliers ne se blessassent, et ramena tout le monde à la ville.

IX.

Mariage et conclusion.

En ce moment même un messager arriva droit d'Espagne, et annonça à Renouard que Bauduc au fier courage, qu'il avait vaincu en Aleschant et auquel il avait fait jurer qu'il reviendrait le plus tôt possible, quand il serait guéri de ses blessures, venait pour se mettre à sa disposition, et qu'il amenait avec lui maint bon chevalier.

A peine avait-il fini de parler, que Bauduc lui-même parut. Il s'avança jusqu'au perron et descendit de cheval sous l'olivier qui l'ombrageait, puis il monta au palais par les degrés de marbre.

Renouard alla à sa rencontre et l'embrassa de bon cœur. Les deux guerriers se montrèrent fort joyeux de se revoir.

Bauduc, qui était un homme de grand sens, dit à son compagnon :

— Seigneur Renouard, je veux être baptisé, moi et tous ceux que j'amène ; nous croyons, je vous jure, au vrai Dieu. C'est la vérité, car je me ferais plutôt couper tous les membres que de vous mentir.

— J'en remercie Dieu, fit Renouard. Et aussitôt il fit apprêter les fonds baptismaux. L'archevêque Fouché les bénit et Bauduc et les siens reçurent le baptême.

On en fit grande joie au palais, parce que la force des chrétiens est accrue d'un prince qui aidera à défendre la frontière contre l'orgueilleux Desramé.

Mais laissons là le guerrier Bauduc et parlons du fier Renouard.

Le comte Guillaume, qui l'affectionne beaucoup, veut lui donner en mariage Aalis, sa belle nièce, la fille du roi.

Il ne pourrait mieux la marier qu'à Renouard, qui, Dieu aidant, va se rendre maître de l'Espagne, d'où il chassera Desramé et les païens ; ainsi elle deviendra reine.

Pendant que dans Orange tous, grands et petits, étaient pleins d'alégresse, tant à cause de Renouard et du vaillant comte Guillaume que du hardi Bauduc, le comte Guillaume, s'adressant à ses compagnons, appela Hernaut et Bernard de Brebant, et leur dit :

— Barons, entendez ce que je vais vous dire. Il me semble convenable que demain, avant le jour, vous partiez pour la France et alliez tout droit au roi. Vous lui direz que je le prie de m'envoyer sans retard sa fille, ma belle nièce ; je veux la marier au vaillant Renouard, le meilleur chevalier vivant au monde entier. Elle règnera sur un grand royaume ; elle portera la couronne d'or de toute l'Espagne. Dites-lui que celui que je lui destine est preux au-dessus de tous ; que c'est par lui que nous avons vaincu en Aleschant et chassé Desramé ; il n'a tenu qu'à Renouard d'ôter la vie au roi païen. Quant aux autres Turcs, nous en avons fait un grand carnage; la plupart sont restés sur le champ de bataille. Quand le roi entendra cette nouvelle, il sera bien content; hâtez-vous d'aller la lui annoncer.

Il promirent d'obéir et allèrent se reposer jusqu'au matin. A l'aube ils firent lever leurs gens et seller les chevaux. Ils prirent avec eux leurs armes, de crainte des Sarrasins; et cela n'est pas étonnant, car dans maint combat ils les avaient souvent menés durement et leur avaient tué leurs amis. Ils n'avaient qu'à se souvenir de Vivian qui périt en Aleschant-sur-mer.

Lorsque les comtes montèrent à cheval, le marquis Guillaume les pria encore de se hâter et de mener leur besogne à bonne fin.

— Monseigneur, répondirent-ils, n'en doutez pas; si Dieu le permet, vous nous verrez de retour dans un bref délai.

Ils partent et font grande diligence. Ils chevauchèrent quatre jours avant de rencontrer le roi Louis, qui était allé s'établir à Paris avec la reine et sa fille au frais visage.

Les messagers allèrent tout droit au palais seigneurial. Lorsque Louis, regardant du haut du château, eut reconnu les comtes qu'il aimait beaucoup, il courut tout joyeux les embrasser. Il leur demanda des nouvelles de l'armée, et les chances qu'ils avaient courues en Aleschant-sur-mer?

— Sire, répondirent-ils, daignez nous écouter et nous vous dirons fidèlement la vérité, sans rien altérer. Nous avons livré une bataille formidable; mais les Sarrasins n'ont pu tenir contre nous; nous en avons tué beaucoup et Desramé s'est enfui par mer. Sarrasins et Esclavons sont déconfits à tout jamais, vous ne les verrez plus revenir; Renouard, le plus vaillant homme dont on ait jamais entendu parler, les a mis en déroute; il en a tant tué avec sa grande massue ferrée qu'on n'en peut dire le nombre. Sans lui, il faut bien l'avouer, nous étions tous morts, sans pouvoir en réchapper.

A cette nouvelle le roi se mit à louer Dieu.

— Beau sire roi, continuèrent les messagers, Guillaume au fier courage, et la noble dame Guibor au blanc visage, ainsi qu'Aymeric de Narbonne et tous ses fils, que Dieu les protége! vous envoyent leur salut; et le comte vous mande de lui envoyer votre belle et sage fille. Il lui a trouvé un riche mariage; elle aura un époux de si haut parage que jamais demoiselle n'en eut tel; c'est Renouard, le plus brave baron de l'armée, qui sera roi d'Espagne et qui tuera l'émir Thibaut, si Dieu lui prête vie.

— Je n'y manquerai pas, dit le roi. Et il ordonna qu'on fit habiller sa fille des vêtements les plus riches, comme il convenait à une fiancée royale.

Après souper on alla se coucher, et les braves comtes dormirent jusqu'au point du jour. Quand le soleil commença à rayonner, ils se levèrent et montèrent à cheval pour se remettre en route, car ils ne voulaient pas tarder.

Quand les messagers se trouvèrent équipés et tout prêts au pied du perron du château, le roi appela Aalis. Il la leur livra de bonne grâce. Et la reine, d'accord avec son époux, embrassa sa fille en pleurant; — elle ne la vit plus jamais de sa vie.

Les messagers demandèrent la permission de partir, que le roi leur accorda de bonne grâce. Ils se mirent en route après l'avoir recommandé en la protection de Dieu. Ils marchèrent à grandes journées jusqu'à ce qu'ils arrivèrent à Orange. Quand ils entrèrent dans la ville une grande foule les entoura.

Arrivés au perron, ils descendirent de cheval sous l'olivier touffu, et toute la cour alla à leur rencontre. Le comte Guillaume descendit sa nièce de son palefroi et la pressa contre son cœur. Ils montèrent au palais princier, dame Guibor tenant Aalis par un pan de son bliaut broché d'or.

Toutes les dames lui firent bon accueil, et Renouard,

qui depuis longtemps la désirait, lui montra toute la joie que lui causait son arrivée.

Toute la journée se passa en réjouissances; après le souper on alla se coucher.

Le lendemain, à l'aube, les barons habillèrent richement Renouard et le conduisirent à l'église; la belle Aalis y fut portée par deux serviteurs, et ils furent mariés.

Les jongleurs de toute la contrée y vinrent; on leur avait fait savoir que le comte devait marier Renouard et qu'à cette occasion il se ferait beaucoup de largesses. Il n'y eut pas mal de réjouissances: quand ils furent assemblés, toute la journée ils jouèrent de maint instrument, et maint sonnet y fut chanté avec accompagnement de la vielle.

Le festin qui fut donné au palais seigneurial fut magnifique; on y servit tant de mets qu'il est impossible d'en faire le dénombrement. Quand on eut mangé et bu à souhait, les jongleurs furent payés largement; le comte Guillaume leur donna beaucoup d'or et d'argent. Ils furent tous contents, et l'ayant remercié, ils prirent congé et s'en allèrent.

Lorsque Renouard eut épousé la noble Aalis, la fille du roi, le comte lui donna Tortolose et Porpaillart. Le dernier de ces endroits est un fameux port de mer, où bien souvent arrivent des vaisseaux apportant les richesses de tous les coins du monde. Cette partie du royaume sera bien défendue contre les Sarrasins.

Il y avait beaucoup de guerriers dans Orange; voilà pourquoi Aymeric appela ses enfants et leur dit:

— Seigneurs mes fils, entendez ce que je vais vous dire. Grâce à Dieu qui fut torturé sur la croix, nous avons vaincu les Sarrasins et les Esclavons; le sort de la bataille a été décidé par Renouard; Desramé a pris la fuite avec une mince partie de ses gens, puisque la plupart ont été tués. Guillaume peut vivre en toute sécurité, d'autant plus que Renouard ne sera pas loin de lui ; il n'a rien à craindre de roi ni d'émir. Retournons donc dans nos terres.

— Comme vous l'ordonnez, répondirent ses fils. Ils demandèrent congé au comte Guillaume, qui le leur accorda, tout en les pressant dans ses bras, et dame Guibor les embrassa à plusieurs reprises.

Les trompettes sonnèrent, les bagages furent chargés sur les sommiers, et ils se mirent en marche.

Mainte larme fut répandue et bien des cris de douleur furent poussés sous les murs d'Orange quand Guillaume et ses amis se séparèrent. Cependant les voilà partis. Les Français prirent le chemin de Paris, pour retourner dans le royaume du roi Louis, le comte Aymeric alla à Narbonne, le hardi Hernaut à la Gironde, Guibert à Andernas, Beuve de Commarchis à Barbastre, Bernard à Brebant et Aymer-le-chétif en Espagne.

Cependant le marquis Guillaume au court nez, resta à Orange presque sans défense. Il garda bien auprès de lui Bertrand, Girard et Gui, Gautier de Termes et le hardi Hunaut, ainsi que Gaudin le brun, quoiqu'il ne fût pas encore guéri de la grande blessure qu'il avait reçue à la poitrine ; mais il n'y avait à Orange que cent hommes de valeur reconnue.

Alors le marquis Guillaume se souvint avec amertume de Vivian et les larmes lui coulèrent le long de son visage. Cependant Guibor et les jeunes gens qu'elle avait élevés tâchèrent de le consoler.

— Noble comte, lui dit-elle, ne vous laissez pas décourager. Tel a perdu qui regagnera, et tel est pauvre qui deviendra riche. Tel rit le matin qui pleurera le soir. Un homme qui est en pleine santé n'a pas le droit de se plaindre.

Il y a longtemps que le monde a commencé ; Adam, le premier homme que Dieu forma, mourut ainsi que ses enfants; tout le genre humain, sauf Noé, fut noyé dans le déluge. Dieu le voulut ainsi. Cependant le genre humain se reproduisit; il a duré longtemps et durera bien longtemps encore, quoique personne ne puisse échapper à la mort. Tant qu'on est en vie chacun doit se comporter le mieux qu'il pourra; celui qui sert Dieu viendra à bonne fin.

Celui qui a une bonne femme a lieu de se rejouir; et si lui-même est bon, il l'aimera de tout son cœur et écoutera les bons conseils qu'elle lui donne. Or je t'en donnerai un. Rebâtis Orange, la ville aura un grand prix pour nous. Avec les grandes richesses conquises en l'Archant fais venir des ouvriers, tu en trouveras assez. Si tu réussis à fortifier la place, tu n'auras plus jamais de risques à courir. Et je suis femme à t'y aider de tout mon pouvoir.

— Dieu! fit Guillaume, quelle femme! Jamais au monde il n'y aura sa pareille!

Et le comte Guillaume ne tarda pas à agir. Le plus tôt possible il fit venir autant de maçons et de charpentiers qu'il put trouver. Il restaura Orange le mieux qu'il put et l'entoura de murs et de grands fossés.

VIII.

LE MONIAGE DE GUILLAUME.

I.

Entrée au couvent.

Pendant de longues années le marquis Guillaume, le brave seigneur d'Orange, de Nîmes, de Tortelose et de Porpaillart-sur-mer, vécut avec sa femme, Guibor-la-belle. Durant sa vie, la dame au clair visage avait souffert bien des peines; mais aussi elle avait éprouvé mainte joie. Et le seigneur Guillaume avait vu tous ses désirs accomplis depuis qu'il avait fait la paix avec le roi Thibaut. Après qu'il eût triomphé de ses ennemis, il régna en paix sur tout le pays qui s'étend jusqu'à la mer, sur bois et sur prés; et il fut tellement redouté des païens, qu'ils tremblaient quand seulement on prononçait son nom.

Enfin dame Guibor fut prise d'un mal dont elle ne put relever. Pendant trois mois elle resta étendue sur la couche qui devait être son lit de mort, au grand regret de son époux, de ses parents, des dames de sa suite et de tous les chevaliers, dont elle fut bien aimée.

La mourante fit appeler le comte Guillaume et lui dit:

— Je suis bien malade; je sens que je n'en réchapperai pas. Nous avons vu de bien beaux jours ensemble; en cette heure suprême je vous prie, au nom de Dieu, de me pardonner, si jamais je méfis envers vous, soit en paroles soit en pensée.

Et le comte lui répondit:

— Que Dieu vous pardonne comme je vous ai pardonné. Vous emporterez mon bonheur en partant d'ici. C'est un pesant fardeau que de vous perdre déjà!

— Écoutez, reprit-elle. Donnez mes joyaux à mes suivantes, et distribuez mes trésors aux religieuses, aux moines et aux prêtres qui servent Dieu; et faites-moi donner le saint viatique.

— Ainsi soit-il, répondit le comte.

Et il manda le clergé, qui fit son office. Après quoi la dame soupira, et recommanda le comte en la garde de Dieu. Ce fut son dernier mot; bientôt après elle expira.

On porta le corps à l'église; les prêtres chantèrent l'office, et après la messe on l'enterra.

Le comte Guillaume passa toute la journée dans les larmes et le désespoir. Enfin, la nuit venue, il se coucha.

Dieu, qui ne voulait pas que le défenseur de la foi l'oubliât dans sa douleur, lui envoya un ange pour lui transmettre sa volonté, qu'il eût à se rendre à Gênes-sur-mer.

Le bon comte obéit aussitôt. Il recommanda ses vassaux à Dieu, donna sa terre en fief à un sien filleul, et partit sur son bon cheval, armé de toutes ses armes.

Seul, sans aucun compagnon, sans ami ni valet, il sortit de la ville et prit le chemin de Brioude. Arrivé là, il mit pied à terre, entra dans l'église de monseigneur saint Julien, marcha droit à l'autel et fit cette oraison:

— Saint Julien, je me mets sous votre garde. Je laisse mon pays, mes châteaux, mes cités, tout mon héritage, pour le service de Dieu. Saint Julien! je vous confie mon écu; je le mets sous votre garde, à telle condition que si Louis, le fils de Charles, ou mon filleul qui règne en mes terres, en avaient besoin pour se défendre contre les Sarrasins mécréants, je le reprendrai. Je m'engage à vous payer pendant toute ma vie une redevance de trois besans d'or à Noel et à Pâques.

Le comte prit l'écu par la courroie de brocart et le plaça sur l'autel de marbre. Il y est encore, et tous ceux qui vont à Saint-Gilles peuvent s'en assurer de leurs yeux.

Après cela le comte se remit en selle, sortit de la ville et commença son voyage.

Il prit la direction de Gênes pour chercher l'abbaye que l'ange lui avait indiquée. Il fit tant qu'il se vit bientôt à la porte de la ville. Il s'achemina droit au moûtier, à l'entrée duquel il descendit de cheval. Il s'avança jusqu'à l'autel où il déposa ses armes, dont il ne se servira plus jamais, à moins que Louis n'ait grand besoin d'être défendu contre les Sarrasins qu'il haïra toujours.

Ensuite il entra dans le cloître, et, sans hésiter, se présenta devant l'abbé.

— Que Dieu vous garde, abbé! C'est vous que je cherche.

L'abbé le reconnut aussitôt. Il le fit asseoir à ses côtés et lui demanda:

— Sire Guillaume, qu'est-ce qui vous amène ici?

— Je ne veux rien vous cacher, fit le comte. Un ange que Dieu m'a envoyé, m'a ordonné de me rendre ici et de me faire moine. Recevez-moi; ce sera une grande charité.

— Volontiers, monseigneur, répondit l'abbé. Vous serez moine; car je pense que le chapitre ne vous refusera pas. La vie est dure au couvent. Ce sera une pénitence pour les péchés que vous avez commis, car vous avez fait tuer et mettre à mort maint homme.

Or dites-moi, savez-vous chanter et lire?

— Oui, pourvu que je n'aie pas à regarder dans un livre. Mais vous serez mon maître, vous qui savez bien écrire sur parchemin et sur tablettes de cire.

En entendant cela, l'abbé se mit à rire, ainsi que tous les moines du chapitre.

— Sire Guillaume, reprit-il, vous êtes un preux. Je vous le jure par Dieu, nous vous apprendrons à lire votre psautier et chanter matines et tierce, none et vêpres et complies. Et quand vous serez prêtre, vous lirez l'évangile et vous chanterez la messe.

— Pour Dieu! beau sire, dit le comte, faites-moi tout de suite entrer dans les ordres et donnez-moi la tonsure.

— Par saint Pierre de Rome! repondit l'abbé, vous l'aurez avant qu'on chante l'office de none; le chapitre ne m'arrêtera pas.

Il prend des ciseaux et lui fait la tonsure. Quand il l'eut rasé, l'abbé appela un moine et lui dit:

— Allez me chercher une noire gonne, et une étole, le froc, la chape et le vêtement de dessous, et la riche pelisse qu'un mien cousin m'apporta d'Espagne.

On apporta la gonne et le comte s'en vêtit. Et quoiqu'elle fût bien grande, elle était trop courte d'un demipied; car le nouveau moine surpassait tous les autres de toute la tête.

Cela fit encore bien rire l'abbé et tout ses moines.

— Vous voilà des nôtres, lui dit l'abbé; aimez-nous et honorez-nous, et tous nos religieux vous respecteront.

— Sans aucun doute, répondit Guillaume; mais recommandez à tous, grands et petits, qu'ils me traitent bien et ne me mettent pas en colère; car je traiterais le plus huppé de manière à lui faire dire qu'il a vu un mauvais jour.

II.

Une trahison de moine.

Guillaume resta maint jour dans l'ordre, et il mena une sainte vie; il assistait de grand cœur au service divin, et ne manquait aucun office, ni matin ni soir.

Cependant les autres moines lui portaient envie, puisqu'ils le croyaient mieux traité qu'eux-mêmes.

Ils se réunirent en chapitre pour se communiquer leurs craintes.

— Notre abbé a fait une grande folie, dirent-ils, lorsque le diable lui suggéra l'idée de recevoir cet homme en notre abbaye. Vit-on jamais homme dont l'entretien coûte tant! Quand on nous donne un petit pain et demi, il en reçoit deux ou trois; et cela ne lui suffit même pas. Quand nous avons cinq aunes de drap pour nos frocs, il lui en faut douze, avec chape, cotte et pelisse par dessus le marché. A peine jeûne-t-il de midi jusqu'à none; le matin il lui faut deux grands et bons pains, dont il ne laisse pas une croûte. Quand à dîner nous avons des fèves, il veut tout le plat, et s'empare des poissons et du bon vin. Il vide un grand setier sans en laisser une goutte; et quand il est soûl, il court après nous pour nous rouer de coups. Il ne nous épargne aucune honte.

La conclusion de leurs délibérations fut le cri unanime :

— Si cet homme vit longtemps, nous mourrons de faim.

L'abbé étant survenu :

— Seigneurs, leur dit-il, d'où vient cette émotion? Parlez-vous de Guillaume au court nez, qui nous a causé tant de mal?

— Nous ne pouvons plus le souffrir, ni endurer ses procédés. Quand nous causons, cela lui déplait, et il tombe sur nous et nous disperse à coups de poing. Et les coups qu'il donne sont bien redoutables, car il a les poings si gros qu'il tuerait facilement un homme. Aussi quand il entre en fureur, nous tremblons tous, et personne n'ose sonner mot.

A peine ces paroles furent-elles prononcées, que le cenelier de l'abbé s'offrit à leurs yeux, se soutenant à peine avec un bâton; il ne pouvait marcher, tellement il avait été battu par Guillaume.

— Pour Dieu, sire abbé, s'écria-t-il, je viens me plaindre

à vous de votre moine que Dieu confonde! Jusqu'ici j'ai porté les clefs et j'ai gardé votre bien; que le diable s'en charge dorénavant. Hier j'étais bien portant, aujourd'hui je me sens mourir; et cela parce qu'il y a céans un moine forcené. Lorsqu'il a passé quelque temps sans manger, il vient au cellier, et l'a bientôt ouvert: d'un coup de pied il enfonce la porte. Alors il s'empare du vin et des comestibles et en dérobe autant qu'il lui en faut. Celui qui le lui défend, il le frappe, ou d'un coup de pied le jette contre les parois. Hier il lui prit fantaisie de me demander du vin, et je fus assez fou pour lui en refuser. Il me fit chèrement payer ce refus; il sauta sur moi, m'assaillit de coups, et me cogna si fort contre un pilier que je ne puis marcher qu'avec des béquilles. Nos moines me virent bien maltraiter, mais pas un seul n'osa me défendre. Malheur à l'homme qui se fait craindre de la sorte!

— Seigneurs, dit l'abbé, voici les réflexions que j'ai faites. Si tous ensemble vous voulez vous fier à moi, il y aura moyen de punir Guillaume et de nous défaire de lui. Envoyons-le à la mer pour nous acheter des poissons. Nous lui donnerons de l'argent et le ferons suivre par un valet pour conduire les bêtes de somme sur lesquelles il devra charger le poisson. Avant leur retour ils seront attaqués, faits prisonniers ou tués, et nous en seront délivrés; car il y a de ce côté des brigands qui ne laissent passer personne sans l'attaquer. Nous lui ferons emmener son bon cheval que les larrons voudront lui prendre; il est vif et ne voudra pas l'endurer, il se jettera sur eux et les larrons l'auront bientôt coupé en morceaux. De cette manière nous en serons délivrés à tout jamais. Et s'il revient contre toute attente, nous aviserons.

— Ainsi soit-il! dirent les moines; exécutons tout de suite ce projet.

On fit mander Guillaume par le prieur; et il accourut sans se faire attendre.

— Sire abbé, dit-il, que me voulez-vous? Tous ces moines me regardent en travers; mais par l'apôtre qu'on va visiter à Rome! s'ils me donnent encore la plus petite raison de mécontentement, j'en mettrai tant par terre qu'ils n'auront plus envie de chanter matines. Ils feront mieux de ne pas me contrarier.

Quand les moines l'entendirent, ils commencèrent à trembler, et ils se dirent en chuchottant:

— Nous avons rencontré le malheur. S'il vit plus longtemps, nous y passerons tous.

L'abbé prit la parole:

— Guillaume, dit-il, écoutez-moi. Si vous voulez faire ce qu'on vous commandera, tout le chapitre vous en saura bon gré.

— Oui, seigneur, répondit Guillaume, je vous le promets au nom de Dieu.

— Eh bien! reprit l'abbé, vous irez à la mer acheter des poissons; nous vous donnerons de l'argent pour les payer et deux bêtes de somme, conduites par un valet, pour porter votre achat. Mais il y a une chose que je ne veux pas vous cacher, car en chapitre il ne faut pas dévier de la vérité: vous passerez par le bois de Beaucler, où il y a des larrons redoutables, qui font métier de voler les gens. Nul homme, fût-il clerc, prêtre ou moine tonsuré, n'y passe sans être attaqué. S'ils vous prennent votre cheval, les vêtements même que vous portez, consolez-vous en; mais ne songez pas à combattre.

— Dieu! dit Guillaume, jamais je n'ai entendu chose pareille. Jamais je ne me suis mêlé d'aucun marché, ni pour vendre ni pour acheter. Et quant aux larrons qui voudront me voler, je les mettrai à mort.

— Taisez-vous, dit l'abbé, chassez ces pensées; vous êtes moine et vous ne devez pas vous battre.

— Comment, reprit Guillaume, je serai donc maltraité et je mourrai d'une mort honteuse?.... Pour Dieu, sire abbé, s'ils me prennent mon cheval.... Il n'y en a pas de meilleur sous la chape du ciel pour porter un chevalier en la bataille. Quand on le pique des éperons d'acier, il dépasse en vitesse faucon ou épervier. Je le conquis sur le fier Aerofle auquel je coupai la tête avec mon épée.... S'ils me le prennent, je sens que j'enragerai.

— Donnez le sans faire résistance et sans vous courroucer, dit l'abbé, car vous n'avez pas le droit de vous battre.

— Et s'ils me prennent mes gants?

— Ne faites semblant de rien et donnez-les en riant.

— Au contraire, repartit Guillaume, j'en serai bien marri, et par l'apôtre saint Jacques! avant de les donner je saurai leur répondre; ils mourront tous de ma main..... Et s'ils me prennent mes bottes, mon froc, mes vêtements, faut-il le souffrir, et dois-je me laisser battre? Oh! être battu, voilà une vilaine chose, et si je le souffre, que ma gorge soit maudite! Si les larrons me prennent mes vêtements, je vous jure par saint Pierre, que je les pendrai par la gueule.... Et s'ils me prennent mes culottes?

— En ce cas vous avez le droit de résister. Défendez-vous, et faites leur tout le mal que vous pourrez, mais ne vous servez que d'os et de chair.

— Je suis content que vous m'ayez permis cela. Et je vous jure par le corps de saint Hilaire, que s'ils me font rien dont j'aie le droit d'être mécontent, ils me trouveront méchant. Ce serait une honte qu'ils me fissent ôter ma culotte, et avant qu'ils l'aient, plus d'un larron criera merci, si Dieu me laisse mes bras.

III.

Le bois de Beaucler.

Le comte, content de la permission qu'il avait obtenue de l'abbé, se rendit dans la ville pour se faire confectionner une ceinture du tissu le plus précieux qu'on pût trouver. Il ordonna à un orfèvre de l'enrichir de besans d'or et de boutons du même métal. Il y fit attacher une agrafe qui lui coûta plus de cent sols.

Il attacha cette ceinture à sa culotte en se disant:

— Tu me coûtes cher; mais tu sauteras aux yeux, et celui qui se mettra à te convoiter, il n'a qu'à venir te prendre et par le corps de saint Richer! il paiera cher son audace.

Ensuite il vint à l'abbé et lui dit:

— Seigneur, je me mets en route; et si les larrons m'attaquent et veulent me dépouiller de mes vêtements, pour vous obéir je les leur laisserai prendre; je leur laisserai même le cheval qui doit me porter. Mais s'ils en veulent à la ceinture que j'ai fait préparer, ils trouveront à qui parler. Celui qui osera s'approcher de moi, paiera cher son audace; il sentira mon poing sur son crâne, de manière à faire sauter sa cervelle. Ce sera une leçon pour les autres.

L'abbé se signa à ces paroles, et plus d'un moine murmura à l'oreille de son voisin:

— Par saint Denis! cet homme est enragé. Si les bandits ne viennent à bout de lui, nous avons fait une vilaine besogne.

Le comte Guillaume prit congé d'eux, et l'abbé lui fit donner plus de dix livres pour faire ses achats; puis on lui apprêta deux chevaux de somme qu'un valet devait conduire. Le comte monta à cheval et sortit du cloître; les moines qui le virent partir, le donnèrent tous au diable.

Le noble homme marcha droit dans son chemin en se faisant précéder des deux sommiers; il pria Jésus de le ramener sain et sauf. Bientôt il vint au bois de Beaucler; mais de larrons, il n'en rencontra pas un seul. Il passa outre et arriva bientôt à la mer. Tout de suite il se mit à acheter ses poissons: des brochets et de beaux saumons, des esturgeons et des anguilles. Alors il ouvrit sa malle, et, sans compter les deniers, il les jeta à pleines mains aux vilains.

— Voilà un bon moine, se dirent-ils; béni soit celui qui l'a envoyé ici. S'il y avait beaucoup d'hommes pareils, nous serions riches avant la fin de l'année. Il ne demande pas ce que coûte le blé, pourvu qu'il se remplisse le ventre.

Le comte Guillaume ne daigna pas même leur répondre; mais il s'était promis de ne pas rapporter un seul de ses deniers. Il se casa tant bien que mal pour la nuit, fit bonne chère de poisson et de bon vin, et se reposa jusqu'au lendemain.

Quand le soleil fut levé le comte monta à cheval, fit charger ses bêtes de somme, et se mit en route pour l'abbaye. Arrivé au bois de Beaucler, il ne rencontra pas plus de larrons que la première fois.

Lorsqu'ils furent au beau milieu de la forêt, le noble comte dit à son valet:

— Bel ami, ne sais-tu rien chanter? N'aie pas peur des larrons, crois-tu que je ne pourrais te défendre?

Le valet, obéissant à cette injonction, entonna tout de suite à haute voix la chanson de geste suivante:

> Venez ouïr de Thibaut l'amiré
> Et de Guillaume le marquis au court nez,
> Comment il prit Orange la cité,
> Et Gloriette, le palais crénelé,
> Comment Guibor à femme a épousé...

Ici il s'interrompit, et s'adressant à Guillaume:

— Monseigneur, lui dit-il, je ne saurais plus chanter, car c'est ici que les larrons se tiennent habituellement. S'ils nous aperçoivent, nous n'en pourrons réchapper; évêque ni abbé ne nous garantira pas de mort.

— N'aie pas peur, et chante toujours, répond le comte; s'ils viennent, je saurai bien te défendre. Mais les diables les ont emportés, puisque je ne puis les rencontrer.

A ces mots le valet se remit à chanter, de manière à faire retentir toute la forêt.

Il fut entendu par quinze larrons, qui se trouvaient non loin de là et qui étaient sur le point de se mettre à table pour dîner. Ils venaient de piller un couvent, dont ils avaient étranglé les convers et volé les effets précieux.

— J'entends un jongleur, dit l'un d'eux; écoutez comme il chante de Guillaume au court nez!

— Amenez-le ici, dit le chef; s'il porte quelque avoir sur lui, il ne nous échappera pas.

— Seigneur, reprend le premier interlocuteur, n'en faites rien. Personne ne doit faire de la peine aux jongleurs; au contraire, tout honnête homme devrait les aimer, leur donner deniers et robes et un bon repas.

— C'est folie ce que tu dis, lui répond le chef; puisqu'il est venu sur nos domaines, il en sera puni. Avant qu'il sorte de nos mains, il pourra se plaindre d'être né.

Les bandits sautent sur pied, prennent leurs armes et s'élancent du côté de Guillaume. Quand ils l'aperçoivent ils poussent un cri si terrible que les chevaux en sont effrayés et le comte lui-même a senti battre son cœur.

— Halte là, seigneur moine! vous ne nous échapperez pas. Si vous faites un pas de plus, vous êtes mort.

— Que me voulez-vous, fit Guillaume? Si vous nous faites mal, vous n'y gagnerez rien; vous serez excommuniés par notre seigneur l'abbé, par le pape et l'Église entière.

— Vous parlez comme un âne, lui répond le chef des

bandits; nous ne prisons pas un denier monnoyé ni clerc ni prêtre, ni évêque ni abbé. Vous êtes trop riches et vous regorgez de biens. Vous feriez bien de donner tout cela aux pauvres gens, et de suivre un meilleur genre de vie. Ne pensez qu'à chanter vos matines, et laissez-nous le soin de voler et de piller. Vous n'emporterez pas un denier de tout le bien que vous avez amené ici.

Ils se ruent sur le valet, le jettent à terre, lui lient fortement les mains et les pieds et le renversent dans un fossé. Puis ils se tournent vers le comte en lui criant:

— Seigneur moine, te voilà pris.

Que Dieu le protége! il en aura bien besoin, car les brigands qui l'entourent sont féroces. Ils saisissent le cheval par le frein, le tirent et le poussent de tous côtés.

— Que ce moine est grand! dit l'un d'eux.

— Oui, répond un second, il a l'air brave; voyez comme ses yeux roulent dans leur orbite. S'il se courrouce, il nous donnera du mal.

— Que ses gants sont richement garnis d'or, dit un troisième; je ne désire pas autre chose de lui.

Et il ordonne au moine de les lui remettre.

— Les voilà, répond celui-ci, je vous les donne non sans peine; mais je vois bien que je ne passerai pas sans cela. Si vous me laissez libre sans plus rien me demander, par Dieu qui m'entend! vous n'y perdrez rien.

— Taisez-vous, repartit le chef de la bande. De tout l'avoir que vous portez sur vous, vous n'emporterez pas pour la valeur d'un gant.

— Croyez-moi, fit Guillaume, c'est un grand péché ce que vous faites.

Ils exigent son froc et le vêtement qu'il portait dessous; et il leur accorde tout cela sans faire résistance. Mais intérieurement il se dit:

— Je suis un niais; c'est trop de patience. Par la foi que je dois à saint Paul, j'en aurais déjà dû tuer quatre ou cinq.

Cependant le comte était encore à cheval, quoique à peu près nu, n'ayant plus de robe et couvert seulement de sa culotte, de ses chausses et de ses bottes; et les larrons l'entouraient toujours et tenaient le cheval par le frein, afin qu'il ne pût leur échapper.

— Larrons, leur dit-il, vous êtes des canailles. Vous serez encore pendus à une potence ignominieuse, et ce sera bientôt si je sors d'entre vos mains.

Le chef de la bande se mit à jurer:

— Par mon menton et par ma gorge! fit-il, vous nous laisserez votre cheval et vos bottes, et même vous nous livrerez vos chausses.

Le comte descendit de cheval.

— Tenez, dit-il, par saint Pierre l'apôtre, il me semble que je n'ai plus rien qui puisse vous tenter, sauf les culottes qui me couvrent les reins et une ceinture qui ne vaut pas grand' chose.

— Livrez-nous la tout de suite.

— Par le serment que j'ai fait à notre ordre! elle vaut plus que tout le reste ensemble. Vous la prendrez si vous voulez, mais je ne vous la donnerai pas..... Regardez donc, voyez quelle superbe ceinture! D'ici à Montpellier il n'y en a pas de si riche, avec de tels boutons d'or pur. Celui de vous à qui elle écherra en partage, doit bien en sentir le prix. Il n'y a pas deux jours que je la payai plus de sept livres. Si vous y attachez tant de prix, que vous ne vouliez pas me la laisser, approchez-vous plus près de moi. Que Dieu confonde mon chef! si je vous la donne; car on me le reprocherait partout. Mais que celui qui veut la prendre, s'avance.

Le chef de la bande ayant remarqué les pierres fines et l'or flamboyant de la ceinture, jure par Dieu qu'il ne la lui laissera pas. Il veut l'arracher de ses reins, et il se met à genoux pour la déboucler.

La patience du comte était à bout.

— Dieu! fit-il, pour qui me tiennent ces exécrables gloutous, qu'ils ne veulent même pas me laisser mes culottes? Je vois bien qu'une prière n'y ferait rien; que Dieu me confonde, si je ne les punis pas!

Qui lui eût vu relever la tête, serrer les dents, et changer de couleur, eût à bon droit ressenti de la peur.

— Certes, poursuivit-il, d'eux je n'attends ni merci ni miséricorde. Mais l'abbé, notre maître, m'a permis de laisser éclater ma colère, quand on voudrait me prendre mes culottes et ma ceinture, et j'aimerais mieux mourir que d'attendre plus longtemps, car ils sont méchants et féroces.

A ces mots il leva le poing, et en donna un tel coup à la face du capitaine qu'il lui cassa le cou et le jeta mort à ses pieds. Il en tua un deuxième de la même façon: puis il en saisit deux autres et les heurta si fortement l'un contre l'autre qu'ils eurent le crâne fracassé. Un cinquième et un sixième tombent frappés par son poing redoutable; il prend le septième par les cheveux, le tourne trois fois en l'air et lui fracasse la tête contre un chêne, en disant:

— Quand celui-ci se relèvera, il n'aura pas envie de chanter. Il fut bien fou d'en vouloir à mes culottes. Si quelqu'un en a encore envie, qu'il s'avance, et il portera la marque de mon poing de manière à ne plus se relever et à ne plus jamais nuire aux braves gens qui passent leur chemin.

Le reste des larrons fut pris d'épouvante.

— C'est le diable en personne, s'écrièrent-ils; s'il continue, aucun de nous n'échappera.

Ils se rallient et dardent sur lui leurs lances et leurs traits; mais Dieu le sauva, il ne fut pas atteint.

— Dieu! s'écria Guillaume, protège-moi contre ces infâmes larrons! Notre abbé béni commit un grand péché quand il m'envoya ici en si pauvre équipage, sans mon haubert, mon heaume et ma bonne épée de Vienne. Ah! si j'en étais armé, j'aurais défié une cinquantaine de ces maudits brigands. Il y a plusieurs épées par terre, mais il faut les y laisser, puisqu'il m'est interdit de m'en servir: selon l'ordre exprès de l'abbé, je ne dois me défendre qu'avec de la chair et des os pour toutes armes.

En tournant la tête, le comte aperçut près de lui un des chevaux de somme sur lesquels il avait fait charger les poissons. Il lui arrache la cuisse et la jambe, et en brandissant cette arme il s'avance sur les bandits qu'il a bientôt tous tués. Pas un seul ne resta sur pied; et de cette manière la route devint libre : dorénavant les pauvres gens n'y seront plus dépouillés.

Alors jetant les yeux sur le pauvre sommier, le noble comte en eut pitié, et il pria Dieu de le guérir. Il remit la cuisse qu'il avait arrachée à sa place; et à la prière du bon comte, Dieu fit un grand miracle, car le cheval fut guéri au même instant et se releva avec son fardeau sur le dos.

Ensuite le vainqueur retira son valet du fossé où les brigands l'avaient jeté et défit ses liens; il lui ordonna de monter sur le meilleur des chevaux des bandits, et d'emmener les autres. Puis ils se mirent en marche.

IV.

Le châtiment.

Trois moines épiaient près de la porte, qu'ils avaient bien verrouillée. En voyant venir Guillaume par la chaussée, ils coururent vers l'abbé pour lui annoncer cette nouvelle.

— Guillaume arrive, suivi de plusieurs chevaux de somme et de bataille.

— Que Dieu et la sainte Vierge nous soient en aide, dit l'abbé! Il ne peut avoir gagné toutes ces richesses sans avoir commis plusieurs homicides, et pillé moûtier ou abbaye. Tenez la porte fermée, je ne me soucie guerre de subir encore ses mauvais procédés. Tant que je vis il n'entrera pas ici.

— Au nom de Dieu, seigneur abbé, tenez ferme! Car s'il rentrait, il nous dirait des injures et nous battrait encore.

Cependant voilà Guillaume à la porte, et le valet se mit à crier:

— Ouvrez la porte et venez prendre le fruit de notre pêche et tous ces chevaux! L'abbaye sera riche, et cela par le seul bras de Guillaume. Certes, il a bien mérité sa place à table, et pour toute sa vie il a droit de s'y asseoir.

Les moines, en entendant ces cris, sont mornes et consternés; ils avaient espéré qu'il ne reviendrait pas. Enfin ils répondirent d'une voix aigre:

— Demeurez là: vous n'entrerez pas ici, car vous êtes des voleurs de grand chemin.

Guillaume s'avance vers la porte qu'il trouve fermée et bien verrouillée. Il somme le portier d'ouvrir en lui criant:

— Ouvre la porte. Que Dieu confonde ta gorge! Viens prendre les poissons que j'ai sur ces sommiers. Il y a des brochets et des aloses, de bonnes truites aux grosses têtes, de beaux esturgeons et de magnifiques saumons.

— Oui-da, dit le portier, je ne t'ouvrirai pas; car par l'apôtre saint Pierre! si de gré ou de force tu entrais, nos pauvres moines le paieraient cher.

— O mon Dieu tout puissant, fit le comte, inspire moi! Je comptais me reposer chez ces moines; qu'a donc l'abbé, qu'il ne veut pas me laisser entrer? Lorsque les larrons voulaient me maltraiter, Dieu m'a protégé contre leur fureur; il paraît qu'ici on ne me veut pas plus de bien et que la douceur ne m'ouvrira pas cette porte.

Son cœur commence à battre fortement dans sa poitrine;

tout son sang bouillonne de colère. Il aperçoit près de lui une grande poutre que quatre vilains soulèveraient à peine. Il la saisit et se rue avec elle sur la porte, contre laquelle il donne un si grand coup que tout le cloître en résonne. D'une lieue à la ronde on put entendre le bruit de ses coups multipliés. Les verrous et les gonds se brisent, la porte cède, et du coup le portier tombe mort et deux moines ont le crâne fracassé. Les autres s'enfuient et jettent leurs frocs pour mieux courir et sauver leur vie. Ils se cachent dans les cellules. Mais Guillaume est derrière eux; il les poursuit avec des cris de fureur. Il en trouve une dizaine sur son chemin, qui n'ont pas eu le temps de fuir; il les foule aux pieds, les saisit par leurs chapes et fait pleuvoir sur eux une grêle de coups de poing. Il en souleva un, le tourna trois fois autour de sa tête et le jeta si rudement contre un pilier, que les deux yeux lui sautèrent de la tête. D'un coup de pied il abattit l'abbé. Puis il s'élança dans le cloître à la poursuite des fuyards; il alla de la cuisine au dortoir, aucune porte ne resta fermée devant lui. Tous les moines essuyèrent sa fureur; il en prit plusieurs par les cheveux et les heurta l'un contre l'autre.

Les malheureux étaient dans une perplexité extrême. Enfin ils se sauvèrent dans l'église où ils se jetèrent à ses pieds, et tous ensemble lui crièrent merci, même l'abbé qui était revenu à soi. La fureur de Guillaume se calma; il eut pitié d'eux.

— Je ne vous ferai plus de mal, dit-il, pourvu que vous fassiez ce que je vous demande. Je vous ramène non seulement les poissons que j'ai été chercher à la mer, mais encore quinze chevaux que j'ai conquis. Je vous les offre. Mais que tout ce que j'ai méfait contre vous me soit pardonné. Seigneur abbé, au nom de Dieu je me mets en votre merci.

— Tout vous est pardonné, se hâta l'abbé de répondre. Qu'on enterre les morts: ils seront bientôt remplacés par de nouveaux moines.

Mais par l'amour de Dieu! dites-moi d'où vous vient ce butin. Etes-vous allé par la forêt de Beaucler et avez-vous rencontré les larrons?

— Je vous dirai tout, répondit Guillaume. En allant, je n'en aperçus pas un seul, mais au retour je fus attaqué par quinze bandits. Je les ai si bien arrangés avec chair et os que désormais le chemin est libre et que le plus pauvre homme y passera sans aventure.

— Que Dieu soit loué! dit l'abbé. C'étaient des mécréants qui n'avaient pas foi en Jésus. Je vous absous du péché que vous avez commis en les tuant.

L'abbé fit promptement décharger les poissons, et les moines en mangèrent au dîner. Guillaume fut placé à la table de l'abbé, et on lui versa autant de bon vin qu'il voulut en boire.

Les morts furent bientôt oubliés.

V.

Le saint hermite.

Cette nuit apparut à Guillaume un ange que Dieu lui avait envoyé et qui lui parla en ces termes:

— N'aie pas peur! Je viens de la part du Dieu du ciel, qui t'ordonne de quitter cette abbaye. Demain tu prendras ton haubert et tes armes, tu monteras à cheval, et tu marcheras sans te détourner tout droit vers le désert du côté de Montpellier. Dans un lieu écarté, près d'un ravin, il y a une fontaine sortant d'un rocher; jamais chrétien n'y séjourna, sauf un hermite qui vient de mourir, tué par les Sarrasins. Tu y trouveras une cabane et une chapelle; sois-y hermite, Dieu te l'ordonne.

— Je ne tarderai pas à m'y rendre, répondit Guillaume, et l'ange disparut.

Le lendemain au point du jour le comte demanda à l'abbé la permission de partir, que celui-ci ne lui refusa point, car il se sentait très-heureux de ce départ, et ses moines non moins que lui.

Guillaume alla à l'écurie et sella lui-même son cheval. Il s'arma et se mit en selle. L'abbé lui donna vingt livres, à condition qu'il ne reviendrait pas, ce que le comte lui promit.

Il part, et va tout d'un trait jusqu'à l'endroit que l'ange lui avait indiqué. Il entre dans la cabane et trouve la chapelle et l'autel. C'est là qu'il servira Dieu, en pénitence de ses nombreux péchés. Il attacha son cheval avec un collier en cuir de cerf, et commença tout de suite à se procurer des pierres pour restaurer la chétive habitation. En peu de mois il l'eut reconstruite et entourée d'une forte muraille pour se garantir des Sarrasins qu'il redoute.

L'habitation était située sur une hauteur, et au-dessous il y avait un ravin dans lequel mugissait un torrent qui descend d'un rocher, et que nul ne peut traverser sans s'exposer à un malheur.

Un jour que Guillaume regardait ce passage perilleux, où tant de gens avaient trouvé la mort, la pensée lui vint d'y jeter un pont de pierre, pour les pauvres gens, les pélerins et les hommes de peine qui vont à pied, qui n'ont cheval ni bateau pour traverser l'eau. Car il comprenait bien que les pélerins passaient par là pour aller prier à Saint-Gilles, ainsi que ceux qui allaient à Rochemadoul honorer Notre-Dame-du-rocher.

Tout de suite il de mit à l'œuvre; il se procura des

pierres et du grès et entreprit son travail. Mais à peine avait-il commencé le premier arceau que le diable se promit d'interrompre son œuvre. Tout ce que Guillaume a construit pendant la journée, le malin esprit le détruit pendant la nuit. En revenant le lendemain à la besogne le comte voit que tout est démoli, et que les pierres ont roulé dans le précipice. Il recommence de plus belle; mais pendant un mois tout entier il ne peut rien achever que le lendemain tout ne se trouve brisé et démoli. On ne s'étonnera pas que cela le mit en colère.

— Que Dieu et la sainte Vierge me viennent en aide! dit-il. Qui donc peut causer tout ce dégât? Ce doit être l'ennemi qui veut me tenter. Mais par le saint apôtre de Rome! je serais obligé de veiller pendant un mois, que je saurai qui c'est. Chaque nuit je me mettrai à l'affût.

Il se mit en sentinelle, et quoique plein de colère il pria Dieu de lui venir en aide.

— Dieu, qui créas le monde, s'écria-t-il, si l'œuvre que j'ai entreprise, te plait, laisse-moi voir celui qui me l'abat!

Au même instant il aperçut Satan en train de briser le pont à grands coups, tout en se moquant de Guillaume, et en jurant que, quoi qu'il se soit promis, il ne construira rien pendant toute une journée que lui diable ne détruise pendant la nuit.

Le comte en l'apercevant fit le signe de la croix, et sans autre réflexion s'élança sur lui. Le diable ne se doutait de rien, et se sentit tout-à-coup étreint par le poignet du comte.

— Glouton, dit Guillaume, c'est pour ton malheur que tu es venu ici. Tu m'as fait bien du mal, mais aujourd'hui tu me le paieras.

Il lui fit faire trois tours en l'air, au quatrième il le laissa tomber au fond de l'eau. Sa chûte fit un vacarme épouvantable comme si une tour eût croulé.

— Va-t-en, Satan! dit le comte.

Et s'adressant à Dieu, il le pria de ne plus souffrir que

le malin esprit revint jamais de cet endroit. Et Dieu exauça sa prière: le diable ne put sortir de là; il y est toujours couché et il y restera.

Le ravin est profond et noir, et depuis que le malin esprit y est précipité, l'eau ne cesse de tourbillonner, et jamais ses flots ne seront apaisés.

Maint pélerin en passant par là, pour aller à Saint-Guillaume, s'en est convaincu et a tâché de mesurer la profondeur du torrent en y jetant des cailloux ou des pierres.

C'est ainsi que Guillaume parvint à achever le pont.

Il vécut en saint dans son hermitage; enfin il mourut, et Dieu accueillit son âme là-haut dans sa maison.

Il y a toujours des religieux à Saint-Guillaume-du-désert. Mais avec la mort du comte la chanson finit.

Prions Dieu qu'il nous pardonne, comme il pardonna à Guillaume au court nez. Amen!

TABLE.

Introduction . . . . pag.		VII.
I. LES PREMIÈRES ARMES DE GUILLAUME.		
I. Le départ pour la Cour	»	27.
II. Capture de Baucent	»	32.
III. Le message d'Orable	»	38.
IV. Trahison punie	»	42.
V. Attaque de Narbonne	»	48.
VI. Les noces du roi Thibaut	»	52.
VII. Aymer	»	58.
VIII. Entrée à la Cour	»	62.
IX. Les nouveaux chevaliers	»	68.
X. Guillaume et Thibaut	»	75.
XI. Aymeric prisonnier	»	80.
XII. Narbonne délivrée	»	84.
II. LE COURONNEMENT DU ROI LOUIS.		
I. La Chapelle d'Aix	»	91.
II. Les Sarrasins devant Rome	»	96.
III. Guillaume au court nez	»	102.
IV. Saint-Martin de Tours	»	113.
V. Punition du traître	»	120.
VI. Richard de Normandie	»	124.
III. LE CHARROI DE NÎMES.		
I. La cour plénière	»	133.
II. Le fief d'Espagne	»	142.
III. Le Charroi	»	149.
IV. Ville gagnée	»	157.
IV. LA PRISE D'ORANGE.		
I. Le fugitif	»	165.
II. Le travestissement	»	171.
III. La découverte	»	176.

  IV. L'assaut de Gloriette . . . . pag. 181.
  V. L'intervention d'Orable . . . . » 187.
  VI. Délivrance . . . . » 194.

V. LE VŒU DE VIVIAN.

  I. Le vœu . . . . » 203.
  II. Déroute . . . . » 210.
  III. Vivian assiégé . . . . » 214.
  IV. Le message de Girard . . . . » 219.
  V. Guichardet . . . . » 224.
  VI. L'oncle et le neveu . . . . » 228.

VI. LA BATAILLE D'ALESCHANT.

  I. La Bataille . . . . » 239.
  II. Guillaume et son coursier . . . . » 245.
  III. La mort de Vivian . . . . » 250.
  IV. Défense désespérée . . . . » 255.
  V. Fuite à Orange . . . . » 265.
  VI. Désespoir . . . . » 274.
  VII. Rentrée à la Cour . . . . » 279.
  VIII. Pauvre accueil . . . . » 285.
  IX. Frère et Sœur . . . . » 292.

VII. RENOUARD AU TINEL.

  I. Le ban du roi . . . . » 301.
  II. Renouard . . . . » 306.
  III. Entrée en campagne . . . . » 314.
  IV. L'armée entre dans Orange . . . . » 319.
  V. Encore Renouard . . . . » 326.
  VI. Bataille . . . . » 332.
  VII. Renouard oublié . . . . » 342.
  VIII. L'incognito levé . . . . » 350.
  IX. Mariage et conclusion . . . . » 356.

VIII. LE MONIAGE DE GUILLAUME.

  I. Entrée au couvent . . . . » 365.
  II. Une trahison de moine . . . . » 368.
  III. Le bois de Beaucler . . . . » 373.
  IV. Le châtiment . . . . » 379.
  V. Le saint hermite . . . . » 382.